Mergers, Acquisitions, Divestitures, and Other Restructurings

并购、剥离与资产重组
投资银行和私募股权实践指南

[美] 保罗·皮格纳塔罗（Paul Pignataro）◎著
注册估值分析师协会◎译

机械工业出版社
CHINA MACHINE PRESS

基于市场变化和监管变化，并购已成为实现增长的坚实途径，通过并购创造价值是一个令人艳羡的策略。作为增长的主要驱动力，华尔街一直在寻求其明确的技术支持。凭借超过十年的从业经验以及帮助10亿美元规模重组交易的经历，保罗·皮格纳塔罗先生在并购领域拥有绝对的话语权。在《并购、剥离与资产重组：投资银行和私募股权实践指南》中，作者提供了对涵盖所有并购流程的报表与建模的重要方面的理解。通过Office Depot和OfficeMax的合并，皮格纳塔罗先生充分讨论了整个并购分析过程，解释了EBITDA和其他关键的衡量指标，为金融从业者提供了涵盖完整并购流程的详细指导。

Copyright © 2015 by Paul Pignataro

All Rights Reserved. This translation published under license. Authorized translation from the English language edition, entitled Mergers, Acquisitions, Divestitures, and Other Restructurings, ISBN 978-1-118-90871-6, by Paul Pignataro, Published by John Wiley & Sons. No part of this book may be reproduced in any form without the written permission of the original copyrights holder.

本书中文简体字版由Wiley授权机械工业出版社独家出版。未经出版者书面允许，本书的任何部分不得以任何方式复制或抄袭。版权所有，翻印必究。

北京市版权局著作权合同登记　图字：01-2017-0910号。

图书在版编目（CIP）数据

并购、剥离与资产重组：投资银行和私募股权实践指南／（美）保罗·皮格纳塔罗（Paul Pignataro）著；注册估值分析师协会译．—北京：机械工业出版社，2017.11（2024.2重印）

书名原文：Mergers, Acquisitions, Divestitures, and Other Restructurings, + Website (Wiley Finance)

ISBN 978-7-111-58407-0

Ⅰ. ①并… Ⅱ. ①保… ②注… Ⅲ. ①投资银行–指南 ②股权–投资基金–指南　Ⅳ. ① F830.33-62 ② F830.91-62

中国版本图书馆CIP数据核字（2017）第268677号

机械工业出版社（北京市百万庄大街22号　邮政编码100037）
策划编辑：李新妞　责任编辑：李新妞　李　浩
责任校对：李　伟　责任印刷：邰　敏
三河市宏达印刷有限公司印刷
2024年2月第1版第8次印刷
180mm×250mm · 19.25印张 · 300千字
标准书号：ISBN 978-7-111-58407-0
定价：69.00元

凡购本书，如有缺页、倒页、脱页，由本社发行部调换

电话服务	网络服务
服务咨询热线：010-88361066	机工官网：www.cmpbook.com
读者购书热线：010-68326294	机工官博：weibo.com/cmp1952
010-88379203	金 书 网：www.golden-book.com
封面无防伪标均为盗版	教育服务网：www.cmpedu.com

译者序

用财务建模之匙,打开并购业务之门

1993年,"宝延风波"中深圳宝安收购延中实业,打响了中国上市公司并购的第一枪后,一幕幕精彩纷呈的并购好戏开始上演。2017年,中国化工430亿美元收购先正达,创下了中国海外并购金额的纪录。我国的并购市场经历了从小到大、从借壳上市到产业整合转变的20多个年头。近年来,随着国家经济转型和产业升级加速,资本市场不断完善、并购利好政策接连出台、供给侧结构性改革和"一带一路"等战略的稳步推进,我国企业通过并购重组寻求资源整合、扩张转型、价值提升的需求愈发旺盛,并购热情空前高涨,海内外并购迎来了新一轮热潮。但是,中国的海外投资也出现了不少问题,特别是高溢价收购海外资产而出现特有的"中国溢价"现象。

在并购实务中,财务分析和建模作为并购的核心技术环节,在很大程度上决定着交易决策的成功与否,直接决定什么样的价格才是合理的价格,什么样的价格才能够实现投资价值。这也关系到企业未来的兴衰成败。因此,掌握财务分析和建模的并购分析技术,不仅是投行专业人士至关重要的职业技能,对于大量要走出去的企业而言也尤为紧迫。不论央企还是私企，其一线业务人员掌握这些核心技能，也是创造股东价值的基本要求。然而，我们调查发现，相较于巨大的知识需求缺口，国内现有的并购教材很少涉猎财务分析的过程和方法，而介绍财务建模实操的书籍更是非常稀缺，无法满足国内并购实务人士的需求。

因此，我们特别引进翻译了《并购、剥离与资产重组：投资银行和私募股权实践指南》，希望能够有效填补国内并购分析领域书籍的空白。本书是保罗·皮格纳塔罗对其《财务模型与估值：投资银行和私募股权实践指南》一书的经典续作，书中作者揭开了华尔街各大投行所使用的并购分析技术的神秘面纱，系统详细地讲解了并购财务分析和建模的方法和过程。

本书有以下几个特色：一是循序渐进，体系完整。从基础概念与财务知识，到并购分析内容讲解，再到完整财务模型的开发，全书系统搭建了一套分析体系，按部就班地带领读者掌握并购分析技术；二是注重实操，实践性强。全书将理论与实践紧密结合，通过细致的案例分析和 Excel 操作演示，"手把手"地教给读者梳理庞杂信息的方法和利用有效信息构建完整财务模型的全过程，具有很强的实践指导意义；三是通俗易懂，可读性强。全书将专业、复杂的财务分析过程融入生动形象的案例演示和通俗易懂的语言表达中，环环相扣。既是有经验的专业人士的实用案头参考资料，也是初学者的理想入门教材。

注册估值分析师协会自成立之日起，一直致力于建立投资估值行业标准，组织估值专业人士认证，协助企业培养国际型投资并购估值人才，以及传播投资估值专业书籍与知识技术。通过举办年度行业估值参数发布会、组织每年两次注册估值分析师（CVA）认证考试、开展企业内训及实务技能培训以及不断推出金融投资相关图书这一系列活动，推动国内估值行业的专业化与标准化。令人欣慰的是，注册估值分析师（CVA）考试从 2014 年第一次在北京、上海、广州、深圳四个城市举办，到现在即将迎来的第七次考试，将在全国范围内十个城市同时举办。考试规模的迅速扩大，说明了业内人士对投资估值专业认证的需求和对注册估值分析师考试的认可。此外，注册估值分析师系列丛书的读者与 CVA 培训企业与学员的正面反馈和积极建议，都给了我们极大的鼓励和动力，使我们更有信心做好专业化的服务，为注册估值分析师协会的每一位持证人、会员、学员、读者等相关人士提供更好的平台。

我们衷心地希望广大读者能从本书中有所收获，把握财务建模之匙，打开并购业务之门。在此，我们感谢为本书出版付出辛勤工作的各位译者，用饱满的热情及严谨的专业完成了全书的翻译工作，他们是刘振山、徐曼、高璐、武婧敏、李婷婷、王恒攀。张晓宇对全书进行了校对。我们欢迎读者不吝批评指正译本的任何缺点和错误，帮助我们做得更好。

注册估值分析师协会
CVA Institute
2017 年 9 月

关于注册估值分析师（CVA®）认证考试

CVA 考试简介

注册估值分析师（Chartered Valuation Analyst, CVA）认证考试是由注册估值分析师协会（CVA Institution）组织考核并提供资质认证的一门考试，旨在提高投资、并购估值领域从业人员的实际分析与操作技能。本门考试从专业实务及实际估值建模等专业知识和岗位技能进行考核，主要涉及企业价值评估、并购及项目投资决策。考试分为实务基础知识和 Excel 案例建模两个科目，内容包括：会计与财务分析、公司金融、企业估值方法、并购分析、项目投资决策、信用分析、财务估值建模七个部分。考生可通过针对各科重点、难点内容的专题培训课程，掌握中外机构普遍使用的财务分析和企业估值方法，演练企业财务预测与估值建模、项目投资决策建模、上市公司估值建模、并购与股权投资估值建模等实际分析操作案例，快速掌握投资估值基础知识和高效规范的建模技巧。

- ■ **科目一 实务基础知识**——是专业综合知识考试，主要考查投资、并购估值领域的理论与实践知识及岗位综合能力，考试范围包括会计与财务分析、公司金融、企业估值方法、并购分析、项目投资决策、信用分析这 6 部分内容。本科目由 120 道单项选择题组成，考试时长为 3 小时。
- ■ **科目二 Excel 案例建模**——是财务估值建模与分析考试，要求考生根据实际案例中企业历史财务数据和假设条件，运用 Excel 搭建出标准、可靠、实用、高效的财务模型，完成企业未来财务报表预测、企业估值和相应的敏感性分析。本科目为 Excel 财务建模形式，考试时长为 3 小时。

职业发展方向

CVA 资格获得者具备企业并购、项目投资决策等投资岗位实务知识、技能和高效规范的建模技巧，能够掌握中外机构普遍使用的财务分析和企业估值方法，并可以熟练进行企业财务预测与估值建模、项目投资决策建模、上市公司估值建模、并购与股权投资估值建模等实际分析操作。

CVA 注册估值分析师的持证人可胜任企业集团投资发展部、并购基金、产业投资基金、私募股权投资、财务顾问、券商投行部门、银行信贷审批等金融投资相关机构的核心岗位工作。

证书优势

岗位实操分析能力优势——CVA 考试内容紧密联系实际案例，侧重于提高从业人员的实务技能并迅速应用到实际工作中，使 CVA 持证人达到高效、系统和专业的职业水平。

标准规范化的职业素质优势——CVA 资格认证旨在推动投融资估值行业的标准化与规范化，提高执业人员的从业水平。CVA 持证人在工作流程与方法中能够遵循标准化体系，提高效率与正确率。

国际同步知识体系优势——CVA 考试采用的教材均为 CVA 协会精选并引进出版的国外最实用的优秀教材。CVA 持证人将国际先进的知识体系与国内实践应用相结合，推行高效标准的建模方法。

配套专业实务型课程——CVA 协会联合国内一流金融教育机构开展注册估值分析师的培训课程，邀请行业内资深专家进行现场或视频授课。课程内容侧重行业实务和技能实操，结合当前典型案例，选用 CVA 协会引进的国外优秀教材，帮助学员快速实现职业化、专业化和国际化，满足中国企业"走出去"进行海外并购的人才急需。

企业内训

CVA 协会致力于协助企业系统培养国际型投资专业人才,掌握专业、实务、有效的专业知识。CVA 企业内训及考试内容紧密联系实际案例,侧重于提高从业人员的实务技能并迅速应用到实际工作中,使企业人才具备高效专业的职业素养和优秀系统的分析能力。

- 以客户为导向的人性化培训体验,独一无二的特别定制课程体系
- 专业化投资及并购估值方法相关的优质教学内容,行业经验丰富的超强师资
- 课程采用国外优秀教材与国内案例相结合,完善科学的培训测评与运作体系

考试专业内容

会计与财务分析

财务报表分析,是通过收集、整理企业财务会计报告中的有关数据,并结合其他有关补充信息,对企业的财务状况、经营成果和现金流量情况进行综合比较和评价,为财务会计报告使用者提供管理决策和控制依据的一项管理工作。本部分主要考核如何通过对企业会计报表的定量分析来判断企业的偿债能力、营运能力、盈利能力及其他方面的状况,内容涵盖利润的质量分析、资产的质量分析和现金流量表分析等。会计与财务分析能力是估值与并购专业人员的重要的基本执业技能之一。

公司金融

公司金融用于考察公司如何有效地利用各种融资渠道,获得最低成本的资金来源,形成最佳资本结构,还包括企业投资、利润分配、运营资金管理及财务分析等方面。本部分主要考查如何利用各种分析工具来管理公司的财务,例如使用现金流折现法(DCF)评估投资计划,同时考察有关资本成本、资本资产定价模型等基本知识。

企业估值方法

企业的资产及其获利能力决定了企业的**内在价值**,因此企业估值是**投融资**、并购交易的重要前提,也是非常专业而复杂的问题。本部分主要考核企业估值中最常用的

估值方法及不同估值方法的综合应用，诸如 P/E，EV/EBITDA 等估值乘数的实际应用，以及可比公司、可比交易、**现金流折现模型**等估值方法的应用。

并购分析

并购与股权投资中的定量分析技术在交易结构设计、目标企业估值、风险收益评估的应用已经愈加成为并购以及股权专业投资人员做必须掌握的核心技术，同时也是各类投资者解读并购交易及分析并购双方企业价值所必须掌握的分析技能。本部分主要考核企业并购的基本分析方法，独立完成企业并购分析，如合并报表假设模拟，可变价格分析、贡献率分析、相对 PE 分析、所有权分析、信用分析、增厚/稀释分析等常见并购分析方法。

项目投资决策

项目投资决策是企业所有决策中最为关键、最为重要的决策，就是企业对某一项目（包括有形、无形资产、技术、经营权等）投资前进行的分析、研究和方案选择。本部分主要考查项目投资决策的程序、影响因素和投资评价指标。投资评价指标主要包括内部收益率、净现值、投资回收期等。

信用分析

信用分析是对债务人的道德品格、资本实力、还款能力、担保及环境条件等进行系统分析，以确定是否给与贷款及相应的贷款条件。本部分主要考查常用信用分析的基本方法及常用的信用比率。

财务估值建模

本部分主要在 Excel 案例建模科目考试中进行考查。包括涉及 EXCEL 常用函数及建模最佳惯例，使用现金流折现方法的 EXCEL 财务模型构建，要求考生根据企业历史财务数据，对企业未来财务数据进行预测，计算自由现金流、资本成本、企业价值及股权价值，掌握敏感性分析的使用方法；并需要考生掌握利润表、资产负债表、现金流量表、流动资金估算表、折旧计算表、贷款偿还表等有关科目及报表勾稽关系。

考试安排

CVA 考试每年于 4 月、11 月的第三个周日举行，具体考试时间安排及考前报名，请访问 CVA 协会官方网站 www.CVAinstitute.org

CVA 协会简介

注册估值分析师协会（Chartered Valuation Analyst Institute）是全球性及非营利性的专业机构，总部设于香港，致力于建立全球金融投资估值的行业标准，负责在亚太地区主理 CVA 考试资格认证、企业人才内训、第三方估值服务、研究出版年度行业估值报告以及进行 CVA 协会事务运营和会员管理。

联系方式

官方网站：http://www.cvainstitute.org

电话：4006-777-630

E-mail：contactus@cvainstitute.org

新浪微博：注册估值分析师协会

协会官网二维码

微信平台二维码

前言

兼并、收购、资产剥离以及其他形式的公司重组活动，与商业活动一样源远流长。兼并、收购、实体分立或者资产剥离，以及重组活动，均是能够帮助企业实现业绩和价值增长的主要工具，在这一点上，大公司或小公司并无不同。通过开展并购活动，企业如何通过并购驱动业绩增长？迄今为止，令人垂涎的华尔街并购分析方法在某种程度上对公众而言仍旧是个难解之谜。

虽然说并购活动发轫于商业贸易起步之时，但作为令人瞩目的商业战略现象，却是出现于19世纪的那个被唤为"伟大的兼并运动"时期。也正是在这一时期，众多小公司被兼并，进入拥有主宰市场能力的大型公众公司中。诸如美国钢铁公司、国际报纸公司、标准石油公司等一大批企业，它们成了几近垄断市场的公司。如今，并购活动已经随着监管政策、市场动态以及行业状况的变化而有所革新。抛却革新和进步的细节不谈，并购活动仍然是企业实现业绩增长的核心驱动力量。

兼并或收购是指通过购买资产或股权实现业务合并。尽管在定义中未直接提及，实际上兼并与收购常常也包含资产剥离及其他公司重组活动，这也就是为何我将本书书名拓展为《并购、剥离与资产重组：投资银行和私募股权实践指南》。虽然本书主要关注的是兼并收购的技术角度，但并购活动的其他方面也是至关重要的，我们将在第一章中对并购活动的其他方面进行全面的介绍。本书是这套系列丛书中的一册[⊖]，后续书目将会提供反映并购活动其他方面的案例，例如杠杆收购、剥离和重组等。对形式多样的并购活动展开细致的分析，可以帮助投资主体判断兼并、收购、剥离以及其他重组活动带来的影响。这些分析对于评估交易后企业价值和帮助企业判断交易是否是一笔划算的买卖相当重要。

本书意图为投资者提供一些基础的工具，以帮助他们来分析交易事项、判断并解读交易结果。全世界的投资银行和私募股权基金都在使用这些基础工具。我们将使用投行和顶级私募股权基金公司所惯用的方法来评估 Office Depot 和 OfficeMax 的潜在兼并交易。我们也将剖析各种类型并购交易背后的框架，以期让读者对这些剖析结果有全局的理解。通过使用这一模型，读者将会了解到这类交易事项分析的实施步骤，并化身为华尔街分析师的角色，通过身临其境的交易视角，让读者领悟到模型的运作原理，并提供诸多工具来帮助读者构造自己的分析框架。对于那些渴望构造自己的分析框架，或是那些热衷于进入投资银行或私募股权领域的读者而言，本书是非常理想的阅读材料。对于投资银行及私募股权领域的专业人士，如果想要完整地回顾并购分析框架或是更新并购建模的操作，本书亦是为其量身定做的指南。

Office Depot 股份有限公司（"Office Depot"）和 OfficeMax 股份有限公司（"OfficeMax"）的兼并案例研究

伊利诺伊州内珀维尔市和佛罗里达州博卡拉顿市——OfficeMax 股份有限公司 (NYSE[⊖]：OMX) 和 Office Depot 股份有限公司 (NYSE：ODP) 今日宣布已签署最终的并购协议。根据该协议，两家公司将进行对等的全部股票互换兼并，以取得免税重组的资格。兼并交易得到两家公司董事会的一致通过，这将在快速变化的办公解决方案行业中创建一个更强大、更高效、更具竞争力的全球供应商。客户将从增强的多元分

⊖ 本丛书系列包括《财务模型与估值：投资银行和私募股权实践指南》《杠杆收购：投资银行和私募股权实践指南》《投资银行面试指南》，另外，读者也可以参考同系列其他图书。——译者注

⊖ 纽约证券交易所（New York Stock Exchange，NYSE），是上市公司总市值第一（2009 年数据）、IPO 数量及市值第一（2009 年数据），交易量第二（2008 年数据）的交易所。——译者注

销渠道和地区供应中受益。兼并后的公司将拥有过往 12 个月（截至 2012 年 12 月 29 日）的备考 180 亿美元的兼并收入，财务实力和灵活性也将显著提升，从而有能力通过增加的业务规模和显著的协同效应实现长期经营业绩的提升。

根据协议条款，OfficeMax 的股东将用 1 份 OfficeMax 的普通股换取 2.69 份 Office Depot 的普通股。

"在过去的十年中，随着互联网的蓬勃发展，我们所处的行业发生了翻天覆地的变化。我们两家公司合二为一，这将有力地增强我们服务全球用户的能力，也将为我们的雇员提供崭新的就业机会，亦将使我们成为供应商眼中更具吸引力的合作伙伴，最终提升公司股票价值。"Office Depot 股份有限公司董事会主席兼首席执行官尼尔·奥斯特里安（Neil Austrian）如是说。"Office Depot 公司和 OfficeMax 公司享有相近的商业视角和企业文化，通过吸收行业内才华横溢的人、有效整合两家公司的优秀实践经验、节约大量资源，两家公司均能获益颇丰。我们坚信，对于双方公司而言，本次对等的兼并交易开启了一个崭新的未来，同时也将使我们成为一家长期的更具竞争力的企业。"

"在全球动态发展和高度竞争的办公服务行业中，我们将两家公司聚合在一起，实现加速创新以服务于我们的客户，差别化发展以更好地获得成功。"OfficeMax 公司主席兼首席执行官拉维·萨利格拉姆（Ravi Saligram）如是说。"我们自信满满，作为真正的全球化商业的一分子，雇员们将获得崭新的就业机会。我们有机缘携手建立起强大的电子商务平台，也有机遇扩大我们的多渠道分销能力，以此更好地服务于我们的顾客，更高效地参与竞争。尤为重要的是，本次对等的兼并交易能为两家公司的股东们提供诱人的机会，发挥兼并后公司的潜在长期优势。"

（Office Depot，OfficeMax 新闻报道，2013 年 2 月 20 日）

在 2013 年 2 月 20 日的这场新闻发布会上，两家公司宣布了如上的兼并方案。

OfficeMax 公司为企业和消费者提供办公物资及纸张、印刷及文件服务、科技产品及解决方案以及家具产品。通过 OfficeMax.com、OfficeMaxWorkplace.com、Reliable.com、美国和墨西哥境内的 900 家商店以及商品目录单和直销模式等方式，OfficeMax 公司约有 2.9 万名员工服务其消费者及企业顾客。

通过全球 1 628 家零售店、良好的市场推销力、顶级的商品目录单以及全球电子商务运营体系，Office Depot 公司为其客户提供办公物资及服务。Office Depot 公司有约 107 亿美元的年销售收入，拥有雇员 38 000 名，服务的消费者遍布全球 60 个国家和地区。

对于这项兼并活动，其目的是什么，可行性又是怎样？本次兼并所需资金的来源？对交易双方有何影响？对双方公司的股东有何影响？本次并购的潜在影响、收益以及缺陷又是什么？我们可以使用华尔街分析师的那些技术分析方法来回答这些问题。我们将会像华尔街分析师那样，身临其境般地操作完成并购分析的完整过程。

本书所阐述的建模方法论仅仅只是一个视角，但能意识到这一点却十分重要。对 Office Depot 公司和 OfficeMax 公司展开的剖析以及最终的结论并不直接反映我的看法，但其意义在于：出于教学目的，这些剖析及结论是按照惯用的分析方法和基于有限的信息进行推断的。当然存在着其他的可能性及方法，我并没有囊括于本书之中。本书所呈现的诸多看法可能是有待商榷的，我本人也欢迎进一步探讨。阅读本书的核心在于：掌握理论方法及方法背后的诸多概念，借此来丰富读者的理论工具箱，以期读者可以亲自操刀得出属于自己的结论。

本书的组织架构

本书包含三部分：

（1）导论；

（2）并购分析；

（3）Office Depot 公司和 OfficeMax 公司兼并的案例。

在第一部分，我们从全局高度解释并购的框架，回顾了并购交易的类型以及并购交易的整个过程。我们也将再现核心的财务报表内容，它将有助于读者理解本书第二部分及第三部分所涉及的概念。

在第二部分，我们将通览权益融资、债务融资、资产收购、资产剥离、每股盈利增厚或稀释等项目的完整分析过程。在每个分析过程中，我们都将会解读基本概念及示例模型的情况。这些较宏观层面的分析有助于我们理解关键变量的重要意义，对理解各种假设的驱动因素如何影响潜在结果亦是必不可少的。理解好这些分析过程，有利于我们掌握兼并分析的完整框架，这部分内容将会在第三部分予以详尽说明。

在第三部分，我们将构建一个关于 Office Depot 公司和 OfficeMax 公司的完整的兼并财务模型。我们使用两家公司的历史经营业绩，按照规范的建模方法来准确预测兼并后公司的业绩表现。这部分的目的是我们不仅要理解一项完整兼并活动的模型构建过程，而且要理解兼并的概念并完美地解读兼并结果，亦要理解各种驱动变量如何影响最终的分析结果，还要能构造出一个适用于任何特殊情形的交易模型。

本书的目的是帮助读者逐步建立起自己的兼并模型。模型样板可在本书配套的网站上找到，其文件名为"NYSF_Merger_Model_Template.xls"⊖。请您参考本书最后"关于公司网页"部分进入网站下载。如果您此前没有建模方面的技术性经验，我推荐您在阅读本书前先阅读《财务模型与估值：投资银行和私募股权实践指南》一书，该书细致介绍了以沃尔玛公司为案例所构建财务模型的详细过程。

⊖ 读者也可以从金多多教育的网址 www.jinduoduo.net 下载财务模型。——译者注

目录

译者序
关于注册估值分析师（CVA®）认证考试
前言

第一部分　概　　览

第一章　收购兼并概述　/3
　　　　收购兼并流程　/6
　　　　Office Depot 与 OfficeMax　/7
第二章　财务报表知识回顾　/11
　　　　利润表　/12
　　　　资产负债表　/24
　　　　折旧　/29
　　　　净营业损失前移扣减案例　/34
　　　　偿债计划表　/40
　　　　财务报表流转示例　/40

第二部分　兼并与收购分析

第三章　权益融资与债务融资　/49
　　　　债务融资　/50
　　　　权益融资　/55
第四章　资产收购与资产剥离　/61

　　　　资产收购　/64
　　　　资产剥离　/70
第五章　增厚/稀释分析　/73
　　　　第一步：获得收购价格　/74
　　　　第二步：估计资金来源和使用　/75
　　　　第三步：创建预测的财务报表分析　/79
　　　　调整 1：兼并后成本节约　/81
　　　　调整 2：新分配的无形资产摊销　/82
　　　　调整 3：新的利息费用　/85
　　　　调整 4：新发行的股份　/85
　　　　总结　/87
　　　　驱动因素　/88

第三部分　Office Depot/OfficeMax 兼并

第六章　假　设　/93
　　　　资金使用　/100
　　　　并购资金的来源　/103
第七章　利　润　表　/109
　　　　预测利润表　/111
第八章　现金流量表　/145
　　　　经营活动产生的现金流　/146
　　　　投资活动产生的现金流　/151
　　　　筹资活动产生的现金流　/154
第九章　资产负债表调整　/161
　　　　买方支付　/162
　　　　额外的调整　/163
　　　　Office Depot 和 OfficeMax 的资产负债表调整　/168
第十章　折旧计划表　/181
　　　　直线折旧法　/183
第十一章　营运资本计划表　/193
　　　　应收账款　/195

存货 /197

预付费用及其他流动资产 /198

递延所得税及应收款项 /199

应付账款、应计费用及其他应计负债 /201

应交税费 /202

其他流动负债 /203

预测营运资本 /204

营运资本和现金流量表 /212

第十二章 资产负债表预测 /219

现金流量表驱动资产负债表与资产负债表驱动现金流量表 /222

配平一张不平的资产负债表 /235

第十三章 偿债计划和循环引用 /241

偿债计划结构 /242

偿债计划建模 /242

循环引用 /259

自动债务偿还 /264

基本开关 /266

第十四章 增厚/稀释 /267

公允意见 /268

优先股 /269

贡献分析 /271

总结 /272

附　　录

附录1　建模快速指南 /275

附录2　财务报表流程图 /279

从利润表到现金流量表 /280

从现金流量表到资产负债表 /281

附录3　Excel快捷键 /283

关于公司网页 /285

关于作者 /285

第一部分
概览

兼并、收购、资产剥离和重组（M＆A）是投资银行和私募股权行业中常用的基本却复杂的交易手段。这部分我们将介绍归属于"并购"的交易类型，以利读者更好地了解各种大型交易背后的并购战略和动机。然后，我们将概述并购流程以向读者展现交易是如何发起的。最后，为了使读者更好地理解后面章节的并购分析，我们将回顾并详细讲解核心的财务报表，包括利润表、现金流量表和资产负债表。了解每张报表背后的驱动因素以及它们之间的勾稽关系，对于构建模型十分重要。

第一章
收购兼并概述

兼并、收购、剥离和其他类型的重组之间的区别需要明确。交易可以以多种形式进行，可以是几种形式的结合，也可以是在新市场中产生的一种全新的形式。这几个词经常互换使用又或者被划分为不同的类型。有几个词确实没有既定标准，我尽量先简化说明。要认真理解这些核心部分，这样可以更好地区分我们要讨论的每一种交易。当然已经有不少优秀的图书探讨了收购兼并的主体层面、监管层面和法律层面的问题。这本书致力于给出技术方法和程序方法，因此我先简要解释几个关键词语。

兼并：兼并简单地说是两个或者更多经营实体的结合，其中只有一个经营实体存续。兼并主体通常规模上相近。（A 公司 + B 公司 = A 公司）

合并：合并是指一个以上的经营实体的结合，但是产生了一个完全新的实体。（A 公司 + B 公司 = C 公司）

收购：收购是购买一个或几个经营实体、一项资产或几项资产组合。虽然收购和兼并经常被互换使用，但是收购和兼并不同之处在于收购公司（收购方）通常比被收购的资产或实体（目标方）大很多。

收购包括几种形式，具体为以下几种：

- **资产收购**：资产收购是指收购一项资产或资产包，以及与这些资产相关的直接负债。
- **股权收购**：股权收购是购买经营实体的权益。资产收购和股权收购的区别重点在法律、监管、会计、建模方面，将在本书后面详述。
- **杠杆收购**：杠杆收购（Leveraged Buyout, LBO）是利用大量债务来支付收购成本的收购。对杠杆收购全面的分析请参见我的另一本图书《杠杆收购：投资银行和私募股权实用指南》。
- **管理层收购**：管理层收购（Management Buyout, MBO）是一种由公司目前的管理者收购大部分或全部股份的收购形式。

收购可以是恶意的或是善意的，取决于收购进程中管理层的态度。

- **善意收购**：与目标公司的管理层和董事会达成一致；收购方公开以股票或现金提出报价，目标公司董事会公开支持交易有关条款。
- **恶意收购**：与目标公司管理层或董事会没有达成一致，但是用其他的方式获得了收购许可,如直接将报价提交给公司股东;要约收购和代理权争夺战都是没有获得公司管理层直接同意而获得股东支持的方法。

兼并、合并和收购可以进一步分类:

- **横向并购**:横向交易发生在同一行业内部经营实体之间。这种结合会增加经营实体在这一行业中的市场份额。
- **纵向并购**:纵向交易发生在行业供应链上下游的经营实体之间。收购兼并产生的协同效应对交易双方都有益。一个正面的例子是石油天然气行业。在石油天然气行业,钻探石油的勘探生产(Exploration and Production, E&P)公司发现石油后,分别经过打井、炼油、分销公司或管道公司运输而送达用户,比如加油站。因此这个例子里,勘探和生产公司收购一家管道公司或一家加油站,就是纵向整合——纵向并购。相反,一家勘探生产公司购买另外一家勘探生产公司就是横向并购。
- **混合并购**:交易发生在两个或更多无关联的经营实体间,彼此间基本没有共同的业务活动;混合并购包括两种主要的交易类型,即单纯的和混杂的。单纯的混合交易发生在完全无关的经营实体之间,而在混杂的混合交易中公司寻求产品拓展或市场拓展。

剥离:剥离是指出售一家经营实体的权益、一项资产或资产包。

剥离可以继续细分为:

- **资产剥离**:资产剥离是指出售一项资产或资产包。在本书第二部分我们将讨论一种简单的资产剥离。
- **分拆**:母公司成立一家新公司,把新公司股票分配给原股东作为分红。
- **版权分拆上市**:母公司向公众出售子公司一定比例的股权,也被称为部分IPO。

其他重组:鉴于兼并、合并、收购和剥离都进行了以提高企业营利能力为目的的不同程度的企业架构重组,因此都可以被认为是重组的不同类型。除了前面提到的重组的主要分类,还存在一些其他的重组类型。例如股票回购是一家公司在公开市场买回股票,这会产生反稀释的作用,希望借此推动公司股票价格上涨。另外一个例子是削减人工以降低成本、提高收益水平。每一种策略都是以提高企业价值为目的重组行为。

虽然上述的术语简介不算完整,但至少可以给之后的分析做个铺垫。想了解收购兼并和流程方面更多的内容，市场上有大量相关的书籍可以作为本书的补充⊖。本书的目的是通过财务模型量化收购兼并带来的财务效益。

收购兼并流程

虽然收购兼并涉及许多方面，而且这个行业也在不断发展，但是理解收购方为了获取目标企业可能采取的措施是很重要的。这将进一步帮助理解收购兼并的流程。流程早期被认为是善意的，而后期是敌意的。

非正式询问：通过电子邮件、信函或者电话，向企业管理层发起非正式询问。和管理层讨论"战略选择"的诉求可以看作是一项收购建议，管理层或者回应或者拒绝。拒绝会让收购方进入下一步骤，这时候开始可以被认为是恶意收购了。

狗熊式拥抱：狗熊式拥抱是写给公司管理层关于收购的信函并要求迅速回复。该信与其说是建议，更不如说是要求，事先毫无预兆。狗熊式拥抱经常公开进行，希望和管理层以友好的方式谈判。

公开市场购买：在公开市场购买中，收购方在公开市场买入股份。虽然公开市场购买听起来挺有意思，但是如果多数股东不愿意出售股份，就经常以失败收场。但如果成功了，此举会降低整个交易成本，一个原因就是不用去考虑控股溢价。本书后面会讨论控股权溢价的问题。

代理权争夺：代理权争夺中，收购方寻求赢得股东的支持，以某种方式改变董事会或管理层的决定以利于收购。代理权的信会寄给每一位股东，尽力以投票的形式赢得支持。代理政策可以以多种形式进行，但如果目标公司股票被大量散户持有，大量事实已经证明这种方式成功的概率较低。

要约收购：要约收购是直接要求收购股东持有的股票。为了确保足够数量的股东愿意出售股票以完成收购，要约收购需要支付巨大的收购溢价。要约收购通常是收购中代价最高的一种方法。

这些主要的类别下面还有子类，而且还存在其他的收购方法。这些主要方法已经可以帮助了解最基本的收购程序。当然，收购的所有步骤算起来耗时耗力，包括法律、监

⊖ 请参考同系列《投资银行：估值、杠杆收购、兼并与收购》（原书第2版）。——译者注

管、研究及尽职调查。但是这些内容可以帮助你从全局层面及投行角度来理解收购从何而来。我们来看看这个框架是如何在 Office Depot 与 OfficeMax 的收购案中应用的。

Office Depot 与 OfficeMax

为了获得 Office Depot 与 OfficeMax 交易的准确信息，研究不同来源的数据是很重要的。我推荐去两家公司的网站和美国证监会网站 www.sec.gov 来获得关于公司及其交易最准确的信息。我们已经从公司网站的投资者关系栏找到了 2 月 20 日新闻报道。你可以登录 www.officedepot.com 来浏览这篇新闻报道。在 Office Depot 的主页底部是"投资者关系"（见图 1-1）。

图 1-1　Office Depot 公司网站——投资者关系

在此页左侧"公司信息"下面，点击"新闻报道"链接，可以找到所有新闻报道。点击"关键词搜索"框下面的下拉框，从 2013 年开始选择新闻报道，然后向下滚动找到 2013 年 2 月 20 日的那篇名为"Office Depot 与 OfficeMax 宣布对等合并，产生价值 180 亿美元的全球办公解决方案公司"的新闻报道（见图 1-2）。我们也可以在 OfficeMax 网站的投资者关系栏目找到该交易的新闻报道。

向美国证券交易委员会（Securities and Exchange Commission, SEC）提交的文件也是交易各方财务数据的关键来源。

代理声明、表 S-4、表 8-K，这些提交的文件都可能包含交易的财务信息。公司的 10-K（年报）或者 10-Q（季报）也可能包含一段关于兼并的讨论。

我们可以登录 www.sec.gov 来浏览美国证券交易委员会网站。

在图 1-3 的右上方，有一个"公司备案"（Company Filing）的链接，点击此链接进入，在"公司名称"搜索框里输入"Office Depot"并点击"搜索"键，会显示出 Office Depot 提交的一系列备案文件（见图 1-4）。也可以输入另外一家交易方"OfficeMax"进行同样操作。

图 1-2　Office Depot 公司网站——新闻发布

图 1-3　SEC 网站主页

现在你可能想花些时间再找点相关信息。搜索后，我们发现 2013 年 4 月 9 日的表 S-4，标题是"股票注册，公司兼并"。标题表明此文件会描述该交易。打开此文件，显示为此次并购的重要信息，因此我们要使用该文件了解交易详情（见图 1-5）。你也可以在本书关联的网站上找到名为"表 S-4.pdf"的该文件。

注意在本书出版之后，可能将会出现更多的新文件。由于跟随本书学习的目的，我建议认真研究上面提到的文件。一旦你学会了在本书中提到的核心模型和分析技能，你就能用最新的信息来更新你的模型。

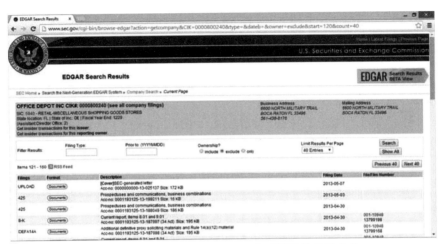

图 1-4　SEC 网站 Office Depot 公司提供的备案文件

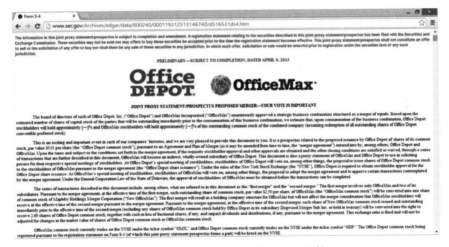

图 1-5　Office Depot 提供的 S-4 文件

最后，其他的信息来源，比如新闻报道或研究报告也都是可能包含并购财务信息的可靠来源。现在我们先来利用 S-4 报告中找到的信息。

在 S-4 文件的第二页顶部，名为"联合代理声明/计划并购——你的投票很重要"表明了该文件的目的。这是一个号召股东投票支持交易的文件。在该文件中，解释了交易的某些具体信息，我们要使用该文件进一步分析这次交易。我们来看第二页的第一段。

Office Depot 股份有限公司（"Office Depot"）和 OfficeMax 股份有限公司（"OfficeMax"）的董事会一致通过一项以对等合并为交易结构的战略性企业兼并决议。基于交易双方在此次兼并完成前已发行的预计股本数量，我们估计在兼并完成后，Office Depot 的股东将持有大约 [—] %、OfficeMax 的股东将持有大约 [—] % 的兼并公司流通普通股（假设 Office Depot 所有在外流通的可转换优先股均被赎回）。

（S-4 表格，2013 年 4 月 9 日）

在第一句里清晰地阐述了这是一起兼并，Office Depot 与 OfficeMax 两家规模相近的大企业合并为一家。背后的机制将在第三部分阐述。

此次交易是横向的还是纵向的？虽然这种交易看起来同时具有两种特性，但是很明显倾向于横向交易。Office Depot 与 OfficeMax 不仅都处于同一行业，而且还是彼此的竞争对手，因此这次兼并将增加两家公司在这一行业中的市场份额。

因此从主观层面来看，本章至少提供给读者关于并购框架和流程的基本释义。我尽量简述，因为本书的目的是对并购流程进行全局和技术层面的介绍。并购交易机制具体到项目的不同情形可能十分复杂，因此第二部分尽量把核心交易机制说清楚，然后在第三部分进行整合应用。在此之前，下一章会对财务报表的核心内容进行回顾，为之后的并购分析做好准备。

第二章
财务报表知识回顾

在进行并购分析之前，重要的是先简要回顾标准财务模型中的六大类报表，以及如何综合运用这些报表：

（1）利润表；

（2）现金流量表；

（3）资产负债表；

（4）折旧计划表；

（5）营运资本计划表；

（6）偿债计划表。

本章列示的一些一般性的概念，对于我们理解后续章节中的并购过程十分必要。

利润表

利润表度量了一家公司在一定时期内的利润（或损失）。为了报税需要，公司一般要求披露并记录期间产生的销售收入。当然，因销售引发的费用可以抵减基于销售收入征收的税金。尽管上述费用究竟在何时以及如何抵税，具体规定有所不同，但这里有个一般性的概念：

$$利润 = 收入 - 支出$$

一家公司需要基于利润纳税。因此：

$$净利润 = 利润 - 税金$$

然而，利润表变得越来越复杂。多种类别的费用可能因公司而异。作为分析师，我们需要对利润表科目进行合理归类，以便进行恰当的分析。因此，通常应该将利润表中的明细科目划分为以下九个类别：

（1）销售收入（销售额）；

（2）销售成本；

（3）营业费用；

（4）其他收益；

（5）折旧和摊销；

（6）利息；

（7）所得税；

（8）非经常性项目；

（9）利润分配。

无论利润表有多复杂，优秀的分析师都能将每个明细科目归入上述九类之中。这样一来，分析师就能更容易地了解利润表中驱动公司盈利的主要科目类别，以便进一步比较不同公司的盈利能力——这是确定目标公司相对价值的一项重要分析工作。我们将简要回顾这些科目。

销售收入

销售收入是公司在一定时期内产生的销售收入或毛收入。注意，收入在什么时间确认、如何确认，不同的公司采用的方式不同，并且可能与实际现金收讫存在差异。收入在"已实现或获得"时予以确认，即通常是当售出产品已交付或者已经提供了某项服务时。

销售成本

销售成本（Cost of Goods Sold, COGS）是指与公司产品销售直接相关的成本。这些成本是与收入最直接相关的成本。其中主要包括产品的材料成本，但也包含一些其他直接成本。

毛利润

由于毛利润是合计科目，因此并不在上述列示的利润表九个类别之中。它等于收入与销售成本的差值，该指标有助于确定从收入中移除销售成本后的净值。有一个常用的分析指标叫作毛利率，即用毛利润除以总收入而得。

例如，一家汽车销售公司，可能会产生制造费用。假设我们自行制造汽车，一辆汽车售价为20 000美元。为此，我们需要花费5 000美元采购制造汽车所需的原材料。如果我们售出一辆汽车，则收入为20 000美元，销售成本为5 000美元。进而，毛利润为15 000美元，或者毛利率为75%。现在让我们假设一季度销售25辆汽车，则收入为25×20 000美元，即500 000美元；销售成本为25×5 000美元，即125 000美元；由此得到毛利润为375 000美元（见表2-1）。

表 2-1　汽车销售公司 2012 年一季度毛利润　　　　（单位：美元）

销售收入	500 000
销售成本	125 000
毛利润	375 000
毛利润率	*75%*

营业费用

营业费用是指一家公司在进行正常的商业运转时发生的费用。这是一项与公司创收有关且用于支撑公司运转的间接费用。营业费用可被细分为多个不同类别,最常见的分类方式如下:

- 销售、管理及行政费用(Selling, General, and Administrative, SG&A):指公司所有的销售费用及管理、行政费用,如雇员薪水、房屋租金等。
- 广告及市场营销费用:指任何与公司广告及市场营销举措有关的费用,如印刷广告费用、购买谷歌关键字广告费用等。
- 研究及开发费用(Research and Development, R&D):指与公司未来产品及服务的研究及开发活动有关的费用。

让我们再回到汽车销售公司,假设一季度总计支付 75 000 美元给员工。此外支付租金 2 500 美元,广告宣传花费 7 500 美元。最后,假设我们每季度用于改进汽车产品的研究及开发费用约为 5 000 美元。延续之前的例子,公司利润表如表 2-2 所示:

表 2-2　汽车销售公司 2012 年一季度利润表　　　　（单位：美元）

销售收入	500 000
销售成本	125 000
毛利润	375 000
毛利润率	*75%*
营业费用	
销售、管理及行政费用	77 500
广告费	7 500
研究及开发费用	5 000
营业费用合计	90 000

其他收益

公司并非仅仅依靠核心业务创造收入。由于其他收益需要纳税,所以需要列示在利润表中。然而，既然该部分收入并非由核心业务产生，所以不能计入销售收入中。让我们以一家汽车销售公司为例，汽车销售公司的核心业务应该是制造并销售汽车。但是，许多汽车公司也会通过其他途径创造收益，例如融资活动。汽车销售公司以收取利息的方式，帮助消费者筹集购车款项。该部分利息收益需要纳税，并且被视为额外收入。然而，由于该部分收入与公司的核心业务无关，因此不能被确认为销售收入，应被计入其他收益。

另一个关于其他收益的常见例子就是"非控制性权益"，也被称为"来自非兼并附属公司的收入"。当公司以非控股形式投资另一家公司时，可获得该部分收入。所以，当一家公司（公司 A）投资另一家公司（公司 B），并获得公司 B 的少数股权时，公司 B 就会按比例将其净利润中的一部分分配给公司 A。公司 A 则需要将这部分收入计入其他收益。

息税折旧摊销前利润

息税折旧摊销前利润（EBITDA）是华尔街分析师重要的度量指标。EBITDA 的计算为：销售收入 – 销售成本 – 营业费用 + 其他收益。

对于 EBITDA 是否应该包括其他收益这一问题，业界有很大争议。争议主要有两派：

（1）EBITDA 应该包括其他收益。如果公司产生了其他收益，这些收益应该体现为 EBITDA 的一部分，并且其他收益应当列在 EBITDA 加总项的上方。这种观点认为，其他收益虽然不是销售收入的最主要部分，但本质仍是业务运营的结果，也应体现为公司营业活动的一部分。这可以从很多方面来解释。拿汽车销售公司的案例来说，我们或许可以认为，融资活动尽管不是销售收入的主要来源，但它是公司总体盈利的必要组成部分，因此应被记为 EBITDA 的一部分。

（2）EBITDA 不应该包括其他收益。如果公司产生了其他收益，这些收益不应该体现为 EBITDA 的一部分，并且其他收益科目应当列在 EBITDA 加总项的下方。这种观点认为，尽管其他收益是公司盈利的一部分，但它不是营业活动的核心，因而不应包含在公司的核心盈利指标内。

决定是否应将其他收益包含在 EBITDA 中并不是简单和界限分明的。一个重要的考虑因素是看其他收益是否是持续的和经常性的。如果不是，那么在更多情形下 EBITDA 不应该包括其他收益科目。另一个重要的考虑因素是分析的目的。例如，如果你打算收购一项业务，而这项业务在收购后仍然会产生其他收益，那么很可能这些收益应该作为 EBITDA 的一部分。或者收购之后其他收益不再存在，那么在这种情况下 EBITDA 不应该包括其他收益。再如，如果你想将这项业务的 EBITDA 同其他公司进行比较，那么考虑其他公司是否也会产生同样的其他收益科目就变得十分重要了。如果其他公司不产生同样的其他收益项，那么也许更应该在 EBITDA 分析中剔除其他收益，以确保所有公司 EBITDA 比较的一致性。

对于 EBITDA 是否应该包括其他收益科目，不同的投资银行和公司可能有不同的观点。甚至在同一家公司内部，不同行业类别的部门对这个问题也有不同的看法。作为一名优秀的分析师，能够提出前后一致的、合理可辩护的观点并坚持是非常重要的。需要注意的是，将其他收益排除在 EBITDA 之外也意味着其他收益也将被排除在息税前利润（EBIT）之外。

我们假设在汽车销售公司的案例中，其他收益是 EBITDA 的一部分（见表 2-3）。

表 2-3　汽车销售公司 2012 年一季度息税折旧摊销前利润　（单位：美元）

销售收入	500 000
销售成本	125 000
毛利润	375 000
毛利润率	*75%*
营业费用	
销售、管理及行政费用	77 500
广告费	7 500
研究及开发费用	5 000
营业费用合计	90 000
其他收益	1 000
EBITDA	286 000
EBITDA 率	*57%*

注意这里我们已经计算了息税折旧摊销前利润率，即 EBITDA 除以销售收入的比率。

折旧和摊销

折旧是记录固定资产在一定时期内的老化和消耗情况的账目。摊销是记录无形资产（如专利、版权、商标等知识产权）在其使用期内，按成本匹配减少情况的账目。注意并非所有的无形资产都要摊销。

息税前利润(EBIT)[注]

EBIT 等于 EBITDA 减去折旧和摊销。假设上述例子中,汽车销售公司每个季度发生 8 000 美元的折旧和摊销费用(见表 2-4)。

表 2-4 汽车销售公司 2012 年一季度息税前利润　　　(单位:美元)

EBITDA	286 000
EBITDA 率	*57%*
折旧和摊销	8 000
EBIT	278 000
EBIT 率	*56%*

注意这里我们已经计算了 EBIT 率,即 EBIT 除以销售收入的比率。

利息

利息由利息费用和利息收入组成。利息费用是公司借债带来的成本。利息收入一般是通过储蓄账户中持有的现金、存单或其他投资所取得的收入。

假设汽车销售公司取得了 100 万美元的贷款,并且每年要承担 10% 的贷款利息。那么这家汽车公司每年有 100 000 美元或者每季度有 25 000 美元的利息费用。再假设公司有 50 000 美元的现金,并且这笔现金每年产生 1%(500 美元)或每季度产生 125 美元的利息收入。

在一般情况下,利息费用是指抵销利息收入后的净利息费用。

税前利润

税前利润(EBT)可以定义为息税前利润减去净利息费用(见表 2-5)。

表 2-5 汽车销售公司 2012 年一季度税前利润　　　(单位:美元)

EBIT	278 000
EBIT 率	*56%*
利息费用	25 000
利息收入	125
净利息费用	24 875
税前利润	253 125
税前利润率	*51%*

注意我们也已经计算了税前利润率,即税前利润除以销售收入。

[注] EBIT,英文全称为 Earnings before Interest and Tax。——译者注

所得税

所得税是政府向公司营业所得征收的费用。所得税的计税依据是税前利润(如前面定义)。在汽车销售公司的案例中,我们假设税率为35%。

净利润

净利润由税前利润减去所得税。完整的利润表如表2-6所示。

表2-6 汽车销售公司2012年一季度净利润　　　　　(单位:美元)

销售收入	500 000
销售成本	125 000
毛利润	375 000
毛利润率	*75%*
营业费用	
销售、管理及行政费用	77 500
广告费	7 500
研究及开发费用	5 000
营业费用合计	90 000
其他收益	1 000
EBITDA	286 000
EBITDA率	*57%*
折旧和摊销	8 000
EBIT	278 000
EBIT率	*56%*
利息费用	25 000
利息收入	125
净利息费用	24 875
税前利润	253 125
税前利润率	*51%*
所得税	88 593.75
税率(%)	35%
净利润	164 531.25

非经常性和特别项目

非经常性和特别项目是一次性发生的或与日常核心业务运营无关的收入或费用。

例如，卖出资产或关停业务所带来的收益或损失，就属于非经常项目。一般公认会计准则（Generally Accepted Accounting Principles, GAAP）下，非经常性和特别项目会分布在利润表多个科目之中，因此，为了计算日常的、连续性经营活动的EBITDA、EBIT和净利润行项目（我们称为"清洁的"EBITDA、EBIT和净利润），优秀的分析师要鉴别出这些非经常性和特别项目，并将其移至利润表的底部。然而，我们不想完全除去这些非经常性和特别项目，所以我们将它们移至了利润表的底部。从现在开始，我们将非经常性和特别项目简称为"非经常性项目"。

股利分配

股利分配从广义上被定义为对股东的支付。支付的形式可以是分红或者非控制权益支付，这两种形式也是股利分配的两大类型。

非控制权益是其他外部的人或实体所拥有的公司或其子公司的部分权益。如果另一家实体（A实体）拥有公司（B实体）的非控制权益，B实体必须分配其盈利的一部分给A实体。

净利润（披露的）

由于我们已经建议将一些非经常性项目移动到一个独立的部分，故前面例子中所示的净利润实际上是调整后的净利润。这个净利润也是对分析、估值和比较工作最为有用的一个科目。然而，再呈现一个包含所有调整项的完整的净利润，以匹配原始披露的净利润是十分重要的。所以建议大家还要有第二个净利润行，计算为净利润减去非经常性项目减去股利分配，以作合理性检查。

股份

公司在利润表上披露的流通股可以以基本的或者完全稀释后的数量披露。基本股份数量计算为市场上流通的股份数量。完全稀释后股份数量计算为市场上流通的股份加上可转为流通股的股份数量（假设所有处于实值的期权和权证持有者决定行权）。我们最好将完全稀释后股份数量理解为一种假设情形下的数量：如果所有可以行权的期权和权证持有者都将行权，那么现在将有多少已发行的普通股。

每股盈利（EPS）

每股盈利被定义为净利润除以发行的普通股股份数量。公司通常披露一个基本 EPS 指标和一个完全稀释后的 EPS 指标，即净利润分别除以基本股份和完全稀释后股份数量的比值。要注意，在计算 EPS 时，每个公司可能对净利润具体包含什么内容有着不同的定义。换句话就是，净利润是否包含非控制权益？或者是否包含股利分红？对于投资者来说，使用分红支付前、非控制权益支付后的净利润较为普遍。不过我们还是建议要回顾公司过去的 EPS，从而鉴别其使用的精确公式。

$$\text{基本 EPS} = \text{净利润} / \text{基本股份总数}$$

$$\text{稀释 EPS} = \text{净利润} / \text{完全稀释后的股份总数}$$

现金流量表

现金流量表衡量公司在一定期间产生或支出现金的情况。虽然利润表反映了盈利情况，但盈利可能会，也可能不会带来实际的现金所得。这是因为很多利润表科目不一定会对现金流产生影响。例如，当销售完成时，客户可以用现金或赊账的形式支付。如果公司实现了 1 000 万美元的销售收入，并且所有客户均以现金形式支付，那么公司实际产生了 1 000 万美元的现金。但是如果公司 1 000 万美元的销售收入是赊账形式，那么虽然销售收入被记录在利润表上，但是尚未收到现金。现金流量表旨在确定公司实际产生了多少现金，这些现金可分为三部分：

（1）经营活动产生的现金；

（2）投资活动产生的现金；

（3）筹资活动产生的现金。

所有经营活动、投资活动、筹资活动产生（支出）的现金总和构成了一定期间收到或支出的现金总量。

经营活动产生的现金流

经营活动产生的现金流反映了有多少现金是产生自净利润或者盈利的。前面我们解释了销售收入如何以现金或赊账的方式实现。由于销售收入是利润的一个来源，如果销售收入的一部分是赊账形式，那么我们需要根据销售收入中现金的数量对净利润进行调整。与之相似，利润表中的费用可能是现金费用（完成支付）或者非现金费用（尚未支付）。例如营业费用（如办公用品费用）的记账发票，一旦收到发票（我们必须支付的账单），我们需要将这笔费用记录在利润表上，即使我们尚未实际支付账单。将这笔费用记录在利润表上将降低盈利水平。但是，在考虑可用的现金时，由于这笔账务尚未完成支付，所以我们不应将其计算在内。因此，计算经营活动产生的现金流时，我们将在净利润基础上加回此类费用，以消除这部分费用的影响（见表2-7）。

表2-7 经营活动产生的现金流

利润表	单位：美元
销售收入（全部以现金形式获得）	10 000 000
销售、管理及行政费用（尚未实际支付的发票）	2 000 000
净利润	8 000 000

现金流量表	单位：美元
净利润	8 000 000
加回销售、管理及行政费用	2 000 000
经营活动产生的现金流	10 000 000

这样处理是合乎逻辑的。我们已经收到了1 000万美元现金形式的销售收入；我们也收到一张200万美元的发票，但是尚未付款。发票费用被恰当地计入了利润表的费用科目，但我们不应该将其纳入现金分析。因此，我们将这笔费用加回净利润。经营活动产生的现金合计也正确地反映了我们手头仍然有1 000万美元的现金。

现在，让我们假设1 000万美元的销售收入中，仅仅有800万美元是现金销售所得，另外200万美元是信用销售。在这种情况下，利润表同之前是完全一样的，但是现金流量表是不同的。如果我们从1 000万美元销售收入中仅仅收到800万美元现金，那么我们需要从净利润中减除这200万美元的尚未收到的收入（见表2-8）。

表2-8 经营活动产生的现金流2

利润表	单位：美元
销售收入（仅800万美元以现金形式获得）	10 000 000
销售、管理及行政费用（尚未支付的发票）	2 000 000
净利润	8 000 000

现金流量表	单位：美元
净利润	8 000 000
扣除未以现金形式获得的收入	（2 000 000）
加回尚未支付的销售、管理及行政费用	2 000 000
经营活动产生的现金流	8 000 000

这个分析可能看起来烦琐，但是理解这种方法很重要，当我们遇到更复杂的利润表时需要应用这种方法。总起来讲，经营活动产生的现金可由净利润移除所有非现金项目计算得出。

或者，经营活动产生的现金可呈现为以下最基本的形式：

经营活动产生的现金＝净利润＋尚未支付的费用－尚未收到现金的销售收入　（1-1）

但是实际比式（1-1）稍加复杂。为了完全理解这个问题，我们来看一下利润表所有的组成成分以及哪些项目可被看作现金项目，哪些项目是非现金项目。

销售收入　正如前面所解释的，如果销售收入以信用方式获得，那么这部分将从净利润中移除。以信用方式收到的销售收入部分被称作应收账款。

销售成本　销售成本（COGS）是与售出产品相关的存货成本。例如，如果制作一把椅子花费 50 美元，而我们以 100 美元的价格出售椅子，那么对于每一把售出的椅子，我们将记录一笔 50 美元的与产品生产成本相关的费用，这就是销售成本。然而，对于每把售出的椅子，我们必须同时将存货余额减少 50 美元。存货的减少会给现金流量表中经营活动产生的现金部分带来正的现金流入。

营业费用　正如在前面的 200 万美元发票案例中所解释的，如果一笔费用尚未支付，它将被加回净利润。营业费用中尚未完成支付的部分被称为应计费用。

折旧　折旧是一种从不会实际支付的费用。正如前面所述，折旧反映了资产的老化。因此，像任何非现金费用一样，我们在计算经营活动产生的现金流时要将其加回净利润。

利息　利息费用几乎总是以现金支付。虽然存在一些例外的复杂债务工具，但是如果公司不能支付利息，那么一般会被视为债务违约。故基于此原因，我们几乎总是将利息费用视为现金支出。因此，在现金流量表中，我们不会将利息费用加回净利润。

所得税　在一些情形下可以递延缴纳所得税，这些情形我们将在后面讨论。被记为费用但尚未支付的所得税部分被称为递延所得税。

表 2-9 总结了最常见的利润表行科目以及科目中与递延相关的科目。

表 2-9 最常用的利润表行科目

净利润行科目	是否可能递延？	对经营活动产生的现金流的影响
销售收入	是	应收账款变动
销售成本	是	存货变动
		应付账款变动
营业费用	是	应计费用变动
		预付费用变动
折旧	是	折旧
利息	否	无（除例外）
所得税	是	递延所得税

前面我们通过调整净利润中的非现金收入和费用项，计算得到产生或支出的现金。沿着前面论述的主题继续，我们可以将这个表格推广到计算经营性现金流的一般性结论：

经营活动产生的现金流 = 净利润 + 应收账款变动 + 存货变动 + 应付账款变动 + 应计费用变动 + 预付费用变动 + 折旧 + 递延所得税

尽管具体内容我们会在后面详细讨论，这里先给出一个定义，即

应收账款变动 + 存货变动 + 应付账款变动 + 应计费用变动 + 预付费用变动统统被称为**营运资本变动**，因而我们可以将公式重写为：

经营活动产生的现金流 = 净利润 + 折旧 + 递延所得税 + 营运资本变动

注意每一个科目变动可能为正也可能为负。我们将在本章的"营运资本"一节中进一步阐释这块内容。

为了确保完整性，经营活动产生的现金流应该包括针对利润表所有非现金科目的调整。因此，你会在公式的最后看到"+ 其他非现金项目"，以囊括所有这些调整。

经营活动产生的现金流 = 净利润 + 折旧 + 递延所得税 + 其他非现金项目 + 营运资本变动

此处的学习重点是要对经营性现金如何由利润表推导而来有一个概念性的认识。当我们进行更复杂的案例学习和分析以及进行尽职调查时，你会发现，理解现金流如何从利润表科目推导出来，而不是机械地记忆标准公式，是非常重要的。这在分析小型私营公司时尤为重要，因为这些公司可能没有一套完整的财务体系。学会从利润表推导营运资本计划表和经营活动产生的现金流将非常有用。这仅仅是此类分析的一个基础性的开始。

投资活动产生的现金流

我们已经有了对经营性现金的计算和推导方法，除经营性现金之外，还有两种渠道可以产生或支出现金：投资活动和筹资活动。投资活动产生的现金流是指购买（出售）资产、企业或者其他投资品和证券所产生或支出的现金。更加具体地讲，主要包括以下几大范畴：

- 资本性支出（对物业、厂房和设备的投资）；
- 购买或出售资产；
- 购买、出售、分立或剥离子公司或者业务实体；
- 投资买入或者卖出可流通有价证券或不可流通证券。

筹资活动产生的现金流

筹资活动产生的现金流是指筹集股本或债务资本的活动所产生或者支出的现金，具体为：

- 股本（优先股）增发或者回购；
- 筹集或者偿还债务；
- 对股东的股利分配（非控制性权益和分红）。

经营活动、投资活动和筹资活动产生的现金流之和，衡量了一定期间内现金流入和流出总量。

资产负债表

资产负债表用来衡量公司在某一时点的财务状况。资产负债表可分为三大部分：资产、负债、所有者权益；公司资产总额总是等于公司负债同所有者权益之和。

$$资产 = 负债 + 所有者权益$$

资产

资产是指可以产生经济效益的资源。例如现金、存货、应收账款和厂房设备。资产可划分为两类：流动资产和非流动资产。

流动资产　流动资产是经济效益预计在一年内产生的资产。常见的流动资产科目如下：

现金及现金等价物　现金是手头持有的货币。现金等价物是很容易转化为现金的资产，如货币市场基金、短期票据或短期国库券、短期有价证券和商业票据。现金等价物常常被视同现金，因为它们可以在需要的时候随时变现。

应收账款　应收账款（Accounts Receivable, AR）是基于信用的销售。销售收入已经确认，但顾客还没有以现金形式支付。赊销的销售收入会作为资产记录入账，并且在顾客以现金形式支付之前将一直保留。例如，如果应收账款增加 100 美元，那么我们一定记录了一笔销售收入。因此，销售收入也增加 100 美元。

利润表	单位：美元
销售收入	100
所得税（40% 的税率）	（40）
净利润	60

相应的，增加 60 美元净利润会带来现金流量表的变化。然后我们需要移除 100 美元的应收账款，因为应收账款增加 100 美元会导致经营性营运资本现金流出 100 美元。结合增加的 60 美元净利润，现金变动共计 –40 美元。

现金流量表	单位：美元
净利润	60
应收账款变动	（100）
现金总变动	（40）

资产负债表	单位：美元
现金	（40）
应收账款	100
留存收益（净利润）	60

在资产负债表中，现金减少 40 美元，应收账款增加 100 美元，留存收益增加 60 美元。这里要注意现金流量表中的应收账款变动和资产负债表中的应收账款的关系：现金减少，资产增加。资产负债是平衡的，总资产（–40 美元 + 100 美元 = 60 美元）减去负债（0 美元）等于留存收益（60 美元）。

当顾客最终支付了现金，应收账款也将从资产负债表移除。

现金流量表	单位：美元
净利润	0
应收账款变动	100
现金总变动	100

资产负债表	单位：美元
现金	100
应收账款	（100）
留存收益（净利润）	0

存货　存货是原材料和待售的商品。当购买原材料时，存货的增加等于所购买的原材料等量的数额。一旦商品售出并且被计入销售收入，存货数值将减少，并且对应记录到商品销售成本（COGS）。举例来说，假设我们销售椅子。

如果存货增加 50 美元，那么我们很可能已经购买了有关原料，这会导致一笔现金流出。现金减少 50 美元，对应存货增加 50 美元。这里要注意现金流量表中的存货变动和资产负债表中的存货的关系：现金减少，资产增加。

现金流量表	单位：美元
净利润	0
存货变动	（50）
现金总变动	（50）

资产负债表	单位：美元
现金	（50）
存货	50
留存收益（净利润）	0

如果存货减少 50 美元，那么这很可能与存货售出有关，我们将其作为销售成本计入费用。注意到因成本增加影响所得税，故而会导致净利润减少 30 美元。资产的售出会导致现金的增加；将存货变动加到 –30 美元的净利润上，现金总变动 20 美元。

利润表	单位：美元
销售成本	（50）
所得税（40% 的税率）	20
净利润	（30）

现金流量表	单位：美元
净利润	（30）
存货变动	50
现金总变动	20

资产负债表	单位：美元
现金	20
存货	（50）
留存收益（净利润）	（30）

存货减少 50 美元。净利润会影响留存收益。资产负债表是平衡的；总资产（20 美元 –50 美元 = –30 美元）减去总负债（0 美元）等于留存收益（–30 美元）。

预付费用

预付费用是公司对一项费用提前进行支付所产生的一种资产。假设我们决定预付 100 美元的租金费用，现金计入预付费用账目。要注意现金流量表中的预付费用变动和资产负债表中的预付费用之间的关系：现金减少，资产增加。

现金流量表	单位：美元
净利润	0
预付费用变动	（100）
现金总变动	（100）

资产负债表	单位：美元
现金	（100）
预付费用	100
留存收益（净利润）	0

当费用实际发生时，这笔费用将计入销售、管理及行政费用（SG&A）科目。所得税抵减后，我们得到 –60 美元的净利润。

利润表	单位：美元
SG&A	（100）
所得税（40% 的税率）	40
净利润	（60）

–60 美元的净利润将计入资产负债表中的留存收益。预付费用资产的减少，会带来预付费用变动的现金流入。

现金流量表	单位：美元
净利润	（60）
预付费用变动	100
现金总变动	40

资产负债表	单位：美元
现金	40
预付费用	（100）
留存收益（净利润）	（60）

资产负债表是平衡的：总资产（40 美元 –100 美元 = –60 美元）减去负债（0 美元）等于所有者权益（–60 美元）。

非流动资产 非流动资产是指不能在一年内变现的资产。非流动资产的常见科目如下：

物业、厂房和设备（Property, Plant, and Equipment, PP&E）：物业、厂房和设备是公司为经营目的而购置的资产，也称固定资产，例如建筑物、厂房和机器。

无形资产：无形资产是指无法实际触摸到的资产。知识产权类，如专利、商标、版权以及商誉和品牌认知度都是无形资产的例子。

负债

负债是公司的债务或者财务义务。它包括流动负债和非流动负债。

流动负债 流动负债是公司所欠的一年以内偿还的债务或者财务义务。流动负债的常见科目如下：

应付账款：应付账款是公司对供应商所欠的债务。例如，如果一家公司通过赊账的方式从供应商那里购买了 500 美元的原材料，那么这家公司将产生 500 美元的应付账款。这家公司的资产负债表将记录 500 美元的应付账款，直到向供应商付款为止。

现金流量表	单位：美元
净利润	0
应付账款变动	500
现金总变动	500

资产负债表	单位：美元
现金	500
应付账款	500
留存收益（净利润）	0

一旦供应商收到款项，应付账款减少 500 美元，并且资产负债表中的现金也减少

500美元。要注意现金流量表中的应付账款变动和资产负债表中的应付账款之间的关系：现金增加，负债增加。

应计负债：应计负债是已经发生但是尚未支付的费用。例如，如果公司收到一份1 000美元的水电燃气费账单，这笔费用将计入销售、管理及行政（SG&A）科目，那么资产负债表中的应计负债科目也记录1 000美元。

利润表	单位：美元
SG&A	（1 000）
所得税（40%的税率）	400
净利润	（600）

所得税抵减后，净利润是-600美元，并且将影响现金流量表。要注意现金流量表中的应计负债变动和资产负债表中的应计负债之间的关系：现金增加，负债增加。

现金流量表	单位：美元
净利润	（600）
应计负债变动	1 000
现金总变动	400

资产负债表	单位：美元
现金	400
应计负债	1 000
留存收益（净利润）	（600）

一旦这笔账款完成支付，应计负债将减少，资产负债表中的现金项也将减少1 000美元。

现金流量表	单位：美元
净利润	0
应计负债变动	（1 000）
现金总变动	（1 000）

资产负债表	单位：美元
现金	（1 000）
应计负债	（1 000）
留存收益（净利润）	0

短期负债：短期负债是指一年内即将到期的债务。

非流动负债：非流动负债是指在一年以上的期限内偿还的公司债务或义务。非流动负债的科目如下：

长期负债：长期负债是指在一年以上到期的债务。

递延所得税：递延所得税的产生是基于一般公认会计准则（Generally Accepeted Accounting Principles, GAAP）所记录的净利润与出于计税目的所记录的净利润之间的时间差。递延所得税可记为负债也可记为资产。我们将在下一章节中更加详细地讨论递延所得税。

折旧

折旧是记录资产老化的科目。

折旧是一种所得税减免，它可以让纳税人恢复某些财产的成本或其他固定资产的基础。它是对资产损耗、老化、报废的年度折扣。

大多数类型的有形资产（除土地之外），如建筑物、机器、车辆、装置、设备，都是可以折旧的。同样，某些无形资产，如专利、版权和计算机软件，也是可折旧的。

（www.irs.gov）

换句话说，当一家公司拥有和使用一项资产时，资产的价值通常会随使用或时间而减少。正如我们在资产负债表章节所讨论的一样，如果资产价值减少，在资产负债表中必然有其他的科目变动，以抵销资产的减少。会计规则规定，资产价值的减少可以被记为费用。在这种规定下，资产的老化或损耗，部分归因于为了产生销售收入而使用该资产。如果资产的减少记为费用，净利润将减少，进而资产负债表中所有者权益部分的留存收益项将减少。

我们以一个有 5 000 美元折旧费用的资产为例。如下表所示，折旧费用减少了税后净利润。净利润驱动了现金流量表，但是由于折旧是一项非现金的费用，所以需要加回到现金科目。

利润表	单位：美元
折旧	（5 000）
所得税（40% 的税率）	2 000
净利润	（3 000）

现金流量表	单位：美元
净利润	（3 000）
折旧	5 000
现金总变动	2 000

在资产负债表中，净利润驱动留存收益。折旧将降低被折旧资产的价值（物业、厂房和设备）。

现金流量表	单位：美元
净利润	（3 000）
折旧	5 000
现金总变动	2 000

资产负债表调整	单位：美元
现金	2 000
物业、厂房和设备	（5 000）
留存收益（净利润）	（3 000）

会计准则允许多种计提资产折旧的方法。在特定的条件下，每种方法都有它的益处。本章节我们将学习最常用的方法以及我们如何使用它们。两种主要的方法如下：

（1）直线折旧；

（2）加速折旧。

直线折旧

直线折旧法按照资产的预计存续年限（使用年限）均匀地折旧资产。例如，如果我们以50 000美元的价格购买了一辆汽车，并且汽车使用年限是10年，那么每年的折旧额将为5 000美元。因此下一年，这项资产将计提5 000美元的折旧且资产价值将减少到45 000美元。再接下来的一年，这项资产将再计提5 000美元的折旧且价值变为40 000美元。10年后，资产的折旧已全计提完，资产价值也变为0。

我们也可以给资产指定剩余价值（也叫残余价值、残值），剩余价值是一项资产在使用年限结束后残存的最小价值。因此，举例来说，如果这辆车在10年后的剩余备件能售出1 000美元，则它的残值是1 000美元，而不是0。为了在折旧公式中体现残值，我们需要对汽车价值减去残值（50 000美元 – 1 000美元，即49 000美元）后进行折旧。现在每年的折旧将是4 900美元，这意味着下一年汽车的价值将为45 100美元。10年后，汽车的最终价值将为1 000美元。因此直线折旧的定义如下：

$$折旧 = （资产公允价值 - 残值） / 使用年限$$

加速折旧

加速折旧法允许资产在其使用年限的前期进行更多的折旧，后期进行较少的折旧。采用加速折旧法的最常见原因是更高的折旧费用会减低应纳税所得额，因而产生较低的所得税。加速折旧的方法有多种，其中最常见的方法如下：

- 余额递减法；
- 年数总和法；
- 修正的加速成本回收制度（Modified Accelerated Cost Recovery System, MACRS）。

余额递减法 余额递减法每年按照净资产余额的一定比例折旧。净资产余额每年减少金额为当年计提的折旧额。

余额递减法应用的折旧比例计算为1除以资产使用年限再乘以一个加速乘数：

$$折旧比例 = 1 / 使用年限 \times 加速乘数$$

加速乘数以2.0或1.5最为常见。

在上述汽车的案例中，资产的使用年限为10年。如果我们假定加速乘数为2，则余额递减比例是：

$$1/10 \times 2 = 20\%$$

我们把 20% 应用到每年的净资产余额以计算汽车的加速折旧。因此，50 000 美元的 20% 是 10 000 美元。资产净余额是 40 000 美元（50 000 美元 –10 000 美元）。第二年，我们把 20% 应用到 40 000 美元上，得到 8 000 美元。新的资产净余额是 32 000 美元（40 000 美元 –8 000 美元）。第三年，我们把 20% 应用到 32 000 美元上，得到 6 400 美元（见表 2-10）。

表 2-10 余额递减法举例　　　　　　　　　　　单位：美元

截至 12 月 31 日	2013 年	2014 年	2015 年	2016 年	2017 年
物业、厂房和设备净值	50 000	40 000	32 000	25 600	20 480
加速折旧比例（%）	20%	20%	20%	20%	20%
折旧费用	10 000	8 000	6 400	5 120	4 096

年数总和法　为使用年数总和法，我们首先要将从 1 到资产使用年限的数字加总求和。例如，一个使用年限为 10 年的资产总和数为 55，即 1 + 2 + 3 + 4 + 5 + 6 + 7 + 8 + 9 + 10 = 55。第一年，折旧比例将为 10/55 或 18.18%（舍入到百分位）。第二年，折旧比例将为 9/55 或 16.36%。第三年，折旧比例为 8/55 或 14.55%，依此类推。

这种方法下，我们将折旧比例应用到资产的基础价值，而不会像余额递减法下那样，折旧比例应用到的资产余额每年都会减少。

第一年的折旧额 = 50 000 美元 × 18.18% 或 9 090 美元

第二年的折旧额 = 50 000 美元 × 16.36% 或 8 180 美元

第三年的折旧额 = 50 000 美元 × 14.55% 或 7 275 美元

第四年的折旧额 = 50 000 美元 × 12.73% 或 6 365 美元

第五年的折旧额 = 50 000 美元 × 10.91% 或 5 455 美元

注意在表 2-11 中，我们基于资产初始余额计算未来每年的折旧额。这不同于余额递减法，在余额递减法下我们基于净资产余额（扣除折旧后的资产额）计算每年的折旧额。

表 2-11 年数总和法举例　　　　　　　　　　　单位：美元

截至 12 月 31 日	2013 年	2014 年	2015 年	2016 年	2017 年
物业、厂房和设备净值	50 000				
加速折旧比例（%）	18.18%	16.36%	14.55%	12.73%	10.91%
折旧费用	9 090	8 180	7 275	6 365	5 455

修正的加速成本回收制度（MACRS） 修正的加速成本回收制度是美国税法规定的折旧处理方法。

MACRS 方法是基于资产的使用年限而预先确定好一系列折旧比例。我们将这些比例应用到每年的资产基础价值（你可以在 www.irs.gov 网站上查看这些比例）。这里有多种处理的惯例，包括半年惯例和季中惯例，每种惯例都有一套不同的折旧计算比例。不同惯例之间的差异取决于资产投入使用的时间和开始折旧的确切时间。如表 2-12 所示，半年惯例假定资产到年中才开始投入使用和折旧。

表 2-12 MACRS 半年惯例

年份	不同回收期的折旧率					
	3 年期	5 年期	7 年期	10 年期	15 年期	20 年期
1	33.33%	20.00%	14.29%	10.00%	5.00%	3.750%
2	44.45%	32.00%	24.49%	18.00%	9.50%	7.219%
3	14.81%	19.20%	17.49%	14.40%	8.55%	6.677%
4	7.41%	11.52%	12.49%	11.52%	7.70%	6.177%
5		11.51%	8.93%	9.22%	6.93%	5.713%
6		5.76%	8.92%	7.37%	6.23%	5.285%
7			8.93%	6.55%	5.90%	4.888%
8			4.46%	6.55%	5.90%	4.522%
9				6.56%	5.91%	4.462%
10				6.55%	5.90%	4.461%
11				3.28%	5.91%	4.462%
12					5.90%	4.461%
13					5.91%	4.462%
14					5.90%	4.461%
15					5.91%	4.462%
16					2.95%	4.461%
17						4.462%
18						4.461%
19						4.462%
20						4.461%
21						2.231%

我们看下"3 年期"的折旧比例，注意到第一年的折旧比例（33.33%）实际上比第二年的折旧比例（44.45%）更低，这里折旧实际上没有加速。半年惯例假定资产到年中才投入生产使用，因而实际折旧计算时间为半年，因此我们必须对第一年的折旧比例做一下调整。

如表 2-13 所示，季中惯例假定资产从第一个季度的中间时点开始折旧。因此这里的起始折旧比例（58.33%）比半年惯例下的起始折旧比例高。由于资产在第一个季度而非年中投入使用，所以资产将从更早的时间开始折旧，并且在第一年末产生更高的折旧费用。

实际中还有假设资产在第二、三、四季度投入使用的季中惯例表。

确定使用哪个惯例表取决于资产在何时投入使用，而这个信息往往难以获得。所以在默认情况下，我们通常使用假设资产在第一季度投入使用的季半惯例，因为这样可以在第一年计提最多的折旧费。我们建议你最好咨询一下资产评估师和税务专业人士，以确保你使用正确的折旧方法。

如表 2-13 所示，对于一项使用年限为 10 年的资产，第一年的折旧费计算是将 17.50% 乘以资产的基础价值。

表 2-13 MACRS 季中惯例（资产在第一季度投入使用）

年份	不同回收期的折旧率					
	3 年期	5 年期	7 年期	10 年期	15 年期	20 年期
1	58.33%	35.00%	25.00%	17.50%	8.75%	6.563%
2	27.78%	26.00%	21.43%	16.50%	9.13%	7.000%
3	12.35%	15.60%	15.31%	13.20%	8.21%	6.482%
4	1.54%	11.01%	10.93%	10.56%	7.39%	5.996%
5		11.01%	8.75%	8.45%	6.65%	5.546%
6		1.38%	8.74%	6.76%	5.99%	5.130%
7			8.75%	6.55%	5.90%	4.746%
8			1.09%	6.55%	5.91%	4.459%
9				6.56%	5.90%	4.459%
10				6.55%	5.91%	4.459%
11				0.82%	5.90%	4.459%
12					5.91%	4.460%
13					5.90%	4.459%
14					5.91%	4.460%
15					5.90%	4.459%
16					0.74%	4.460%
17						4.459%
18						4.460%
19						4.459%
20						4.460%
21						0.565%

到第二年，折旧比例将变为16.50%。表2-14列示了一项价值为50 000美元的资产在前五年的折旧计算。

表2-14 修正的加速成本回收制度　　　　　　　　　　　　单位：美元

截至12月31日	2013年	2014年	2015年	2016年	2017年
物业、厂房和设备净值	50 000				
加速折旧比例（%）	17.50%	16.50%	13.20%	10.56%	8.45%
折旧费用	8 750	8 250	6 600	5 280	4 225

要注意，依照美国一般公认会计准则（GAAP）所编制的利润表和依照税务处理规定所编制的利润表往往存在诸多差异。其中的一个主要差异便是折旧方法。在美国一般公认会计准则下，常用的折旧方法包括直线折旧法、余额递减法以及年数总和法。而在税务会计标准下，折旧常用MACRS法。在填写GAAP报告和税务报表时，因使用不同折旧方法而导致的净利润的差异，会产生一项递延所得税负债。我们将在后文中详细讨论。

递延所得税

递延所得税资产是指公司资产负债表中可能被用来减少所得税费用的资产。递延所得税资产常常在公司取得一笔净营业损失（Net Operating Loss, NOL）后产生。净营业损失在公司费用超过其销售额的时候发生。美国国税局（IRS）允许公司用损失抵扣其他年份的应纳税所得。净营业损失可以用于抵减过去2~5年或可用于抵减未来20年的应纳税所得额。需要注意的是，公司对净营业损失（NOL）进行向前扣减或向后扣减所选择的年限取决于一些商业因素，这需要国税局根据个案具体情况进行判定。更多有关具体标准的信息可在www.irs.gov网站上找到。我们始终建议读者就相关信息咨询注册会计师或税务专业人员。

净营业损失前移扣减案例

表2-15 净营业损失前移扣减案例1　　　　　　　　　　　　单位：美元

利润表	2010年	2011年	2012年
税前利润（EBT）	750	1 500	（1 000）
所得税（40%的税率）	（300）	（600）	0
净利润	450	900	（1 000）

示例中，公司在 2012 年遭受了净损失。因此，公司申请了两年的亏损前移扣减，这让公司得以通过获得一笔退税（前两年缴纳税费的退回）来冲抵 2012 年的亏损。从而，1 000 美元的损失变成了可让税款在其他年份冲减的额度（见表 2-16）。

表 2-16 应用到 2010 年的净营业亏损　　　　　　　　　　　　　　单位：美元

期初余额	1 000
应纳税所得额	750
退税（40% 的税率）	300
净营业损失余额	250

我们首先用 1 000 美元损失冲减 2010 年 750 美元的应纳税所得额，得到 300 美元的退税。还剩下 250 美元（1 000 美元 –750 美元）的净营业损失余额，我们用其冲减 2011 年的应税所得（见表 2-17）。

表 2-17 应用到 2011 年的净营业亏损　　　　　　　　　　　　　　单位：美元

期初余额	250
应纳税所得额	1 500
退税（40% 的税率）	100
净营业损失余额	0

在 2011 年，我们有 1 500 美元的应纳税所得额。然而，由于仅剩 250 美元的净营业损失，我们仅能获得 1 500 美元应税所得中 250 美元所得相关的退税，因此退税是 100 美元（250 美元 ×40%）。这样连同之前 300 美元的退税，我们总共可收到 400 美元的退税。

如果公司在先前的年份有很少的或者没有应税所得，那么公司可以选择根据不同的情况将净营业亏损向后结转处理（最多后移 20 年）。再举一个例子，假设前移两年的扣减已经完成，净营业损失余额仍然存在（见表 2-18）。

表 2-18 净营业损失前移扣减案例 2　　　　　　　　　　　　　　单位：美元

利润表	2010 年	2011 年	2012 年
税前利润（EBT）	100	200	（1 000）
所得税（40% 的税率）	（40）	（80）	0
净利润	60	120	（1 000）

这个例子中公司也在 2012 年遭受了净亏损。公司申请了两年的亏损前移扣减，这让公司得以通过获得一笔退税（前两年缴纳税费的退回）来冲抵 2012 年的亏损（见表 2-19）。

表 2-19 应用到 2010 年的净营业亏损　　　　　　　　　　　　　　单位：美元

期初余额	1 000
应纳税所得额	100
退税（40% 的税率）	40
净营业损失余额	900

我们首先用 1 000 美元亏损冲减 2010 年 100 美元的应纳税所得额，得到 40 美元的退税。还剩下 900 美元（1 000 美元 –100 美元）的净营业亏损余额，我们用其扣减 2011 年的应税所得（见表 2-20）。

表 2-20　应用到 2011 年的净营业亏损　　　　　　　　　　　单位：美元

期初余额	900
应纳税所得额	200
退税（40% 的税率）	80
净营业损失余额	700

在 2011 年，我们有 200 美元的应纳税所得额，用净营业亏损扣减应纳税所得额将带来 80 美元的退税，连同 2010 年 40 美元退税，共实现 120 美元的退税。但是要注意到，我们仍然剩有 700 美元的净营业亏损余额。这些余额可以用来扣减未来的税费。这 700 美元的余额成为一项递延所得税资产，直到其被使用或者不再可用时为止。

递延所得税负债　递延所得税负债产生于依据不同规则编制的利润表——依据一般公认会计准则（GAAP）编制的利润表和依据税务处理规定编制的利润表——之间的暂时记账差异。产生递延所得税负债的一个常见的原因是：基于 GAAP 的利润表和基于税务处理规定的利润表采用了不同的折旧方法。例如，一家公司可以采用直线折旧法生成一套基于 GAAP 的财务报表，也可以同时采用修正的加速成本回收制度（MACRS）法生成一套基于税务处理规定的财务报表。这将带来一项递延所得税负债，从而在短期内减少所得税。

我们举一个简单的例子，假设公司产生了 100 000 美元的息税折旧摊销前利润（EBITDA）。假设我们将在基于 GAAP 的报表中采用直线折旧法，折旧额为 5 000 美元（50 000 美元 /10）。同时假设我们决定在基于税务处理规定的报表中采用 MACRS 折旧法。对于一项使用年限为 10 年的资产，折旧额为 8 750 美元（17.5% × 50 000 美元）。由此形成的基于 GAAP 和税务处理规定的利润表如表 2-21 所示。

表 2-21 中，左列的 GAAP 利润表显示出较低的折旧费用以及 95 000 美元的息税前利润。然而右列的税务利润表显示出较高的折旧费用，这是因为加速折旧的原因，从而带来较低的税前利润（91 250 美元），并且使所得税费用相应减少 1 500 美元（38 000 美元 –36 500 美元）。现在，依据 GAAP 披露的是一笔较高的所得税费用 38 000 美元，这也是我们在公司的年度报告或者 10-K 报表中看到的所得税费用。基

于税收处理规定算出的数额较低的税费则是公司申报给美国国家税务局的,是必须在该年度实际缴纳的税额。因此,披露的税费和实际缴纳的税费之差(1 500美元)就成了一个非现金项目,就像一笔尚未以现金形式支付的费用一样,在现金流量表中,所得税费用的这个非现金的部分要加回到净利润上,这就是递延所得税负债。

表2-21 基于GAAP和税务处理规定的利润表示例　　　　　　　　　　单位:美元

利润表	GAAP(直线折旧)	税务(MACRS折旧)
息税折旧摊销前利润(EBITDA)	100 000	100 000
折旧	(5 000)	(8 750)
息税前利润(EBIT)	95 000	91 250
利息	0	0
税前利润(EBT)	95 000	91 250
所得税(40%的税率)	(38 000)	(36 500)
净利润	57 000	54 750

需要注意的是,这是一种可以在短期内减少现金支出的好办法。前面算出的1 500美元的递延所得税额也可以通过直线折旧额减去加速折旧额之差再乘以税率来计算得出。

$$递延所得税负债 = (加速折旧额 - 直线折旧额) \times 税率$$

或者

$$(8 750 美元 - 5 000 美元) \times 40\% = 1 500 美元$$

在构建财务模型时,我们要构建一张预计的直线折旧计划表。需要的话,我们也构建一张加速折旧计划表。然后,我们用加速折旧额减去预计的直线折旧额,再乘以税率,来估算递延所得税额。

营运资本

营运资本的衡量是公司流动资产减去流动负债的差额。然而,出于建模的目的,此处我们仅将目光聚焦在狭义的营运资本——经营性营运资本(Operating Working Capital, OWC)上。经营性营运资本同样被定义为流动资产减去流动负债之差。然而,经营性营运资本不包含流动资产中的现金及现金等价物,也不包含流动负债中的短期负债。

现金等价物是容易变现的资产,如持有的货币市场基金、短期政府债或短期国库券、短期有价证券和商业票据。现金等价物常常被视同现金，因为它们可以在需要的时候随时变现。

因此，移除现金及现金等价物之后，我们还有以下流动资产科目：

- 应收账款；
- 存货；
- 预付费用。

同时，移除短期负债后，我们还有以下流动负债科目：

- 应付账款；
- 应计费用。

要注意可能还存在其他的流动资产和流动负债科目，前面提到的仅仅是一些最常见的例子。

这些科目都与公司的经营活动密切相关。例如，应收账款是我们尚未以现金形式收到的销售收入部分，应计费用是我们尚未以现金支付的费用部分。基于此原因，经营性营运资本可以很好地衡量有多少现金即将来自日常的经营活动。另一方面，经营性营运资本可以帮助监测公司对日常经营活动产生的现金的管理情况。相比较，营运资本由于包含了现金、现金等价物和短期负债，不能对日常经营活动单独进行清晰的衡量。

我们如何知道经营性营运资本各项指标是否运行良好？例如，如果我们看到公司的应收账款一年接一年地增长，那么这可能意味着我们有不断增长的收账问题。然而，这也可能意味着应收账款在增加是因为销售收入在增长，这时它是一个反映业务增长强劲的好指标。因此，要判断这些经营性营运资本科目表现得好坏，不能仅仅孤立地看待每个科目；我们需要将这些科目同利润表中的相关科目进行比较。我们使用"周转天数"这个衡量指标去跟踪监测我们收回应收款项或者支付应付款项的情况。周转天数计算为应收款项或应付款项除以利润表中与之相关的科目再乘以360。

例如，假设2013年应收账款余额为25 000美元，销售收入为100 000美元（见表2-22）。

应收账款除以销售收入得到25%。因此，2013年销售收入的25%还未被收回。我们将这个百分比乘以一年的天数得到一个对等的数值，以表示这些应收款项处于未付清状态的天数：25% × 360 = 90，因此对于2013年的销售收入，全年有90天处于未付清状态。作为一项经验法则，许多公司要求客户在 30 天内支付。然而，根据业务的不同，60 天、90 天甚至更多天也可以接受。90 天可认为是非常高的也可认为是可以接受的天数，这取决于业务类别和所售产品是什么。需要注意的是，这里我们使用了 360 天而不是 365 天。这两种方式都是可以接受的；然而，我们更常使用 360 天，因为 360 可以被 12 整除，如果我们想将一年细分到 12 个月，用 360 可以使得建模更简单。

表 2-22 经营性营运资本情况

利润表	单位：美元	经营性营运资本	单位：美元
销售收入	100 000	应收账款	25 000
销售成本	10 000	存货	7 500
营运费用	85 000	预付费用	1 000
EBITDA	5 000	应付账款	12 500
		应计费用	15 000
		净营运资本	6 000

应收账款周转天数 =（应收账款/销售收入）× 360

要注意，为了清楚说明问题我们对这个公式做了一个简化的假设。在前面的计算过程中，我们把先前年份的应收账款余额作为分子。在实际分析中，我们要取被分析当年和上一年的应收账款年末余额的平均数。因为资产负债表项目是某一特定时点的余额，将当年和上一年的业绩表现取平均数可以得到衡量全年业绩表现得更好的指标。利润表和现金流量表科目实际给我们展现的是整个期间的总业绩表现，所以不适宜取平均数。因此，计算 2013 年应收账款周转天数的完整公式如下：

2013 年应收账款周转天数 = 2013 应收账款和 2012 年应收账款的平均值/2013 年销售收入 × 360

让我们用负债项的应计费用再举个例子。假设 2013 年的应计费用余额是 15 000 美元，是未支付的办公室租金。2013 年的利润表费用是 85 000 美元。15 000 美元的应计费用除以 85 000 美元得到 17.6%。因此，2013 年费用的 17.6% 尚未支付。我们将这个百分比乘以一年的天数得到一个对等的数值，用来表示这些应付款项处于未付清状态的天数。17.6% × 360 = 63.4，因此对于 2013 年的费用，有 63.4 天仍处于未付清状态，在本案例中这个天数相对较高，尤其是考虑到租金通常每 30 天支付一次。

应计费用周转天数 =（应计费用/营业费用）× 360

我们又一次为了说明问题简化了案例。在进行实际分析时，我们要对分析当年和上一年的应计费用余额取平均数。

2013 年应计费用周转天数 = 2013 应计费用和 2012 年应计费用的平均值 /2013 年营业费用 × 360

在构建财务模型时，我们用计算的历史周转天数去预测未来的营运资本科目。我们将在第十一章进一步讨论这个过程。

偿债计划表

偿债计划表用来追踪公司的各类债务、相应的债务利息和本金偿还计划。偿债计划表也帮助追踪可用来偿还这些债务的可用现金以及由可用现金及现金等价物产生的利息收入。简单地说，偿债计划表可以帮助我们更好地追踪债务和利息。当构建完成偿债计划表并且正确地关联到财务模型中的其他报表时，财务模型会产生一个重要的"循环引用"。循环引用在帮助我们判定不同的债务情形方面至关重要，例如，它可以帮助判定公司在确保现金足够支持利息偿还的同时可筹集债务的最大值。我们将在第十三章更详细地对偿债计划表进行建模和讨论。

财务报表流转示例

我们举个例子，通过分析一个完整的销售过程来说明财务报表的流转。我们是一家对销售椅子有兴趣的新公司，因而我们在当地开了一家零售商店。我们将以 100 美元的价格销售每把椅子。生产一把椅子将花费 50 美元的原材料购置费。因此我们要做的第一件事是购买足够的原材料去生产 10 把椅子（500 美元）。简单的流转过程如下：

现金流量表	单位：美元
净利润	0
存货变动（购买椅子）	(500)
现金总变动	(500)

资产负债表	单位：美元
现金	(500)
存货	500

这时没有收入产生。由于我们花钱支付了存货，所以资产负债表记录了一项存货资产。我们将在后面讨论完整的资产负债表。

现在资产负债表上的现金余额是 –500 美元。我们显然没有现金来支付这些原材料,但是供应商允许我们在获得现金之前延付这笔账款。因此,我们产生了一笔对供应商的负债,这笔负债被称为应付账款。

新的流转过程如下:

现金流量表	单位:美元
净利润	0
存货变动(购买椅子)	(500)
应付账款变动	500
现金总变动	0

资产负债表	单位:美元
现金	(0)
存货	500
应付账款	500

在交易结束时,现金余额是 0,此时我们有一项 500 美元的存货资产,同时有一项 500 美元的应付给供应商的应付账款负债。

现在,我们假设一把椅子以 100 美元的价格售出。有两件事会在利润表上发生:

(1) 记 100 美元的销售收入。

(2) 发生 50 美元的销售成本。

让我们看一下这些交易是如何在利润表、现金流量表和资产负债表中流转的。建议一次只集中处理一笔交易,以确保在处理下一笔交易之前,每笔交易完全覆盖了所有的三张报表。

如果记入销售收入 100 美元,所得税税率为 40%,那么所得税为 40 美元,净利润是 60 美元:

利润表	单位:美元
销售收入	100
所得税(40% 的税率)	(40)
净利润	60

接下来,我们转到现金流量表。现金流量表以净利润科目为起始,净利润变动是 60 美元。此时,现金流量表中没有其他科目受到影响,因此现金总变动是 60 美元。在资产负债表中,现金变动会影响现金资产余额。同时,净利润变动会影响留存收益。

现金流量表	单位:美元
净利润	60
现金总变动	60

资产负债表	单位:美元
现金	60
存货	500
应付账款	500
留存收益(净利润)	60

现在我们看一下销售成本，它带来 50 美元的成本。为了完整地反映销售活动，让我们检查一下基于销售成本的财务报表调整。在利润表中，我们将发生 50 美元的费用。由于费用是可抵税的，所以所得税费用将减少 20 美元，从而导致净利润减少 30 美元。

利润表	单位：美元
销售成本	（50）
所得税（40% 的税率）	20
净利润	（30）

接下来，我们转到现金流量表。现金流量表以净利润科目为起始。由于销售成本与存货相关，所以我们需要减少资产负债表中的存货资产，以反映售出的 50 美元原材料，而这会引起一个正的现金调整。因而我们将增加一个 50 美元的"存货变动"科目：

现金流量表	单位：美元
净利润	（30）
存货变动	50
现金总变动	20

资产负债表调整	单位：美元
现金	20
存货	（50）
留存收益（净利润）	（30）

对于资产负债表，前面带来的现金变动将增加现金资产余额。存货资产将减少 50 美元，以反映售出的原材料。留存收益将减少净利润变动的数额，即 −30 美元。

现在我们将这个资产负债表调整结合到资产负债总表中。

资产负债表调整	单位：美元
现金	20
存货	（50）
留存收益（净利润）	（30）

资产负债表	单位：美元
现金	80
存货	450
应付账款	500
留存收益（净利润）	30

此处资产负债表是平衡的，因为资产总额（80 + 450 = 530）减去负债（500）等于所有者权益（30）。

前面的销售是现金销售。现在假设我们又卖出了一把椅子，但是这次是赊销。

利润表	单位：美元
销售收入	100
所得税（40% 的税率）	（40）
净利润	60

注意到不论销售是现金形式的还是信用形式，利润表看起来都是相同的。现金

流量表将有少许不同。如果客户以信用形式支付,那么我们需要对现金流量表进行调整,这是因为我们尚未收到这笔现金。实际上,我们需要扣除没有以现金形式收到的那部分销售收入,并且我们将在现金流量表和资产负债表中设立一个应收账款资产科目,来反映客户欠我们的钱。

现金流量表	单位:美元
净利润	60
应收账款变动	(100)
现金总变动	(40)

资产负债表调整	单位:美元
现金	(40)
应收账款	100
留存收益(净利润)	60

注意现金总变动是-40美元,它也反映了销售产生的税款。因为我们已经记录了销售,尽管我们还没有收到这笔销售收入对应的现金,我们仍要记录和支付这笔销售相关的所得税费用。

我们需要将这些调整添加到初始的资产负债表,得到如下结果。

资产负债表调整	单位:美元
现金	(40)
应收账款	100
留存收益(净利润)	60

资产负债表	单位:美元
现金	40
存货	450
应收账款	100
应付账款	500
留存收益(净利润)	90

因此现金资产余额由原先的80美元减少到40美元,新增了应收账款科目,且留存收益从30美元增加到90美元。

我们现在对销售成本和存货进行调整。

利润表	单位:美元
销售成本	(50)
所得税(40%的税率)	20
净利润	(30)

现金流量表	单位:美元
净利润	(30)
存货变动	50
现金总变动	20

资产负债表调整	单位:美元
现金	20
存货	(50)
留存收益(净利润)	(30)

然后我们可以更新资产负债表。

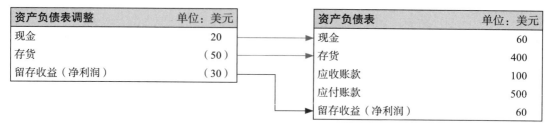

注意到不论销售是现金形式的还是信用形式，销售成本的流动也是相同的。因为资产总和（60 + 400+ 100 = 560）减去负债（500）等于所有者权益（60），所以资产负债表是平衡的。

现在假设我们售出了剩余的 8 把椅子，其中 4 把椅子是以信用形式售出的。利润表如下所示。

利润表	单位：美元
销售收入	800
所得税（40% 的税率）	（320）
净利润	480

由于 4 把椅子是以信用形式售出的，我们需要从现金流量表中的净利润科目移除 400 美元，并且对资产负债表进行调整。

现金流量表	单位：美元
净利润	480
应收账款变动	（400）
现金总变动	80

资产负债表调整	单位：美元
现金	80
应收账款	400
留存收益（净利润）	480

把这些资产负债表调整添加到资产负债总表中将得到如下结果。

资产负债表调整	单位：美元
现金	80
应收账款	400
留存收益（净利润）	480

资产负债表	单位：美元
现金	140
存货	400
应收账款	500
应付账款	500
留存收益（净利润）	540

现在我们可以对涉及 400 美元销售的销售成本和存货进行调整。请注意，不管销售是以现金形式还是信用形式完成，我们仍需对销售成本和对存货的移除进行调整。

利润表	单位：美元
销售成本	（400）
所得税（40% 的税率）	160
净利润	240

现在我们需要从存货中移除 400 美元，这会导致现金流量表中发生一个正的现金调整。对于资产负债表，我们需要相应地调整存货和现金资产。

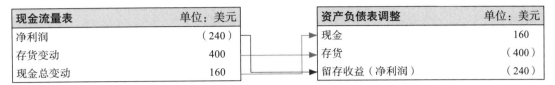

把这些资产负债表调整添加到资产负债总表将得到如下结果。

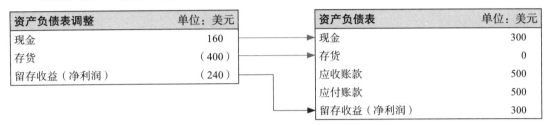

现在我们已经卖出所有的存货。注意到我们还负有 500 美元的应付账款，但是仅仅有 300 美元的现金。如果我们从客户那边收回了应收账款，将不会面临这种情形。因此，假设我们最终收回了所有的应收账款并且还清了应付账款。

我们收回了 500 美元的应收账款：

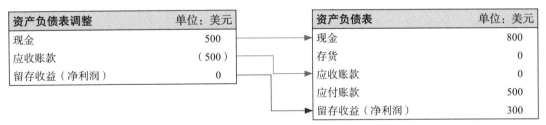

应收账款消除且现金收回。因此把这些资产负债表调整添加到资产负债总表将得到如下结果。

资产负债表调整	单位：美元		资产负债表	单位：美元
现金	500		现金	800
应收账款	（500）		存货	0
留存收益（净利润）	0		应收账款	0
			应付账款	500
			留存收益（净利润）	300

注意我们没有对利润表做任何调整，这是因为没有发生任何产生收入的事项。我们仅仅将一项资产转换为现金。现在我们有 800 美元的现金资产，它足以还清我们的负债。

我们支付了 500 美元来偿还负债。

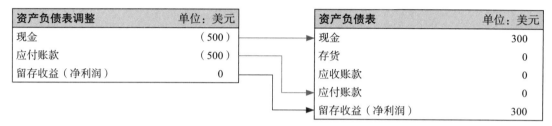

把这些资产负债表调整添加到资产负债总表中将得到如下结果。

我们已经收回了所有的资产并且还清了所有的负债。注意到以100美元一把椅子的价格出售、50美元一把椅子的成本制造，卖出10把椅子将给我们带来500美元（1 000美元–500美元）的税前利润。如果税率是40%，所得税是200美元，那么这笔销售带来的净利润是300美元（500美元–200美元），与我们在资产负债表里算得的现金和净利润相等。

这里介绍了简单的财务报表概览。如果你仍然需要更多的会计实践，推荐你首先阅读《财务模型与估值：投资银行和私募股权实践指南》以进行更深入的复习。现在我们将进入核心的并购分析内容。

第 二 部分
兼并与收购分析

在这部分中，我们会涉及以下主要交易背后的核心技术分析：

（1）权益融资；

（2）债务融资；

（3）简单的资产收购；

（4）简单的资产剥离；

（5）增厚／稀释分析。

这里讲到的核心技术将为分析大型并购打下良好基础，比如 Office Depot 和 OfficeMax 兼并。重要的不仅仅是这些潜在的概念，报表背后的每个明细科目以及报表之间的勾稽关系也将有助于加强全面并购分析的知识。作为投资银行分析师，了解驱动因素，掌握如何解释输出结果，并确定假设变量如何影响整体分析也非常重要——这也是本书的目的。

第三章
权益融资与债务融资

除了极少数买方企业持有足够现金，大部分公司在企业并购的过程中都需要进行权益融资或债务融资。另外一种比较常见的形式是股票互换。例如，Office Max 和 Office Depot 的兼并就是一个典型的股票互换案例。我们在下文的第三部分将会就此进行讨论。

企业融资是交易过程中非常重要的一个环节，需要详细分析。企业应当选择权益融资、债务融资还是其他形式的融资呢？对于某一特定企业，我们怎样决定是采取权益还是债务融资呢？在本章中，我们将就这些问题展开讨论并且讨论两种融资形式的对价及其风险。

债务融资

当我们进行债务融资时，初始现金流非常简单：企业收到现金并且负债增加。假设我们需要进行 5 亿美元的长期债务融资。这一活动对资产负债表的影响如下：期初，负债会影响现金流量表中"融资性现金流"下的"长期负债带来的收入（支出）"科目（见表 3-1）。这一科目的变化会继而影响现金流量表底部的"现金及现金等价物总变动"科目。

在财务建模中我们已经知道，现金流量表中的每个科目变化都会影响资产负债表中的科目。如果你还不了解独立的财务模型如何建立，请参照《财务模型与估值：投资银行和私募股权实践指南》一书。

表 3-1　5 亿美元企业融资对现金流量表和资产负债表的影响

现金流	单位：百万美元	资产负债表	单位：百万美元
长期负债带来的收入（支出）	500	现金	500
现金及现金等价物总变动	500	长期负债	500

现金流量表中的"长期负债带来的收入（支出）"科目会影响资产负债表中的"长期负债"科目。同时，现金流量表中的"现金及现金等价物总变动"科目会影响资产负债表中的"现金"科目（见表 3-1）。

接下来，在债务的存续期内，我们需要考虑长期负债的利息对现金流带来的影响。利息虽然不会立即产生，但在对超过计息期的期间进行分析时，我们需要将这一期间的利息支付计入考虑。为了简化分析，我们假设年利率为 10%。那么这笔利息费用会对现金流量表、利润表以及资产负债表产生怎样的影响呢？

首先，5 000万（5亿×10%）美元的利息费用会影响净利润。因为利息可以抵税，税收科目也需要进行相应的调整。假设所得税税率为40%，则5 000万美元的利息费用可以抵扣2 000万美元的所得税，最终带来3 000万美元的净利润影响（见表3-2）。

表3-2　利润表利息部分对5亿美元债务融资的影响

利润表	单位：百万美元
利息费用	（50）
所得税（40%的税率）	20
净利润	（30）

接下来，3 000万美元的净利润减少会继续对现金流量表带来影响并且影响"现金及现金等价物总变动"科目。我们已经知道，现金流量表的每一个科目变化都会影响资产负债表科目；现金流量表中的"净利润"会影响资产负债表中"所有者权益"项下的"留存收益"。同时，现金流量表中的"现金及现金等价物总变动"会影响资产负债表中的现金余额（见表3-3）。

表3-3　现金流量表和资产负债表的利息部分对5亿美元债务融资的影响

现金流量表	单位：百万美元
净利润	（30）
现金及现金等价物总变动	（30）

资产负债表	单位：百万美元
现金	（30）
留存收益	（30）

对三张报表的总体影响见表3-4。

表3-4　5亿美元债务融资

利润表	单位：百万美元
利息费用	（50）
所得税（40%的税率）	20
净利润	（30）

现金流量表	单位：百万美元
净利润	（30）
长期债务收入（支出）	500
现金及现金等价物总变动	470

资产负债表	单位：百万美元
现金	470
长期负债	500
留存收益	（30）

下面我们来看一下债务融资对企业现金流量表、资产负债表以及利润表的总影响。首先，现金增加，债务增加，同时非常重要的是利息费用的增加导致净利润的减少。最终也影响了每股收益（EPS）。每股收益是并购交易的重要分析内容，每股

收益的变动直接影响了财务分析的结果。通常，在一项并购活动中，股东非常关注的一个问题是：在并购交易结束后，每股收益会上升（增厚）还是下降（稀释）？在以上的例子中，利息费用稀释了每股收益，从而导致每股收益下降。除此之外，债务融资会影响公司的信用评级。而公司的信用评级直接关乎公司的利率水平以及未来的发债能力。

包含债务融资的完整财务模型应该怎样构建呢？在各种交易分析中，一般都会将现金流量表、资产负债表与利润表像先前的分析那样逐一列出。之后，我们可以：①对交易追本溯源；②确定交易引起的变化已经准确地记录在了三张报表中。下面，我们继续以这5亿美元债务融资为例演示如何建立标准化模型。我们可以首先选择利润表、现金流量表或者资产负债表中的任意一个科目，比如融资5亿美元，资产负债表中的"长期负债"科目会增加5亿美元。接下来，根据模型中的公式引用，我们可以追踪这个科目的来源。资产负债表中"长期负债"科目引自现金流量表中"长期负债产生的收入（支出）"。进一步，现金流量表中"长期负债产生的收入（支出）"科目引自贷款计划表的"债务发行/（债务到期）"部分。为了更好地解释这个例子，请大家查看在Excel模型中的工作表"Office Depot Financials"（"NYSF_Merger_Model_Template.xls"）。这个模型是Office Depot并购案的完整财务模型。在这里我们可以看到现金流量表第95行中的"长期负债产生的收入（支出）"科目链接自偿债计划表的第194和195行。我们看到，偿债计划表的"债务发行/（债务到期）"是这一科目的来源，它和表上的其他科目没有任何链接，是债务增长的源头。只要我们增加5亿美元的"债务发行/债务到期"，这一变动就会影响到现金流量表、资产负债表以及利润表。

同样的道理，我们可以选择另外一个会被长期债务融资影响的科目进行分析，追本溯源，分析一个科目变动对三张表格的影响，比如利润表中的"利息费用"。我们知道，当债务融资增加时会直接影响利息费用。如果我们追踪利息费用科目，会看到它同样链接自偿债计划表的底部。在Office Depot的模型中，我们可以发现第27行的"利息费用"科目引自第200行"总利息费用"。这一科目是长期负债的利息费用与短期负债的利息费用的合计（即第197和190行）。在我们的案例中，我们需要进行长期债务融资，因此，此处我们仅关注第197行的利息费用及其公式。该公式对期初与期末的长期负债余额计算平均值，之后再乘以利率从而得到当年的利息费用。因此，如果我们增加 5 亿美元"债务发行"，偿债计划表的"长期负债"科目就会增加，从而增加利息费用；利息费用则会进一步影响利润表的净利润。

因此，仅仅通过提高偿债计划表的"发行"一项，我们就可以提纲挈领地抓住所有因为债务融资而产生的必要的科目变动（正如前文表 3-4 中所分析的那样）。假设在 2017 年有一笔 5 亿美元的长期债务融资，让我们在模型中看一下这笔融资是怎样影响公司的财务模型的。根据建模的基本原则，因为我们在此处手动输入所有数据，将这些数据设为蓝色字体。如果我们在工作表"Office Depot Financials"的单元格 K194 输入 500，债务项的余额将从 2016 年的 4.853 亿美元上升至 2017 年的 9.853 亿美元，利息费用也从 4 090 万美元上升至 6 200 万美元（见表 3-5）。

投资银行建模标准

1. 所有手动输入的数字以及假设应该用蓝色字体。
2. 所有公式单元格应当用黑色字体。

当我们说"手动输入"时，是指所有直接用键盘输入至表格中的数据，也就是说，不是关联或者公式计算。模型中的所有其他单元格中的公式都是来源于这些数字的，因此，它们保留黑色即可。例如，我们即将输入的历史数据属于"手动输入"，它们的字体需要标记为蓝色。但是那些将手动输入的数据加总的公式——因为它们是公式——应当使用黑色字体。这些是华尔街各大投行共同遵守的标准，也便于分析师们使用。快速找出模型中的"假设项"和"手动输入"项是非常重要的（蓝色字体的数据）。

表 3-5 Office Depot 5 亿美元的债务融资

偿债计划表（单位：百万美元，除每股价格外）12 月 29 日	实际值	预测值				
		2013 年	2014 年	2015 年	2016 年	2017 年
长期负债（均不包括已到期的短期负债）						
期初长期负债		485.3	485.3	485.3	485.3	485.3
新增债务 /（到期债务）		0	0	0	0	500
非强制性债务 /（到期债务）		0	0	0	0	0
期末长期负债	485.3	485.3	485.3	485.3	485.3	985.3
长期负债，利息费用		40.9	40.9	40.9	40.9	62
长期负债，利率		*8.44%*	*8.44%*	*8.44%*	*8.44%*	*8.44%*

同时，按照预期，我们现在应该可以看到在现金流量表的第 95 行"长期债务产生的收入（支出）"科目在 2017 年出现 $500 的数据（见表 3-6）。

表 3-6　Office Depot 5 亿美元债务融资的现金流量表

合并后的现金流量表 （单位：百万美元，除每股价格外）	实际值			预测值				
期末	2010年	2011年	2012年	2013年	2014年	2015年	2016年	2017年
筹资活动产生的现金流								
员工股份交易净收入	1	0.3	1.6	0.3	0.3	0.3	0.3	0.3
预收款	0	8.8	0	0	0	0	0	0
发行股票取得的收入	0	0	0	0	0	0	0	0
非控制性股东权益支出	（21.8）	（1.3）	（0.6）	（0.6）	（0.6）	（0.6）	（0.6）	（0.6）
减除债务的损失	0	0	（13.4）	0	0	0	0	0
长期债务的收入（偿还）	0	0	0	0	0	0	0	500
债务相关的费用	（4.7）	（9.9）	（8）	（9.9）	（9.9）	（9.9）	（9.9）	（9.9）
优先股的分红	（27.6）	（36.9）	0	0	0	0	0	0
借款收益（偿还）	22.2	（59.6）	（34.8）	0	0	0	0	0
筹资活动产生的总现金流	（30.9）	（98.6）	（55.2）	（10.2）	（10.2）	（10.2）	（10.2）	489.8
汇率变化对现金及现金等价物的影响	（13.1）	（0.7）	5.7	（13.1）	（13.1）	（13.1）	（13.1）	（13.1）
现金及现金等价物总变动	（32.4）	（56.8）	100.1	47.2	70.8	141.8	197.5	694.8

同时，因为现金流量表会带来资产负债表的变动，我们可以看到在第127行会有5亿美元负债的增加（见表3-7）。

表 3-7　Office Depot 新增 5 亿美元债务融资的资产负债表

合并后的资产负债表 （单位：百万美元，除每股价格外）	实际值		预测值				
12月29日	2011年	2012年	2013年	2014年	2015年	2016年	2017年
负债							
流动负债：							
交易账户应付款、应计费用 　及其他应计负债	2 011	1 871.8	1 878.4	1 873.2	1 877.1	1 886	1 894.8
短期借款和长期负债的当前到期部分	36.4	174.1	174.1	174.1	174.1	174.1	174.1
流动负债合计	2 047.4	2 046	2 052.5	2 047.3	2 051.3	2 060.1	2 069.0
递延所得税及其他长期负债	452.3	431.5	447.1	432.1	432.8	448.3	433.3
长期负债，扣除当前到期部分	648.3	485.3	485.3	485.3	485.3	485.3	985.3
负债合计	3 148.1	2 962.8	2 984.9	2 964.7	2 969.4	2 993.8	3 487.6

此外，需要注意的是，偿债计划表中利息费用的变化会引起利润表中利息费用的变化。同时这一变化也会进一步影响每股收益。2017年的每股收益（单元格K45）从0.23降到了0.19（见表3-8）。正如我们预期的那样，受到额外利息费用的影响，每股收益将会相应降低。每股收益的这种降低也被称为**每股收益稀释**。

表 3-8　Office Depot 新增 5 亿美元债务融资的每股收益

合并后的利润表 （单位：百万美元，除每股价格外）	实际值			预测值				
期末	2010 年	2011 年	2012 年	2013 年	2014 年	2015 年	2016 年	2017 年
净利润（已披露）	（81.7）	60	（110）	（98.1）	（50.9）	（1.5）	31.7	52.7
每股收益								
基本	（0.30）	0.22	（0.39）	（0.35）	（0.18）	（01）	0.11	0.19
稀释	NA	NA	NA	NA	NA	NA	NA	NA

最终长期负债的变化会影响到我们之前所讨论的现金余额的变化。因此在长期债务融资的过程当中，重要的不仅仅是从概念上理解哪一些会计项目会被影响，也要在技术上将这一变化充分反映在财务建模的过程当中。更多的时候，在公司有融资需求的时候，需要考虑的是权益融资还是债务融资更适合该公司。为了更好地理解这两者在特定情况下的区别，我们来分析一下如果前文的 5 亿美元融资是权益性融资时会有怎样的变化。为了更好地展示这一区别，在下面的分析中，我们先去除之前 5 亿美元债务融资的影响。让我们把单元格 K194 中的数字换成 0。

权益融资

在权益融资的过程中，股票发行给投资人，同时我们获得相应的现金。尽管权益融资可以通过发行各种不同形式的股票来进行，为简化模型，我们假设通过发行普通股进行融资。那么在普通股发行的时候，现金增加，"所有者权益"科目下记录"股本"（如果之前没有发行过股票）或者"股本"科目余额增加。为了更好地解释这一个案例，假设我们要进行 5 亿美元的普通股融资。仍然使用"Office Depot"作为示例，这一融资活动首先会影响在第 92 行的"普通股发行收入"项，即现金流量表中的"筹资活动产生的现金流"部分。相应的，现金流量表最下端的"现金及现金等价物总变动"也会增加。

通过财务建模，我们知道现金流量表每一个科目的变化一定会引起资产负债表中相应科目的变化。因此，在现金流量表中"权益融资收入"科目的变化会导致资产负债表中"股本"科目余额的变化。同样我们也知道，现金流量表中"现金及现金等价物总变动"会引起资产负债表中现金余额的变化（见表 3-9）。

表 3-9　5亿美元权益融资对现金流量表和资产负债表的影响

现金流	单位：百万美元	资产负债表	单位：百万美元
通过发行股票收到的现金	500	现金	500
现金及现金等价物总变动	500	留存收益	500

同时，如果股票是在公开市场发行的，那么流通在公开市场中的总股票数目将会增加。总发行股票数目（即股票可以发行多少）很多时候是依赖于发行价的。因此如果我们想要按照 10 美元/股的价格发行股票，融资到 5 亿美元，就需要发行 5 000 万股的股票。

$$总发行股数 = \frac{融资额}{每股价格}$$

已发行普通股股数一般在利润表的底端，净利润之后。总发行股票数目也会影响每股收益。然而与债务融资不同的是，权益性融资对每股收益（EPS）的影响主要是通过"总发行股数"决定的。在债务融资中，债务融资带来更多的利息费用，从而减少了净利润，降低了每股收益。然而在权益融资中，由于普通股股数的增加，导致了每股收益计算公式中分母变大，从而使得每股收益（EPS）减小。让我们通过财务建模来进一步分析。

同之前一样，我们推荐将所有的过程像上文那样逐条列出。接下来我们便可以简单地遵循如下过程：①追踪交易的源头；②确保一旦我们建模完成，模型中的每一个部分都充分反映交易活动所带来的变动。例如，如果想要在金融建模中充分反映权益融资带来的变动，我们需要首先在资产负债表、利润表或者现金流量表中挑选出一个受此融资影响的科目。在本例中，一旦权益性融资完成，则资产负债表中的"股本"科目会增加 5 亿美元。接下来，根据模型，我们可以对这 5 亿美元资金追踪来源。资产负债表中的"股本"科目与现金流量表中的"普通股发行收入"是紧密相连的。在此模型中，"普通股发行收入"带来的变化便是所有变化的源头。为了更好地展示这一变动，请大家参照 Excel 模型"NYSF_Merger_Model_Template.xls"中的工作表"Office Depot Financial"。为了更好地展示权益融资给公司财务结构带来的变化，请大家将债务性融资即单元格 K194 的数值重新设为 0。在资产负债表的第 131 行，即"股本＋资本公积"是和前面的"发行普通股的收入"（第 92 行）关联的。如果我们看第 92 行，可以看到现金流量表中的"发行普通股的收入"是资金的源头；这一项目并没有引用其他任何单元格，并且之前是手动输入的数值"0"——这里是模型中推动权益融资变动的源头。如果我们将"发行普通股的收入"科目增加 5 亿美元，则这一笔资金会影响资产负债表。假设这笔权益融资发生在 2017 年，我们可以在"Office Depot Financials"工作表的单元格 K92 中手动输入 500。同样的，根据建模标准，因为此处是手动输入的数据，我们将字体设置为蓝色（见表 3-10）。

表 3-10　Office Depot 5 亿美元权益融资的现金流量表

合并后的现金流量表 （单位：百万美元，除每股价格外）	实际值			预测值				
期末	2010 年	2011 年	2012 年	2013 年	2014 年	2015 年	2016 年	2017 年
筹资活动产生的现金流								
员工股份交易净收入	1	0.3	1.6	0.3	0.3	0.3	0.3	0.3
预收款	0	8.8	0	0	0	0	0	0
发行股票取得的收入	0	0	0	0	0	0	0	500
非控制性股东权益支出	(21.8)	(1.3)	(0.6)	(0.6)	(0.6)	(0.6)	(0.6)	(0.6)
减除债务的损失	0	0	(13.4)	0	0	0	0	0
长期债务的收入（偿还）	0	0	0	0	0	0	0	0
债务相关的费用	(4.7)	(9.9)	(8)	(9.9)	(9.9)	(9.9)	(9.9)	(9.9)
优先股的分红	(27.6)	(36.9)	0	0	0	0	0	0
借款收益（偿还）	22.2	(59.6)	(34.8)	0	0	0	0	0
筹资活动产生的总现金流	(30.9)	(98.6)	(55.2)	(10.2)	(10.2)	(10.2)	(10.2)	489.8
汇率变化对现金及现金等价物的影响	(13.1)	(0.7)	5.7	(13.1)	(13.1)	(13.1)	(13.1)	(13.1)
现金及现金等价物总变动	(32.4)	(56.8)	100.1	47.2	70.8	141.8	197.5	708.6

我们可以看到在单元格 K131 中，"股本 + 资本公积"科目的金额已经从 2016 年的 11.227 亿美元增加到了 2017 年的 16.227 亿美元（见表 3-11）。

表 3-11　Office Depot 5 亿美元权益融资的资产负债表

合并后的资产负债表 （百万美元，除每股价格外）	实际值			预测值			
12 月 29 日	2011 年	2012 年	2013 年	2014 年	2015 年	2016 年	2017 年
总权益							
股东权益							
股本 + 资本公积	1 141.4	1 122.7	1 122.7	1 122.7	1 122.7	1 122.7	1 622.7
累计其他综合收入	(344.6)	(403.5)	(509.9)	(569.1)	(578.9)	(555.5)	(497.3)
库存股	(57.7)	(57.7)	(57.7)	(57.7)	(57.7)	(57.7)	(57.7)
股东权益合计	739.1	661.4	555.1	495.9	486.1	509.5	1 067.6
可赎回优先股	363.6	386.4	386.4	386.4	386.4	386.4	386.4
非控制性权益	0.2	0.1	0.1	0.1	0.1	0.1	0.1
所有者权益合计	1 102.9	1 047.9	941.6	882.4	872.6	896	1 454.1

现在我们需要确认在利润表中股票发行的数量是合理记录的。表格的第 53 行和 54 行是用来计算发行的股票总数的。为了计算发行的股票数量,我们需要用发行股本筹到的资金除以 Office Depot 的当前股价。在现实情况中,发行股票很有可能是折价发行,比如 5% 的折扣。这样,我们就需要在假设中做一些调整。此处为了便于分析,我们假设今天进行权益融资的价格是以 2013 年 7 月 10 日的市场价进行的,即 4.19 美元/股。我们可以看到在单元格 K53 中,筹集 5 亿美元需要增发 1.193 亿股股票(见表 3-12)。

表 3-12 Office Depot 5 亿美元权益融资的利润表

合并后的利润表 (单位:百万美元,除每股价格外)	实际值			预测值				
期末	2010 年	2011 年	2012 年	2013 年	2014 年	2015 年	2016 年	2017 年
净利润	(81.7)	60	(110)	(98.1)	(50.9)	(1.5)	31.7	66.5
每股收益								
基本	-(0.30)	0.22	-(0.39)	-(0.35)	-(0.18)	-(0.01)	0.11	0.17
稀释	NA	NA	NA	NA	NA	NA	NA	NA
调整后的每股收益								
基本	-0.02	0.46	0.03	0.27	0.44	0.62	0.74	0.60
稀释	-0.01	0.36	0.02	0.21	0.34	0.48	0.57	0.50
在外平均流通股数								
基本	275.6	277.9	279.7	279.7	279.7	279.7	279.7	399.1
稀释	356.3	356.8	362.6	362.6	362.6	362.6	362.6	481.9
新发行股票数				0	0	0	0	119.3
每股价格				4.19	4.19	4.19	4.19	4.19

我们可以看到每股收益(EPS)已经从 0.23 美元下降至 0.17 美元,比 5 亿美元债务融资带来的每股收益(EPS)变化更大。这是精确的吗?在这个案例中,权益融资比债务融资更大程度地稀释了 EPS。那么,永远都是这样的结果吗?首先,EPS 被稀释的一个主要原因是在权益融资的过程中有更多的股票发行。同时,影响发行数量的一个主要变量是股票价格。当我们按照 4.19 美元/股的发行价计算的时候,5 亿美元的融资需要发行 1.193 亿股。更多的股票会稀释公司的所有权,从而稀释 EPS。然而,如果股票价格变化一下,又会怎样呢?让我们做一个比较极端的假设,假设 Office Depot 的价格为 100 美元/股。更高的股价代表着为了筹到相同的 5 亿美元,只需要发行更少量的股票。这一点可以通过在 Excel 模型中改动 Office Depot 的股价来证明。在单元格 K54 中手动输入"100",我们可以看到单元格 K53 中发行的总股票数下降至

5 百万股（见表 3-13）。同时请注意，此时的 EPS 变成了 0.23 美元。因为发行了较少的股票，EPS 的稀释效应也降低了。因此，尽管权益融资通常会带来 EPS 的降低，但这种稀释作用很大程度上取决于发行的股票数。更加值得注意的是，我们可以比较市盈率（P/E，也就是价格除以 EPS）来预测权益融资对股票每股收益的稀释作用。换句话说，Office Depot 的价格为 4.19 美元／股时，对应的 2017 年的预期每股收益为 0.23 美元，2017 的市盈率是 18.2 倍。我们假设价格变为 100 美元／股时，计算可以得出这时的市盈率变为极高的 434.8 倍（100/0.23）。如果用一个更加直观的比较来解释，标普 500 指数历史上市盈率的交易区间在 15~16 倍。因此，如果一个公司的市盈率非常高，那么这个公司通过权益融资带来的 EPS 的稀释效果是有限的。

表 3-13 以 100 美元／股的价格进行 5 亿美元的权益融资

合并后的利润表 （单位：百万美元，除每股价格外）	实际值			预测值				
期末	2010 年	2011 年	2012 年	2013 年	2014 年	2015 年	2016 年	2017 年
净利润（已披露）	(81.7)	60	(110)	(98.1)	(50.9)	(1.5)	31.7	66.5
每股收益								
基本	(0.30)	0.22	(0.39)	(0.35)	(0.18)	(01)	0.11	0.23
稀释	NA	NA	NA	NA	NA	NA	NA	NA
在外平均流通股数								
基本	275.6	277.9	279.7	279.7	279.7	279.7	279.7	284.7
稀释	356.3	356.8	362.6	362.6	362.6	362.6	362.6	367.6
新发行股票数				0	0	0	0	5
每股价格				4.19	4.19	4.19	4.19	100

债务融资与权益融资

公司财务经理或是投行分析师最常问的问题是"我应当进行权益融资还是债务融资呢？"这个问题通常不好回答，因为其中的影响因素很多，包括市场情况。但是如果理解了本章分析的主要内容，总的趋势是可以简化并进行判断的。我们已经知道在进行债务融资时，EPS 主要受利息费用影响。因此，债务利率便是主要影响因素。在进行权益融资时，股价是主要决定因素。在债市中，公司的信用评级也是我们需要考虑的主要影响因素。对于权益融资而言，股价及其市盈率（P/E）则是决定公司是否可以在现行市场融资的最重要因素。这也是投资银行家发挥作用的地方。我们既然已经知道在通常情况下，权益融资比债务融资要更容易稀释EPS，但是这个也取决于公司的市值以及市盈率。如果公司的估值很高，则推荐上市或进行权益融资，因为在这种情况下，公司可以发行较少的股票却可以筹集相同规模的资金。然而，正因为权益融资所引起的EPS稀释作用，在通常情况下，公司会优先考虑债务融资。不过债务融资的缺点是，公司的信用评级可能影响融资的费用。尤其在公司的信用评级本身就很低的情况下，债务融资不一定会是最好的选择。因此，投资银行家的一项主要工作就是对以上的这些影响因素逐一进行分析来决定究竟哪一种融资方式更加适合公司，或是权益融资和债务融资混合考虑。投资银行家的另一项重要工作便是像上文中那样——建立财务模型，来理解每一种情况下EPS的变化。这一点在企业并购中尤其重要。因为在一个潜在的收购中，一旦锁定目标公司，我们需要确定以何种方式来为收购进行融资。

现在我们已经有了进行企业融资的工具。下面我们会继续讨论如何利用融到的资金进行简单的资产并购。这是本书后文要讲解的更加复杂的企业并购的基础。

第四章
资产收购与资产剥离

现在我们已经知道了融资工具，下面来讨论如何用资金来进行收购。首先我们需要注意，不论是资产、资产包或者经营实体的收购，通常有三种主要的收购方法。

（1）资产收购；

（2）股权收购；

（3）338（h）（10）选项。

资产收购

资产收购中，买方购买选定的资产，可能承担与此资产直接相关的负债。这里购买的资产净值在买方的税收资产负债表上"向上调整"或是资产重估增值。换句话说，如果买方支付了高于卖方资产负债表上记录的资产价值，并且购买价格代表了该资产的市场价值，那么增加的价值可以在报税时摊销（按照美国税法）。这个摊销可以抵税。如果购买价格低于卖方资产负债表上的记录，资产价值也可以"向下调整"或重估减值。

股权收购

股权收购中，买方从股东手中购买目标企业的股票。股权收购包括了整个经营实体——所有的资产和负债（某些特例在后面描述）。在股权收购中，如果买方价格高于目标企业资产负债表的净值，差额部分需要进一步分析。与资产收购中差额部分摊销可抵税不同，股权收购中的差额部分不能全部记为资产"向上调整"，可能记为其他科目，比如无形资产或者商誉。美国会计准则中，无形资产可以摊销，而商誉不可以摊销。由于商誉不能摊销，因此不享有摊销资产的税收优惠。第九章中我们会进一步详述。

338（h）（10）选项

对买方来说，出于以下两个原因通常倾向于资产收购：一是买方不愿意接收除去与资产直接相关的额外的负债，二是买方可以享受到资产"向上调整"带来的税收优惠。

但卖方通常倾向于股权收购，整个企业包括所有相关债务一并出售。这也避免了卖方在资产收购模式下导致的双重征税问题（见表4-1）。

338（h）（10）选项是个"两全其美"的方案，既可以让买方采用股权收购的方式，又可以按照资产收购形式处理，买方依然可以进行资产"向上调整"。338（h）（10）选项过去只适用于子公司收购，但现在S类型公司⊖收购也可以了。尽管按照规定，S类型公司不符合目标企业是子公司的法规要求。因此，S类型公司的企业收购可以按照股权收购来操作，在税收上可以按资产收购类型来处理。

表4-1摘自网站"进入华尔街"，详细描述了资产收购、股权收购和338（h）（10）选项之间的所有主要区别。

表4-1 收购类型

	股权收购	资产收购	338（h）（10）选项
卖方：	股东	公司主体	股东
资产和负债：	买方获得全部	买方挑选	买方获得全部
资产和负债的估值：	使用账面价值，但按照公允价值向上调整或向下调整	每个单一的资产/负债单独估值	使用账面价值，但按照公允价值向上调整或向下调整
卖方缴税：	单一征税—股东支付资本收益税	双重征税—购买价格减公允市场价值征税及股东收入征税	双重征税—购买价格减公允市场价值征税及股东收入征税
账面基数：	会计处理上资产/负债向上调整或向下调整	会计处理上资产/负债向上调整或向下调整	会计处理上资产/负债向上调整或向下调整
纳税基数：	买方按照卖方原资产负债的纳税基数	买方享有税收上资产/负债向上调整	买方享有税收上资产/负债向上调整
商誉和其他无形资产：	税收上不能摊销，不能抵税	摊销可抵税；计税时摊销15年	摊销可抵税；计税时摊销15年
卖方净营业损失：	买方可应用382条款在交易后抵税	交易后完全消除	交易后完全消除
复杂性：	成本低，能迅速执行	复杂耗时—需要对每种资产估值并转移	成本低，能迅速执行
适用：	多数公众/大公司	剥离；问题公司出售；某些私人公司	私人公司；买方和卖方之间协商
优先考虑：	卖方	买方	双方
合并报表：	加入所有卖方的资产和负债（假设股东权益已消除）；资产向上调整或向下调整及新科目调整	只加入买方收购的资产和相关负债；资产向上调整或向下调整及收购中产生的新科目调整	加入所有卖方的资产和负债（假设股东权益已消除）；资产向上调整或向下调整及新科目调整

⊖ C类公司和S类公司是美国的两种公司形式。最初，只有C股份有限公司一种形式，后来美国国税局为鼓励小企业主，允许符合特定条件的小企业以S股份有限公司形式付税。这种形式类似于合伙，各股东按股份比例分成，将收益打入个人所得中报税。在这种形式下，公司若有损失，所有人都可以抵偿其他税务负担；公司若有收益，所有人都只在个人所得中缴一次税，不同于C股份有限公司的双重缴税。——译者注

（续）

	股权收购	资产收购	338（h）（10）选项
产生的商誉：	= 股权收购价格 – 卖方账面价值 + 卖方现有商誉 – 物业、厂房和设备向上调整 – 无形资产向上调整 – 卖方现有递延所得税负债 + 卖方现有递延所得税资产减值 + 新产生的递延所得税负债	= 股权收购价格 – 卖方账面价值 + 卖方现有商誉 – 物业、厂房和设备向上调整 – 无形资产向上调整 – 卖方现有递延所得税负债 + 卖方现有递延所得税资产减值	= 股权收购价格 – 卖方账面价值 + 卖方现有商誉 – 物业、厂房和设备向上调整 – 无形资产向上调整 – 卖方现有递延所得税负债 + 卖方现有递延所得税资产减值
商誉处理：	会计处理时不摊销；缴税时不摊销不抵扣	会计处理时不摊销；缴税时摊销 15 年可抵扣	会计处理时不摊销；缴税时摊销 15 年可抵扣
无形资产处置：	会计处理上摊销；税务处理时不能抵扣	会计处理时摊销；税务处理时摊销 15 年可抵扣	会计处理时摊销；税务处理时摊销 15 年可抵扣
物业、厂房和设备向上调整产生的折旧：	影响税前利润但不能抵扣所得税	影响税前利润并可抵扣所得税	影响税前利润并可抵扣所得税
新产生的递延所得税负债：	所有资产增值 × 买方税率	0	0
允许抵扣的年净营业损失：	买方股权购买价格 × 最大值（过去三个月调整后的长期利率）	0	0
递延所得税资产减值	= 最大值（0，净营业损失余额 – 允许的年使用额 × 截至到期的年数）	递延所得税资产减去所有净营业损失余额	递延所得税资产减去所有净营业损失余额

来源：进入华尔街（BIWS）
(http://samples.breakingintowallstreet.com.s3.amazonaws.com/22-BIWS-Acquisition-Types.pdf).

资产收购

出于本章学习的目的，我们假设了一种简单的资产收购。股权收购将在第五章中讨论。假设我们融资 2 亿美元准备购买资产；资金来源为发行普通股融资 1 亿美元，发行长期债融资 1 亿美元。此交易的影响是什么？我们如何用模型来辅助收购的投资决策？以这个债权和股权融资为例，我们先把流程列出来进行对比。

收购资产时，使用资金，获得财产。因此在资产负债表上，有现金 2 亿美元减少，物业、厂房和设备（PP&E）2 亿美元增加（见表 4-2）。现金流量表科目引起资产负债表科目改变，因此可以看到现金流量表有购买资产的资金流出。这是一项投资活动，因此"资产收购"科目显示有 2 亿美元资金流出。现金流量表上的"现金及现金等价物总变动"减少，资产负债表上的现金余额也相应减少。"资产收购"引起资产负债表上的"物业、厂房和设备"科目改变。注意流动方向改变了——由于资产收购带来的现金流出，引起资产负债表上的资产余额增加。除了现金以外的资产都增加了；现金流出导致资产增加或者现金流入导致资产减少（见表4-2）。

表4-2 简单的2亿美元资产收购

现金流量表	单位：百万美元
净利润	0
资产收购	（200）
现金及现金等价物总变动	（200）

资产负债表	单位：百万美元
现金	（200）
物业、厂房和设备	200
留存收益	0

资产购买以后，很可能就开始贬值。假设我们要把握整个期间的动态变化，我们需要考虑资产贬值对利润表、现金流量表和资产负债表的影响。为了说明这个问题，我们假设资产使用寿命为10年并以直线法折旧，这样，折旧成本就是每年2 000万美元（2亿美元/10）。折旧成本会影响利润表（见表4-3）。为简化，我们假设40%的所得税税率，税后净利润减少1 200万美元。

表4-3 2亿美元资产收购中折旧对利润表的影响

利润表	单位：百万美元
折旧	（20）
所得税（40%的税率）	8
净利润	（12）

减少的1 200万美元净利润直接影响现金流量表。因为折旧是非现金成本，所以在现金流量表里要加回去，这样导致了现金及现金等价物总变动为800万美元。注意800万美元也代表了基于利润表新增折旧成本的税收抵减（见表4-4）。现在我们知道现金流量表的每个科目必然引起资产负债表科目的改变；"现金及现金等价物总变动"引起资产负债表现金余额的变化。现金流量表里的折旧会减少物业、厂房和设备科目余额。净利润1 200万美元的减少会降低留存收益。资产负债表仍然保持平衡（见表4-4）。

表4-4 2亿美元资产收购中折旧对现金流量表和资产负债表的影响

现金流量表	单位：百万美元
净利润	（12）
折旧	20
现金及现金等价物总变动	8

资产负债表	单位：百万美元
现金	8
物业、厂房和设备	（20）
留存收益	（12）

现在我们进一步分析这个例子。如果公司出于应税目的对新资产加速折旧，形成

递延所得税负债该怎么办？在这种情况下，我们就需要计算这期间的递延所得税及其相应的资金流。我们来假设这期间的加速折旧是20%。我们简述下在第二章中讲到的递延所得税负债可以用加速折旧减去直线折旧再乘税率来计算——或者：

$$递延所得税负债 = （加速折旧 - 直线折旧）\times 税率$$

以20%的加速折旧，第一个期间的加速折旧是4 000万美元，意味着递延所得税是800万美元[（4 000万 - 2 000万）×40%]。递延所得税负债不会影响利润表；而是负债产生时现金增加，这是由于现金流量表中的经营活动科目"递延所得税"引起的。现金流量表的递延所得税科目会增加资产负债表中的递延所得税负债。这里注意，既然递延所得税是负债，现金流入就增加了递延所得税负债。和资产相反，现金流入增加了负债，现金流出降低了负债（见表4-5）。

表4-5　2亿美元资产收购的递延所得税负债

现金流量表	单位：百万美元
递延所得税	8
现金及现金等价物总变动	8

资产负债表	单位：百万美元
现金	8
递延所得税负债	8

在表4-6中概述了简单的资产收购对三大报表的主要影响。对利润表的主要影响是收购资产的折旧成本。在现金流量表中，折旧加回到净利润中，递延所得税负债增加了现金（基于新资产的加速折旧），资产收购实际支付的现金被记为投资活动。在资产负债表中物业、厂房及设备增加代表资产增加，但其随着折旧而相应减少及新增递延所得税负债。现金和留存收益科目调整让资产负债表保持平衡。

表4-6　2亿美元资产收购

利润表	单位：百万美元
折旧	（20）
所得税（40%的税率）	8
净利润	（12）

现金流量表	单位：百万美元
净利润	（12）
折旧	20
递延所得税	8
资产收购	（200）
现金及现金等价物总变动	（184）

资产负债表	单位：百万美元
现金	（184）
物业、厂房和设备	180
递延所得税	8
留存收益	（12）

注意尽管表4-6中列出了变动概况，我们还是把交易拆分为"几个步骤"。首先，

我们来看看最初资产购买带来的主要改变——即现金减少、资产增加（见表4-2）。

然后我们分析在一个期间内资产折旧的影响及出于税收目的采用加速折旧产生递延所得税负债的可能性。我们强烈建议考虑交易时的这些"步骤"，而不是试图先计算完成利润表所有可能变化，再到现金流量表和资产负债表的所有可能变化。流程上按步骤进行考虑是更有逻辑性的。

如何在实际模型中完成呢？就像在权益和债务融资中做的，我们可以在流程（表4-6）中选取一个点然后再回溯到源头。因此如果购买了一项资产，我们知道物业、厂房及设备会变化。物业、厂房及设备的增加可以追溯到现金流量表的投资活动。在这个模型中，资本性支出可以反映出资产购买或者设备改良支出。资本性支出也与折旧计划表相关联，影响直线折旧。因此资本性支出的增加不仅影响物业、厂房及设备还影响直线折旧。而且，资本性支出的增加也会调整加速折旧（如果存在），导致递延所得税的改变。总之，单纯的资本性支出增加可以视为一次简单的资产收购，其科目变动见表4-6。这是一个重要的概念：一项简单的资产收购也需要利润表、现金流量表、资产负债表、折旧、流动资金及偿债计划表一起来完成模型构建。在这个模型中，你要做的事情是增加购买资产所需要的债务金额（如果需要），增加购买资产的所需要增发的权益金额（如果需要），增加资产收购所需要的资本性支出金额。注意建模时需要在现金流量表的投资活动里建立一个单独的科目，而不只是调整资本性支出，以区分一次性的资产收购和常规维护性资本性支出，但不管哪一种情况从此科目进入其他表里的变化都是一样的。

因此如果想在模型中复制上述步骤，我们需要在现金流量表中改变资产支出这一行。我们来对Office Depot一项简单的资产收购建模，假设我们想在2017年购买2亿美元资产。在看到工作表"Office Depot Financials"单元格K110时，你可能注意到公司已经有13亿美元现金在手上。因此，我们不需要额外融资来进行收购。权益和债务融资都为"0"，或者只是打开提供的最初的模板模型"NYSF_Merger_Model_Template.xls"。在单元格K81中已经存在一个公式，资本性支出按照收入的百分比来计算。我们可以保留这个公式，假设2亿美元的收购超过了常规资本性支出需要的标准。理论上来讲，该项收购可以在模型中设置一个单独的科目，但是既然此科目与其他报表的关联是完全相同的，我们就别浪费在令人烦恼的增加新的行科目上面。因此我们在原公式上加200代表额外的资产收购。我们可以在单元格K81上改变公式,从"= - K82×K6"改为"= - K82×K6 - 200。"我们只是把另外的200加入单元格,这样,资本性支出从121.4变为321.4(见表4-7)。

表4-7 2亿美元资产购买—投资活动产生的现金流

合并现金流量表 (单位:百万美元,除每股价格外)	实际值			预测值				
截止期	2010年	2011年	2012年	2013年	2014年	2015年	2016年	2017年
投资活动产生的现金流								
资本性支出	(169.5)	(130.3)	(120.3)	(117.3)	(117.8)	(119)	(120.2)	(321.4)
资本性支出占销售收入的百分比	1.5%	1.1%	1.1%	1.1%	1.1%	1.1%	1.1%	1.1%
收购 - 现金净支出		(11)	(72.7)	0	0	0	0	0
收购支出回款		0	0	49.8	0	0	0	0
资产处置及其他收入		35.4	8.1	32.1	8.1	8.1	8.1	8.1
限制性现金		(46.5)	(8.8)	0	0	0	0	0
限制性现金释放		0	46.5	8.6	0	0	0	0
投资活动产生(使用)的总现金流		(191.5)	(157.2)	(29.7)	(109.1)	(109.7)	(110.9)	(112.1)	(313.3)

在资产负债表中可以看到2017年的现金减少到11亿美元,物业、厂房和设备增加2亿美元到5.751亿美元。资产负债表仍然平衡(见表4-8)。

表4-8 2亿美元资产购买—资产负债表

合并资产负债表 (单位:百万美元,除每股价格外)	实际值		预测值				
12月29日	2011年	2012年	2013年	2014年	2015年	2016年	2017年
资产							
流动资产							
现金及现金等价物	570.7	670.8	718	788.9	930.6	1 128.1	1 140.2
应收账款	862.8	803.9	812.6	816.6	824.8	833	841.4
存货	1 147	1 050.6	1 059.5	1 052.8	1 051.3	1 053.7	1 056.1
预付费用及其他流动资产	163.6	170.8	163	163.9	165.5	167.2	168.8
流动资产合计	2 744.1	2 696.2	2 753.1	2 822.2	2 972.2	3 182	3 206.5
物业、厂房和设备净值	1 067	856.3	776.7	689.8	596.2	495.7	575.1
商誉	61.9	64.3	64.3	64.3	64.3	64.3	64.3
其他无形资产净值	35.2	16.8	16.8	16.8	16.8	16.8	16.8
递延所得税资产	47.8	33.4	33.4	33.4	33.4	33.4	33.4
其他资产	294.9	343.7	282.2	220.6	159	97.4	35.9
总资产	4 251	4 010.8	3 926.5	3 847.1	3 842	3 889.7	3 931.9

你也会看到折旧和摊销成本从2.11亿美元增加到2.243亿美元(见表4-9)。

表 4-9　2 亿美元资产购买—折旧和摊销

合并利润表 (单位：百万美元，除每股价格外)	实际值			预测值				
截止期	2010 年	2011 年	2012 年	2013 年	2014 年	2015 年	2016 年	2017 年
EBITDA	256.8	287.4	276.8	348.9	429.1	512.5	570.7	630.1
EBITDA 率 (%)	*2.2%*	*2.5%*	*2.6%*	*3.3%*	*4.1%*	*4.8%*	*5.3%*	*5.8%*
折旧和摊销	208.3	211.4	203.2	179.1	186.9	194.9	202.9	224.3
EBIT	48.5	76	73.6	169.9	242.2	317.6	367.8	405.7
EBIT 率 (%)	*0.4%*	*0.7%*	*0.7%*	*1.6%*	*2.3%*	*3%*	*3.4%*	*3.8%*

那么此项收购对每股收益的影响是什么呢？主要的影响就是折旧和摊销成本的增加减少了净利润。在这个例子里，2017 年每股收益减少了三分钱到 0.20。因此一般来说在资产收购中，可能出现由于折旧和摊销成本增加导致的每股收益稀释。但是如果你注意到折旧和摊销是"非现金"成本，意味着它可以用来抵税并在现金流量表里加回去，这个加回去的成本也可以看作是节税的收益（见表 4-10）。

表 4-10　2 亿美元资产收购—每股收益稀释

合并利润表 (单位：百万美元，除每股价格外)	实际值			预测值				
截止期	2010 年	2011 年	2012 年	2013 年	2014 年	2015 年	2016 年	2017 年
净利润 (已披露)	(81.7)	60	(110)	(98.1)	(50.9)	(1.5)	31.7	56.7
每股收益								
基本	(0.30)	0.22	(0.39)	(0.35)	(0.18)	(0.01)	0.11	0.20
稀释	NA	NA	NA	NA	NA	NA	NA	NA
平均流通普通股								
基本	275.6	277.9	279.7	279.7	279.7	279.7	279.7	279.7
稀释	356.3	356.8	362.6	362.6	362.6	362.6	362.6	362.6

还有一点很重要，就如第三章中讨论的，如果我们要募集额外资金来购买资产，不管是权益还是债务融资，都会对每股收益带来更多的影响。资产收购总是会稀释利润吗？之前解释的成本和驱动因素会导致利润稀释，但是收购并不一定会导致利润稀释。我们对持有及经营资产（如果存在）获得的预期收入没有提及也没有建模。换句话说，取决于被收购的资产，这项资产会产生收入和利润并抵销稀释作用。我们会在下一章中阐述更加复杂的增厚/稀释的分析。

资产剥离

剥离资产本质上和资产收购相似，物业、厂房和设备及现金余额都受到影响。当然，影响以反方向进行。例如，我们想出售我们过去收购的资产。如果过去收购资产时支付了2亿美元，我们也以2亿美元剥离这笔资产，科目调整就很简单：物业、厂房和设备减少2亿美元，资产负债表上也移除相应的资产，同时现金增加2亿美元，代表收到的现金。这些资产负债表上的科目是由现金流量表投资活动中的"资产出售"科目引起的变化（见表4-11）。

表4-11 2亿美元资产出售

现金流量表	单位：百万美元
净利润	0
资产出售	200
现金及现金等价物总变动	200

资产负债表	单位：百万美元
现金	200
物业、厂房和设备	（200）
留存收益	0

资产出售的收益与损失

经常出现这种情况，如果资产的出售价值大于或小于资产的目前账面价值该怎么办？如果由于折旧，目前账面净值是1.5亿美元该怎么办？如果我们仍然以2亿美元出售，我们就不能简单地从资产负债表物业、厂房及设备中减少2亿美元；2亿美元大于目前的账面价值，因此物业、厂房及设备减少2亿美元后余额变为负值。所以，出售价格大于或小于实际目前账面价值时应该记作资产出售收益或损失。在这个例子里，我们获得了5 000万美元的资产出售收益（2亿美元 – 1.5亿美元）。我们需要在利润表中记录资产出售收益。有几种不同方法，但出于投资银行的惯例，我推荐在"非经常性事项"中记录。很重要的一点，收益可能被征税。通常我们将非经常性事项列在税后科目，因此此处所列的任何收益都是税后调整过的。我们可以说收益已征税40%，税后价值是3 000万美元（5 000万美元 – 2 000万美元）（见表4-12）。

表4-12 资产出售收益

利润表	单位：百万美元
资产出售收益	30
净利润	30

因此新增净利润 3 000 万美元会引到现金流量表。现在几个有意思的事情在这里出现了。首先也是最明显的是来自于资产出售收到的现金 2 亿美元会在现金流量表投资活动的"资产出售"科目体现出来，见表 4-11。但是，我们需要减去经营活动现金流量表中资产出售的税前盈余 5 000 万美元。理由有两个：①投资银行的惯例认为非经常性事项与日常核心经营活动无关，因此需要剔除；②收到的 2 亿美元不能反映资产的实际价值。资产的实际价值是 2 亿美元 – 5 000 万美元，即 1.5 亿美元。因此现金流量表中经营活动产生的现金流调整 5 000 万美元之后，我们才可以把真实资产价值与资产负债表进行关联。也许刚开始理解有点难，但是如果没有 5 000 万美元的调整，整个 2 亿美元就要从物业、厂房及设备中剔除，这个数值超过了资产的实际价值（见表 4-13）。

表 4-13　资产出售收益对现金流量表及资产负债表的影响

现金流量表	单位：百万美元
净利润	30
资产出售收益	（50）
资产出售	200
现金及现金等价物总变动	180

资产负债表	单位：百万美元
现金	180
物业、厂房和设备	（150）
留存收益	30

如表 4-13，所有这些调整都必须让资产负债表保持平衡。现金及现金等价物总变动 1.8 亿美元自然反映了现金的平衡，净利润增加 3 000 万美元直接与留存收益相关联。但是我们知道，因为资产的目前账面价值是 1.5 亿美元，不是 2 亿美元，因此物业、厂房及设备要减少 1.5 亿美元。所以，"资产出售"和"资产出售收益"共同影响物业、厂房及设备科目的减少额。

我们用另外一个例子来更好地说明这些概念，这是一个资产出售损失的例子。当出售资产收到的现金少于资产账面价值时会产生损失。因此，如果我们只能找到一个买家仅愿意支付 1.25 亿美元来购买账面价值 1.5 亿美元的资产，该怎么办？如果我们真的想卖掉这项资产，我们只能承担 2 500 万美元的损失，在利润表中录入该笔损失的除税净额（40% 的所得税税率），对净利润的影响是 –1 500 万美元（2 500 万美元 – 1 000 万美元）（见表 4-14）。

表 4-14 资产出售损失

利润表	单位：百万美元
资产出售损失	（15）
净利润	（15）

因此 1 500 万美元的净利润亏损会引入现金流量表。资产出售收到的现金 1.25 亿美元录入为投资活动现金流的"资产出售"。但是在这个例子中，我们需要在经营活动现金流里调整资产出售税前损失 2 500 万美元。同样我们这么做有两个原因：①投资银行惯例认为非经常性事项与日常经营活动无关，因此需要剔除；②收到的现金 1.25 亿美元不能反映我们从资产负债表移除资产的真实价值。该项资产的真实价值是 1.25 亿美元加上 2 500 万美元，或 1.5 亿美元。因此在现金流量表上调整经营活动现金流 2 500 万美元，这样就可以正确地把真实的资产价值和资产负债表关联起来。但是可能让人费解的是资产负债表资产科目减去现金流量表的科目。如果之前的资产负债表余额是资产价值（1.5 亿美元），计算物业、厂房及设备公式是余额减资产出售（1.25 亿美元）再减资产出售损失调整（2 500 万美元），或 1.5 亿美元 −1.25 亿美元 − 2 500 万美元（见表 4-15）。

表 4-15 资产出售损失对现金流量表及资产负债表的影响

现金流量表	单位：百万美元	资产负债表	单位：百万美元
净利润	（15）	现金	135
资产出售损失	25	物业、厂房和设备	（150）
资产出售	125	留存收益	（15）
现金及现金等价物总变动	135		

如表 4-15 所示，所有这些调整都同时保持资产负债表平衡。现金及现金等价物总变动 1.35 亿美元会直接影响资产负债表现金余额。净利润损失 1 500 万美元直接影响资产负债表的留存收益。

这里只是快速地浏览了最基本的资产剥离，为我们理解和掌握大型并购分析打下基础。后续部分会更详细地讨论资产剥离的情况。现在我们对资产收购和剥离有了基本认识，让我们从增厚／稀释分析开始进一步学习大型并购的分析。

第五章

增厚/稀释分析

现在我们对简单的资产收购和剥离背后的会计变动有了大概的了解，下面我们可以对两个实体之间的完全整合进行应用。记住，在简单的资产收购中，现金减少，物业、厂房和设备按所购资产的价值增加。但是在一个完整的经营实体收购中，不仅仅是收购核心的物业、厂房和设备。当购买一个经营实体时，我们要考虑整个的资产负债表、总资产减去总负债的价值，或者说所有者权益。因此在简单的资产收购中，支付价格代表了净资产价值（通常是溢价），购买经营实体支付的价格代表了所有者权益（通常是溢价）价值。因此，在经营实体的收购或兼并中，我们是买断目标企业股东的利益，即所有者权益。我们用资金来买断目标企业股东权益，这些股东离开了，其在资产负债表上的所有者权益也同时消除了。

> **注意**
>
> 我把"资产收购"结构极力简化，以更好地说明其与"股权收购"的主要区别。两种结构看起来很相似，其实存在很多差异。

为了更好地阐述，我们来讨论这个过程：兼并或收购分析的三个主要步骤。

（1）获得收购价格；

（2）估计资金来源和使用；

（3）创建预测财务报表分析。

第一步：获得收购价格

在进行分析之前，我们先来找到可能的收购价格。估值分析会帮助我们找到最接近的当前价值。《财务模型与估值：投资银行和私募股权实践指南》这本书讲解了如何建模和对企业估值。我们再来看看本书前言中引用的 Office Depot 和 OfficeMax 的新闻发布。

伊利诺伊州内珀维尔市和佛罗里达州博卡拉顿市——OfficeMax 股份有限公司（NYSE：OMX）和 Office Depot 股份有限公司（NYSE：ODP）今日宣布已签署最终的并购协议。根据该协议，两家公司将进行对等的全部股票互换兼并，以取得免税重组的资格。兼并交易得到两家公司董事会的一致通过，这将创建一个更强大、更高效、在快速变化的办公解决方案行业中更具竞争力的全球供应商。客户将从增强的多元分销渠道和地区供应中受益。兼并后的公司将拥有过往 12 个月（截至 2012 年 12 月 29 日）的备考 180 亿美元的兼并收入，财务实力和灵活性也将显著提升，从而有能力通过增加的业务规模和显著的协同效应实现长期经营业绩的提升。

根据协议条款，OfficeMax 的股东将用 1 份 OfficeMax 的普通股换取 2.69 份 Office Depot 的普通股。

（Office Depot、OfficeMax 新闻报道，2013 年 2 月 20 日）

新闻发布声称 OfficeMax 的股东每持有一股普通股会收到 2.69 股 Office Depot 的股票。换句话说，如果我们持有 1 股 OfficeMax 的股票，在兼并时，会兑换成 2.69 股 Office Depot 的股票。2.69 代表了兑换比例，把目标公司的股票交换或兑换成收购公司的股票。这也被称为股票互换。另外一种表示收购价格的常用方法是提供高于目标企业当前市场交易价格的溢价——控股权溢价。比如说，收购方提供高于目标公司当前市场交易价格 20% 的溢价作为说服目标企业股东出售股份的激励。注意收购方需要考虑购买所有的目标公司股票，包括股票期权或将行权的认股权证。由于收购方要溢价收购公司（以比现有交易价格高很多的价格），之前的价外期权现在就会成为价内期权。而且，很可能是目标公司股东的最后一次机会对持有的期权或认股权证行权。因此收购方要基于目标公司发行在外的稀释股数，而不是发行在外的基本股数来考虑收购。

杂货公司的例子

我们来看一个涉及两家当地食品杂货公司的例子。食品杂货公司 A 想收购食品杂货公司 B 以此来扩大在这个区域的市场份额。食品杂货公司 A 相信两家公司业务的结合会产生一家更强大的公司，能够抑制其他商店的竞争。假如食品杂货公司 B 同意食品杂货公司 A 以高于食品杂货公司 B 当前股票价格 10 美元／股溢价 20% 收购，食品杂货公司 A 将为每一股食品杂货公司 B 的股份支付 12 美元 [10 美元 × (1 + 20%)]。注意食品杂货公司 A 需要考虑所有的股票，包括在收购时目标公司股票期权和权证行权的可能性；因此我们要对所有的发行在外的总股份通盘考虑。食品杂货公司 B 有 2.5 亿发行在外的稀释总股份，以溢价收购的总价格是 30 亿美元（2.5 亿 × 12 美元）。

第二步：估计资金来源和使用

一旦确定了收购价格，我们就需要考虑完成收购（使用）所要募集的资金数额，我们还需要知道如何去获取资金（来源）。

资金使用

资金使用表示我们需要募集多少资金来完成收购。资金使用可以分成三类：

（1）收购价格；

（2）净负债；

（3）交易费。

收购价格　按照第一步中讨论的内容，对目标企业进行估值来确定合理的收购价格。例如，收购价格可以基于市场交易价值的一定溢价。

净负债　除了收购价格，经常出现的情况是，买方负责募集额外的资金来支付目标企业的现有债务。净负债通常宽泛地定义为公司现有债务减去现金。这也可能包括其他负债，如融资租赁以及某些可转换债券。支付这些债务的需求取决于几个因素，其中包括属于上市公司还是私有公司。

上市公司　如果公司是上市公司，意味着买方要从股东手里购买所有的股票，买方必须对目标公司资产负债表上的债务承担责任。当然原有股东不再为公司债务负责。因此买方必须确定是否有能力承担收购后接手的债务，或者买方要募集额外的资金来支付这些债务。买方必须对公司债务做尽职调查。很可能当贷款人给公司贷款时，这些债务附有这样的条款或规定，比如控制权发生改变（收购）时，必须立即还款给贷款人。如果存在这种情况，买方别无选择，只能再次融资或者募集额外的资金来支付债务。如果没有这些规定，买方必须决定是付清贷款还是继续让贷款留在资产负债表上。这种决定可能基于现有贷款利率或者现有贷款的其他条款。如果买方能够获得利率更优惠的贷款，买方很可能愿意借新还旧。

私人公司　如果公司是私营的，买方会基于多种乘数确定购买价格，还记得权益价值乘数和企业价值乘数吗？（见《财务模型与估值：投资银行和私募股权实践指南》）乘数在这里是很重要的概念，因为它决定了购买价格是权益价值还是企业价值。换句话说，如果购买价格基于权益价值乘数，那么当然购买价格是有效的权益价值。而如果购买价格基于企业价值乘数，那么购买价格是有效的企业价值。这一点很重要，因为如果购买价格是有效的企业价值，那么购买价格就包括了债务价值，即意味着我们不应该额外融资清偿目标企业债务，卖方应该负责这些债务。例如，我们达成购买一家公司的价格是 5 乘以 EBITDA，如果公司 EBITDA 是 10 万美元，那我们要给企业支付 50 万美元。但是，因为 50 万美元是基于包含了债务的企业价值，因此卖方应该对清偿债务负责；我们不需要募集大于 50 万美元的资金来还债。

另一方面，如果我们基于权益价值乘数 10 乘以净利润商定了购买价格。如果净利润是 25 000 美元，那么购买价格就是 250 000 美元。但是这里购买价格是权益价值（因为基于净利润——在债务和其他义务之后），意味着债务价值没有包含在购买价格里。因此，买方需要清偿债务。基于净利润的购买价格低于使用 EBITDA 乘数的价格，这也很好理解。

假如债务和其他义务的总价值是 250 000 美元，如果我们基于 EBITDA 商定了购买价格，那我们支付 500 000 美元，不负责债务（卖方负责）。但是如果购买价格基于净利润，购买价格是 250 000 美元，那我们就要募集额外资金来偿还债务 250 000 美元，总计支付 500 000 美元。

	上市公司	私人公司
使用的估值方法	高于市场价格的溢价，乘数	乘数
债务净额的责任	买方承担；债务展期、再融资或者购买时付清	买家或卖家；取决于估值方法、谈判和债务合约

因此，取决于买家如何达成的购买价格，净负债可能需要或不需要安排资金使用。注意我们提到净负债而不是总债务，净负债是总债务减现金及现金等价物。换句话说，如果收购时目标公司资产负债表上有现金及现金等价物，那么是可以用来支付目标公司债务的。

交易费 交易费是为达成和完成交易而发生的相关成本，比如律师、投资银行顾问服务费。买方需要分配额外资金来支付这些费用。这些费用金额从小额的聘用费到整个交易金额的百分比都有可能，金额大小取决于谈判和整个公司的政策。一部分费用可以资本化。几种常见的交易费举例如下：

投资银行顾问费用 通常要聘请投资银行代表一方以帮助实现收购或出售。投资银行顾问费经常基于交易价值的百分比（比如，1%~3%，或者某些几十亿美元的项目少于 1%）。投资银行也可能从事企业估值、寻找其他投资方或融资方，或者提供尽职调查服务而收取费用。

法律费用 交易中需要律师进行合同谈判、法规核查和批准、法律尽职调查、准备批准文件以及交易完成文件，谈判、复核、准备交易融资的文件，包括债权及股权的私募备忘录。投资银行也会协助法律顾问准备备忘录。

尽职调查成本 尽职调查指检查及审计潜在的收购目标。这个过程包括复核所有的财务记录、评估资产、给企业和任何被视为对出售有实质性影响的业务估值。

环境评估 如果收购中涉及土地或者地产，可能要求进行环境评估来评估资产可能对环境产生的正面或负面影响。

人力资源 在通常情况下，如果并购或收购的策略是提升实体的经营业绩，就需要找到合适的人才。新的管理层，比如有过往良好业绩表现的首席执行官对于未来预想的业绩实现十分关键，那么就需要包括人力资源费用。

融资费 贷款人经常收取一个固定费用或者贷款金额的固定百分比。标准定期贷款可能少于1%，更激进的贷款达到1%~3%。基于债务的规模不同，收费的百分比差异很大。有时定期贷款相关的费用可以资本化，在资产负债表上摊销。

股权费用 股权投资人也可以在交易完成时收取一笔费用。费用取决于投资股权的规模，这也是私募股权基金产生经营性收益的一种手法。

总之，购买价格、净负债、交易费用的总和代表了资金的使用。买方需要募集到这笔收购的总成本。

资金来源

现在我们知道我们需要募集多少资金来完成交易，我们需要募资，或者是权益融资或者是债务融资或者是使用手头的现金。

杂货公司的例子（续）

我们需要查看杂货公司B的资产负债表来考虑资金的总使用量。我们已经基于上市公司的交易价值谈好了一个购买价格，购买价格就是股权价值，不包括债务的价值。我们假设杂货公司A愿意付清目标公司的债务，而不是把债务转移到杂货公司A的资产负债表上。杂货公司B的资产负债表上有1.5亿美元的长期负债，5 000万美元的短期负债以及1 000万美元的现金。杂货公司B有1.9亿美元的净负债。我们假设杂货公司A负责1 000万美元的交易费。杂货公司A发行普通股募集交易资金的50%，发行长期债务募集交易资金的50%。因此整个的资金来源和使用如表5-1所示。

表 5-1 杂货店的资金来源和使用

来源	百万美元	使用	百万美元
股权	1 600	购买价格	3 000
债务	1 600	净负债	190
现金	0	交易费用	10
总来源	3 200	总使用	3 200

现金的总使用必须总是和现金的总来源匹配。

第三步：创建预测的财务报表分析

一旦确定了资金来源和资金使用，我们就可以继续考虑交易的财务影响。预测的财务报表分析⊖（原文是拉丁语，直译为"作为一个形式"或"为了形式"）指交易的预测结果。一旦我们对兼并的两个主体进行财务汇总，我们就能分析每股收益是如何变化的（增厚或稀释）。增厚/稀释分析常用来评估兼并后每股收益（EPS）的财务影响。如果兼并后每股收益增加，交易就是增厚（accretive）业绩的；反之如果每股收益减少，交易就是稀释（dilutive）的。

为了接下去确定财务影响，我们需要考虑如何把两个主体兼并在一起。简言之，你只需要把公司 B 的财务数据加到公司 A 的财务数据上。例如，兼并后主体的收入是公司 A 的收入加上公司 B 的收入。从整体的角度来看很简单，把两个主体的利润表结合在一起，只需要把从销售收入一直到净利润的每一个科目，将公司 A 和公司 B 加到一起。

但是基于交易的考虑需要做些调整。为了理解这些调整，我们对本章第一段讨论的一般概念重复说明很有必要。在兼并或收购中，我们要购买目标企业的所有者权益。注意资金来源可以是手上的现金、权益融资或债务融资，或者股票互换。但是正如本章"资金使用"部分提到的，我们经常需要募集额外资金来支付目标公司的净负债。虽然我们不确定是不是真的需要这么操作（取决于债务合同，需要大量的尽职调查），保守假设我们必须付清债务（之后如果我们知道我们不需要支付公司债务，我

⊖ Pro-forma analysis，预测分析或备考分析。在本书中指同一含义。——译者注

们只需要去除这个假设,由此将改善预期)。因此我们不仅需要资金支付给目标公司的股东,也要偿还目标公司净负债。按照"资金使用",也需要支付交易费。

把这些概念用在增厚/稀释分析上时,我们关心兼并后(预测的财务报表)的每股收益。除了和目标公司所有者权益和目标公司债务相关的科目外,我们从销售收入一直加到净利润。这是因为一旦收购或者兼并完成,目标公司的股权已经出售,债务偿清。需要提醒的是,我们假设收购时需要偿还目标公司的净负债。因此在利润表上,与目标公司净负债(净利息成本)相关的科目,与目标公司所有者权益(发行在外的股本和股息)相关的科目都没体现在分析中;兼并之时这些科目已经消除。表 5-2 是两家公司处在兼并的进程中。这里我要从利润表的角度说明业务兼并的核心特征,把通常需要兼并的科目列出来。再看一下这个案例,然后我们把兼并的过程用杂货公司的例子说明下。

表 5-2 预测的财务报表分析(在额外的交易调整前,两家企业兼并) 单位:百万美元

利润表	公司 A	公司 B	预测的利润表	备注
销售收入	1 000	500	1 500	公司 A + 公司 B
销售成本	200	100	300	公司 A + 公司 B
营业费用	100	50	150	公司 A + 公司 B
EBITDA	700	350	1 050	销售收入 – 销售成本 – 营业费用
折旧和摊销	50	25	75	公司 A + 公司 B
息税前利润	650	325	975	EBITDA – 折旧和摊销
利息费用	10	5	10	只有公司 A(假设我们在收购时偿还了公司 B 的债务)
税前利润	640	320	965	息税前利润 – 利息
所得税(40%)	256	128	386	税前利润 × 税率 %
净利润	384	192	579	税前利润 – 所得税
发行在外的股本	100	50	100	只有公司 A(公司 B 股东权益已经被买断)
每股收益	3.84	3.84	5.79	净利润 / 发行在外的股本

杂货公司的例子

我们先来看下两家杂货公司的财务情况,开始分析兼并对预测财务报表的影响。杂货公司 A 有 6 亿美元的息税折旧摊销前利润(EBITDA)和 3.348 亿美元的净利润,7.5 亿股发行在外的普通股,每股收益 0.45 美元。杂货公司 B 有 2.5 亿美元的 EBITDA 和 1.3 亿美元的净利润,2.5 亿股发行在外的普通股。杂货公司 B 显然在经营规模上(EBITDA)小得多,因此可以被看成是"目标"。但是,杂货公司 B 的每股收益还要多一点,为 0.52 美元/股。我们来看看两家公司兼并后发生了什么。从表 5-3 可以看到,我们把杂货公司 A 和 B 所有的财务数据加起来,除了利息费用和股本科目。因此,先看下"预测的杂货公司"栏的销售收入是两家公司销售收入之和 15.5 亿美元。一直到息税前利润 7.4 亿美元是 5.25 亿美元和 2.15 亿美元之和,都是这样加下去。但是下一行利息费用,只取了收购方杂货公司 A 的数据。没有计算杂货公司 B 的利息费用。因为根据资金使用时的描述,我们假设在收购时支付了杂

货公司 B 的债务。现在关注税前利润，和正常的利润表中一样，税前利润是息税前利润减去利息费用。我们不能把杂货公司 A 的税前利润加上杂货公司 B 的税前利润得出收购后公司的税前利润，因为杂货公司 B 的利息成本不应该包括在内。当我们开始对预测的财务报表做调整时，要在从上至下的计算中非常小心，考虑每一个科目所带来调整的影响。我们在计算所得税时需要用新的税前利润乘税率（在这个例子中税率是 35%），而不是把杂货公司 A 的所得税加上杂货公司 B 的所得税。我们调整了税前利润，因此所得税的金额也相应调整了。这样得出预测的兼并后净利润是 4.745 亿美元。

下面，假设我们已经买断了杂货公司 B 的股东权益，杂货公司 B 的股东权益已经不存在了。因此只有杂货公司 A 发行在外的 7.5 亿股份。

总之杂货公司 B 的所有核心科目都加到杂货公司 A 上，除了与杂货公司 B 债务净额相关的科目和股本科目以外，这个案例中指杂货公司 B 的利息费用和发行在外的股份。兼并后每股收益是 0.63 美元，比最初杂货公司 A 的每股收益 0.45 美元增加了，或者是高于收购方每股收益 40%（0.63/0.45 − 1）。每股收益增长很多，但分析并不完整。需要对分析做些调整。我们继续。

表 5-3 预测的杂货公司　　　　　　　　　单位：百万美元

利润表	杂货公司 A	杂货公司 B	预测兼并后的杂货公司
销售收入	1 000	550	1 550
销售成本	400	300	700
EBITDA	600	250	850
折旧和摊销	75	35	110
息税前利润	525	215	740
利息费用	10	15	10
税前利润	515	200	730
所得税 (35%)	180.3	70	255.5
净利润	334.8	130	474.5
股本	750	250	750
每股收益	0.45	0.52	0.63

预测的财务报表的交易调整

在核心科目整合以后，基于四个主要的类别需要额外的交易调整：

（1）兼并后成本节约；

（2）新分配的无形资产摊销；

（3）新的利息费用；

（4）新发行的股份。

调整 1：兼并后成本节约

成本节约，也可以看作是成本的兼并后协同效应，由于兼并后经营效率提高导致的成本减少。成本节约非常难以预测，甚至难以实现。在小型企业中可以去核查每个科目，例如收购后，如果首席执行官的工资减半，通常模型会把这个调整考虑进去。但是对大型企业来说，成本节约可能覆盖经营中的非常多的不同领域，假设占销售成本或综合及管理费用一个很小的百分比（例如，0.5%~3%）可能更有效。这不仅取决于你相信多少的成本节约而且取决于能够实现多少。

调整 2：新分配的无形资产摊销

摊销是无形资产在使用期成本逐期减少的会计处理（例如知识产权，包括专利、著作权、商标）。当一个实体的购买价格大于账面价值时，差额可以分配到几个不同的领域，包括无形资产。被分配到无形资产的高于账面价值的那部分购买价格可以摊销，影响是利润表中的成本增加。我们先来解释商誉的概念。

商誉　商誉通常是收购时产生的一项无形资产。在美国会计准则中高于账面价值（股东权益）的那部分价格通常定义为商誉。但是基于有形资产、无形资产和递延所得税经常做一些其他调整，商誉的确定也会进行相应的调整。

产生于交易的商誉是购买总价减去被收购的有形资产和无形资产、负债、或有负债和递延所得税的公允价值的总和。

（www.kpmg.com/PT/pt/IssuesAndInsights/Documents/Intangible-assets-andgoddwill.pdf，毕马威，2010，"在商业兼并中的无形资产和商誉"第 6 页）

详细的调整如下：

现有资产向上调整（重估增值）

注意定义中提到收购有形资产和无形资产的公允价值。因此在收购时，所有的资产都要重新估值，按照市场价值进行调整，这称为资产"向上调整"。注意资产向上调整会增加递延所得税。

新的无形资产

在收购兼并中，高于账面价值的一部分收购价格可以记为新的无形资产。收购方愿意支付高于账面价值的价格收购目标公司是因为它们要为过去没有被识别和录入的无形资产（比如品牌、知识产权）埋单。把高于账面价值的购买价格记为无形资产是有利的，因为按照美国会计准则，无形资产可以摊销。摊销在利润表中记为成本，可以抵税。

一般来说确定是否摊销这些科目取决于如何收购、按照美国会计准则还是报税的目的（见表4-1，第四章的"收购类型"）。注意按照美国会计准则商誉本身是不能摊销的。商誉可以每年进行减值测试（向下调整），但是不能摊销。

我们也需要评估无形资产的实际价值，确定无形资产是否还存在。这实际上是非常难的，即使对于专业人士来说也是如此。看看毕马威对无形资产估值的方法和难度的下列论述：

显然，由于无形资产的特征，其市场价格不容易确定。实际上，公允价值主要是由收益法为主的估值方法来确定的。这种方法把资产价值看作是收购时（估值日期）资产产生的未来现金流的现值，在资产剩余的经济使用年限或者是从资产处置之后开始归于收购方。这种方法要求确定一些数据像经济使用寿命或者未来预期利差，每种行业有其独特的竞争结构、原理和价值驱动因素，这些行业特别的知识非常关键。

（www.kpmg.com/PT/pt/IssuesAndInsights/Documents/Intangible－assets－and－goodwill.pdf 毕马威，2010，"在商业兼并中的无形资产和商誉"第6页）

毕马威报告第11页（见表5-4）显示了很有参考意义的统计数据，按行业分解的历史交易数据——即分配的无形资产占收购价格的百分比。这个表可以用来大概估计高于账面价值的收购价格多少记为商誉，多少记为无形资产。有意思的是，消费产品和服务领域显示57%——比例最高，可以归因于在商品领域品牌、商标和知识产权的重要性。买方更愿意记入无形资产因为可以享受到抵税的优惠。在现实情况下，可以请专业人士，比如无形资产评估师来分析和估计多少高于账面价值的购买价格可以记入无形资产。

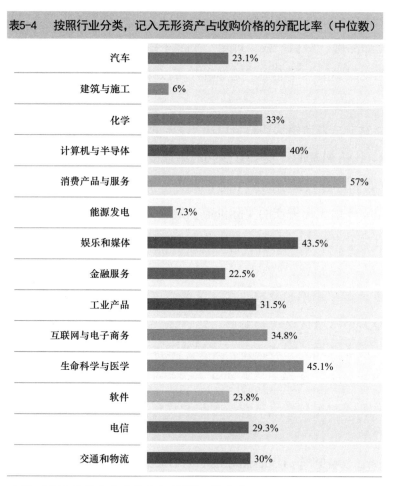

表5-4 按照行业分类，记入无形资产占收购价格的分配比率（中位数）

来源："商业兼并中无形资产和商誉"，毕马威.2010，11

递延所得税调整

收购时公司已有的递延所得税资产和递延所得税负债可能要调整或者一并取消。在这种情况下，会影响到商誉的确定。有形资产重估增值或者新的无形资产会产生额外的递延所得税。

总结：

收购价格 – 账面价值 = 商誉 + 无形资产 + 现有资产重估增值 + 递延所得税调整

建模时安全且保守的假设是把收购价格高于账面价值部分的20%~25%记为无形资产。我们举个例子，保守假设没有资产重估增值或者递延所得税调整。

一个独立的投资人想购买一家销售企业。这家企业账面价值为 20 000 美元。投资人出价 30 000 美元。这意味着高于账面价值的购买价格溢价为 10 000 美元（30 000 美元 – 20 000 美元）。新的资产负债表股东权益 30 000 美元反映了支付价格。投资者估计 10 000 美元的 25% 归属于无形资产（比如，品牌名字"约翰的卡车"），这部分可以在未来 15 年进行摊销，剩下的就是商誉。新的资产负债表见表 5-5。

表 5-5 杠杆收购之前和之后的资产负债表样本

约翰的货运公司（单位：千美元）

	之前	之后
资产		
现金	0	0
无形资产	0	2.5
商誉	0	7.5
卡车	20	20
总资产	20	30
负债		
债务	0	0
股东权益	20	30

调整 3：新的利息费用

如果发行债务来为交易筹资，就会产生新的利息费用，等于融资金额乘以利率。

调整 4：新发行的股份

如果发行股份来为交易筹资，就会产生新的股份。股份数量等于需要的总资金除以收购方或者发行股票公司的股票价格。注意如果收购方给股东支付股利，那么公开市场上发行股份也会导致股利总额支出的增加。

这四种交易调整会正面影响兼并后的利润表。我们再来看看表 5-2，但加入了调整（见表 5-6）。

表 5-6 交易调整完成后增厚/稀释分析

利润表	公司 A	公司 B	预测的利润表	备注
销售收入	1 000	500	1 500	公司 A + 公司 B
销售成本	200	100	300	公司 A + 公司 B
营业费用	100	50	150	公司 A + 公司 B
调整：兼并后成本节约			*（10）*	基于兼并后成本节约的新调整
EBITDA	700	350	1 060	销售收入 – 销售成本 – 营业费用
折旧和摊销	50	25	75	公司 A + 公司 B
调整：新的摊销			*5*	基于无形资产分配的新调整
息税前利润	650	325	980	EBITDA – 折旧和摊销
利息费用	10	5	10	仅有公司 A（假设收购时偿还了公司 B 的债务）
调整：新的利息成本			*20*	如果新增贷款完成交易的新调整
税前利润	640	320	950	息税前利润 – 利息费用
所得税	256	128	380	税前利润 × 税率 %
净利润	384	192	570	税前利润 – 所得税
股本	100	50	100	仅有公司 A（公司 B 的股东权益已经被消除）
调整：新发行的股份	*0*	*0*	*50*	如果发行股份来完成交易的新调整
发行在外的总股本	100	50	150	发行在外的股份 + 新发行的股份
每股收益	3.84	3.84	3.8	净利润 / 发行在外的股本

好了！这就是标准的增厚/稀释分析的主要调整。

杂货公司的例子

关于预测的财务报表分析，我们现在来应用前面提到的四个调整。

1. 兼并后的协同作用。我们假设兼并后协同效应可以达到总成本的 1%。因此兼并后总成本 7 亿美元的 1%，或 700 万美元要调减兼并后的成本（见表 5-7）。
2. 新记入的无形资产摊销。我们做个标准假设，收购价格高于目标企业账面价值的 25% 记入无形资产，摊销 15 年。杂货公司 B 的账面价值用资产负债表中的股东权益表示。总的账面价值是 25 亿美元。30 亿美元的购买价格减去 25 亿美元的账面价值，有 5 亿美元分别记入几个科目，包括商誉和无形资产。假设 5 亿美元的 25%——1.25 亿美元记入无形资产，摊销 15 年，每年无形资产摊销 830 万美元。简单用公式表示是：(3 000 – 2 500) × 25%/15。830 万美元是折旧和摊销部分的增加成本（见表 5-7）。
3. 新的利息费用。既然我们发行债务来为交易筹资，那兼并后的企业就增加了利息费用。假设新债务的利率是 10%。表 5-1 阐明了资金来源，具体到债务融资需要 16 亿美元来完成收购。因此 16 亿美元的 10% 即对应每年新增利息费用 1.6 亿美元。这部分成本要加到预测利润表的利息部分（见表 5.7）。

表 5-7 杂货公司交易调整后备考增厚/稀释分析

利润表（单位：百万美元）	公司 A	公司 B	备考杂货公司
销售收入	1 000	550	1 550
销售成本	400	300	700
调整：协同效应（1% 销售成本）			（7）
EBITDA	600	250	857
折旧和摊销	75	35	110
调整：新增无形资产摊销			8.3
EBIT	525	215	738.7
利息费用	10	15	10
调整：新增利息费用			160
税前利润	515	200	568.7
所得税（35%）	180.3	70	199
净利润	334.8	130	369.6
股份	750	250	750
调整：新增股份			106.7
股份合计			856.7
每股收益	0.45	0.52	0.43

4. 新发行的股份。为完成交易也要进行股权融资，发行新的股票。但是注意大额权益融资经常以收购方目前股价的小比例折扣发行（~5%）。在这个例子里，我们假设股票以收购方股票价格 15 美元/股发行。以 15 美元/股计算，股权融资 16 亿美元需要发行（16 亿/15）1.067 亿股。该数值要加到预测的利润表底部——发行在外的总股份上（见表 5-7）。

因此兼并后新企业的每股收益是 0.43 美元，由最初每股收益 0.45 美元稀释了 4.4%（0.43/0.45 − 1）。

增厚/稀释 = 预测每股收益/收购方每股收益 − 1

收购兼并交易中出现一些稀释并不奇怪。我们把增厚/稀释分析中的全部驱动因素列出来进行分析。

我们先来简要地总结增厚/稀释分析，这不仅是扼要重述，也可以作为投资银行面试中谈论增厚/稀释分析的一个好方式。

总结

为了评估两家企业兼并的财务影响，先要获得购买价格。之后，分析资金的来源和使用。资金使用由购买价格、偿还目标公司债务和交易费用组成。资金来源是权益、债务或者手中的现金的多种方式结合。一旦我们知道了资金的来源和使用，我们就可以开始把两家公司合并起来，把公司 A 和公司 B 的科目从销售收入向下一直到净利润加起来，涉及目标公司净负债（如果假设我们偿还了目标公司的净负债）和目标公司的股东权益（因为我们收购了原股东权益）的科目除外。这些科目与利润表上目标公司的利息费用和目标公司的股份与股利相关。而且，我们需要考虑四个主要的交易调整：①兼并后成本节约；②把收购价格高于账面价值的一部分记入新的无形资产的情况下，新分配的无形资产摊销；③如果交易中用到了债务融资，新的利息费用；④如果交易中用到了权益融资，新发行的股份。然后我们可以计算新的每股收益，然后和最初的公司的每股收益做对比，来评估每股收益的增厚/稀释水平。

这就是对增厚/稀释分析的总结。我建议把这段一遍遍地读，直到你有了概念性的认识。增厚/稀释分析的重要性有两方面：①实践上，在建立完整模型之前，增厚/稀释分析对兼并的财务影响有深刻的理解。②在指导意义上，增厚/稀释分析总结了收购兼并背后的主要变动；捕捉了所有的交易要素，不会被全方位分析方法中的细节所羁绊。总的来说，一旦你对增厚/稀释方法有了概念性的理解，就很容易看到这种分析方法的主要驱动因素。

驱动因素

为了加强对收购兼并分析的理解，我们来重点看看影响预测每股收益的一些关键变量。首先，在收购中目标企业每股收益增加对收购方每股收益是正面的作用，只要目标企业每股收益是正值。但是下列交易调整影响兼并后的每股收益，可能增加或是减少。

- *收购价格*：当然，收购价格在交易中起了主要作用。收购价格越高，需要的资金越多。更多的债务或权益融资降低了预测的每股收益，详见第三章。
- *资金来源*：见第三章，债务数额及股份数量会影响每股收益。债务比股权稀释程度要小，影响程度分别取决于利率和股票发行价格。如果公司的股票价格很高，可以发行相当少的股票来完成收购，每股收益的稀释程度将大大降低。
- *兼并后成本节约*：交易后成本节约越多，净利润越高，预测的每股收益越高。
- *新记入的无形资产摊销*：收购价格高于账面价值部分归属为无形资产的部分越多，可能的摊销越大。摊销期限（使用寿命）也会影响摊销金额。更多的摊销会降低每股收益；但是因为摊销是非现金成本，且摊销可以抵税，在现金流量表中会加回来，所以希望越多越好。
- *新的利息费用*：如果交易中有债务融资，新的利息费用会降低每股收益。
- *利率*：债务融资的利率会影响每股收益。当然利率越低，对每股收益的稀释就越少。
- *新发行的股份*：如果交易中有权益融资，发行股份越多，每股收益稀释就越多。
- *股票价格*：如果交易中有权益融资，股票价格决定了需要发行的股票数量。总资金除以股票价格等于新发行的股票数量。因此，股票价格越高，需要发行的股票数量越少，稀释也越少。

这些是影响增厚/稀释的主要变量，在分析 Office Depot 和 OfficeMax 案例时要牢记。虽然增厚/稀释分析可以确定预测的每股收益的最初影响，但还是有几个主要的不足。

- *缺少全方位的财务数据*：我们只是对公司的财务情况笼统概述，可能忽略了阻碍或促进业绩表现的某些关键科目。而且，完整的 5~7 年的财务预测会对兼并后业绩给出更好的分析。
- *预测的资产负债表*：对兼并的资产负债表缺乏分析。基于我们要收购的或者剥离资产后的预测的兼并资产负债表很重要。
- *利息费用*：在这个例子里，用利率乘以债务融资额得到利息费用。我们无形中假设每一年的利率费用是不变的。但是，实际上债务每年都要偿还本金，这样利息费用就会逐年降低。虽然我们把利息费用假设每年不变是一种保守的方式，但是每年偿还债务本金，利息费用逐年降低也是完整财务模型中的关键部分。
- *兼并后成本节约*：完整模型可以更清晰地预测成本如何节约。
- *折旧和摊销*：在增厚/稀释分析中，我们单纯地假设把目标公司现有的折旧和摊销成本加到收购方上。在完整的模型中，将目标公司资产和收购方资产汇总，重新建立折旧计划表更为合适。

全方位的分析方法提供了交易对预测的财务报表影响更准确的估计，上面给出了部分原因。正是因为这个原因我们在 Office Depot 和 OfficeMax 案例上使用全方位的方法来分析结果。我们将在第三部分使用华尔街投行常用的方法来完整地进行案例分析。

第三部分

Office Depot/OfficeMax 兼并

如果已经多次阅读前面的章节，您应该对基本的兼并、收购和剥离交易结构所涉及的核心概念有了较好的理解。现在让我们将这些理论应用到一个真实的案例中：Office Depot 和 OfficeMax 的兼并。

让我们再回顾一下本书第一部分介绍的 S-4 文件。第二页的第一段内容如下：

Office Depot 股份有限公司（"Office Depot"）和 OfficeMax 股份有限公司（"OfficeMax"）的董事会一致通过一项以对等合并为交易结构的战略性企业兼并决议。基于交易双方在此次兼并完成前已发行的预计股本数量，我们估计在兼并完成后，Office Depot 的股东将持有大约 [—]%、OfficeMax 的股东将持有大约 [—]% 的兼并公司流通普通股（假设 Office Depot 所有在外流通的可转换优先股均被赎回）。

（S-4 表格，2013 年 4 月 9 日）

这段文字说明 Office Depot 和 OfficeMax 正在寻求兼并。那么这样一个交易会造成什么样的财务影响呢？现在我们有了基本的工具来重新回顾此情形，并通过完整的分析来评估两个企业兼并后财务状况如何。正如前面的章节所述，首要的分析是评估兼并后公司的每股收益受到的影响。我们已经给出了判断潜在增厚/稀释的分析方法。然而，如此复杂的交易需要我们进行全面完整的财务分析，以准确抓住大型兼并涉及的所有要素。在第五章结尾，我们讨论了进行简单增厚/稀释分析的缺点，这也增加了使用完整模型进行分析的必要性。

这个模型将由八个部分构建组成：
（1）假设（购买价格，资金的来源和使用）；
（2）利润表；
（3）现金流量表；
（4）资产负债表调整；
（5）折旧计划表；
（6）营运资本计划表；
（7）资产负债表预测；
（8）偿债计划表。

我们发现这八个部分包含了此前在第二章介绍的六大标准报表加上"假设"部分和"资产负债表调整"部分。核心的六大报表对于绝大多数独立的财务模型非常重要，但是额外的两张报表将有助于兼并分析。在后续的章节里，我们将逐步对每个部分构建模型，并且阐释这几部分如何关联在一起，形成一个全面完整的兼并模型。我们将使用文件名为"NYSF_Merger_Model_Template.xls"的模型，您可以在本书的配套网站上找到它。我们建议您下载这个模型，并跟随我们对案例进行逐步分析、一步一步构建完整模型。

第六章
假　　设

在开始兼并分析之前，我们需要理解手头这个交易所涉及的所有核心假设。让我们重温一下本书前言中引用的新闻报道，并将其作为此交易的核心介绍。

伊利诺伊州内珀维尔市和佛罗里达州博卡拉顿市——OfficeMax 股份有限公司（NYSE：OMX）和 Office Depot 股份有限公司（NYSE：ODP）今日宣布已签署最终的并购协议。根据该协议，两家公司将进行对等的全部股票互换兼并，以取得免税重组的资格。兼并交易得到两家公司董事会的一致通过，这将创建一个更强大、更高效、在快速变化的办公解决方案行业中更具竞争力的全球供应商。客户将从增强的多元分销渠道和地区供应中受益。兼并后的公司将拥有过往 12 个月（截至 2012 年 12 月 29 日）的备考 180 亿美元的兼并收入，财务实力和灵活性也将显著提升，从而有能力通过增加的业务规模和显著的协同效应实现长期经营业绩的提升。

根据协议条款，OfficeMax 的股东将用 1 份 OfficeMax 的普通股换取 2.69 份 Office Depot 的普通股。

（Office Depot，OfficeMax 新闻报道，2013 年 2 月 20 日）

这是对交易非常好的初步概括。第一句表明了兼并的形式将是 Office Depot 和 OfficeMax 之间进行对等的全部股票互换兼并。"全部股票互换"表明关键的购买将通过股票互换或者股份交换完成（见第五章）。对等合并是一种兼并结构的定义（见第一章），在这种兼并结构下两家规模类似的公司将兼并为存续的那一家公司。

第一段也在主观上解释了交易的动机，表示客户将受益于"增强的多元分销渠道和地区供应"，并表示兼并后的企业财务实力将增强。本书第三部分介绍的重点就是建模并分析兼并后的财务业绩。

通过阅读第二段，我们了解到 OfficeMax 的股东将因其拥有的每股 OfficeMax 股票收到 2.69 股 Office Depot 股票。因此，换句话来说，如果我们持有 1 股 OfficeMax 股票，将在兼并的时候用其交换 2.69 股 Office Depot 股票。因此这个值乘以目标公司（OfficeMax）的流通股数量将代表公司的初始购买价格。注意到我们需要计算目标公司的稀释股份数量，而不仅仅是公司的基本股份数量。稀释股份考虑了所有当前不流通但有可能行权的股票期权、权证或者限制性股票。一旦交易发生，这些证券持有者将很可能会行使他们的期权和权证，因为：①很有可能收购溢价使得他们的证券处于实值状态；②这可能是他们最后一次机会利用这些证券了，因为目标公司将不再像过去一样存续。

> **稀释股份数量和库存股法（Treasury Method）**
>
> 已发行的稀释股份数量是所有在市场上流通的股份加所有当前可行权的股票期权和权证的数目之和。如果每一个持有实值期权合约的股票期权持有者决定现在行权，情况将变成如何？市场中将有多少股份？稀释股份数则试图估算这个股份数量。我们可以使用多个数据源获得流通的稀释股总数。最常见的查阅之处是 10-K 和 10-Q 文件，这两个文件都会在首页披露截至文件提交日流通的基本股的最新数量。有了最新披露的股份数后，你只需要加上所有可行权的期权和权证，就可以得到最新的稀释股份数量。你可以利用关键字搜索从 10-K 和 10-Q 文件报告中找到期权和权证的表格。这些表格显示了处在实值状态的期权和权证数量，找到表格后，你可以使用库存股法将期权和权证数目添加到基本股份数上。幸运的是，由于稀释的情况经常在兼并交易中出现，S-4 文件会披露已发行的稀释股份数，因此我们不需要自行计算这个数值。然而，了解计算的步骤非常重要，因此我推荐您阅读《财务模型与估值：投资银行和私募股权实践指南》，该书给出了沃尔玛和好市多公司的稀释股份的详细计算过程。

通篇浏览 S-4 文件，我们在第 169 页发现一个更加详细的交易描述：

1. 交易描述

2013 年 2 月 20 日，Office Depot 和 OfficeMax 达成兼并协议。根据协议，通过包括第一阶段兼并和第二阶段兼并在内的一系列交易，OfficeMax 将成为 Office Depot 的全资子公司，并且 OfficeMax 的股东将成为 Office Depot 的股东。

第一阶段兼并生效之时，OfficeMax 发行和流通的每 1 份普通股将在第一阶段兼并生效前一刻转换为 New OfficeMax 的普通股。OfficeMax 和 New OfficeMax 双方将采取所有的必要行动，使 OfficeMax 的全部股票期权和其他认股权证在第一阶段兼并生效时自动地、从而无须证券持有者任何动作就被转换为 New OfficeMax 的股票期权或认股权证，这些股票期权或认股权证全部或部分以 New OfficeMax 的股本价值（或数目）计价（或度量）。

第二阶段兼并生效之时，New OfficeMax 发行和流通的每 1 份普通股将在第二阶段兼并生效前一刻被转换为 2.69 份的 Office Depot 普通股（在联合代理说明书中称之为"换股比率"）以及代替零星股份的现金（如有）和未支付的股利、分红（根据合并协议如有）。

更多信息请见从第 148 页起的"兼并协议——交易的影响"部分内容。

你可能需要多次阅读才能完全领会这部分内容，但这个描述表明，在 Office Depot 和 OfficeMax 股份的实际交换过程中，还有一些更小的交易发生。它们大部分是结构性的并且被用来完成更大的兼并。沿着注释你可以在第 148 页读到更多变化的细节。出于案例分析和财务分析的目的，我们将仅关注 Office Depot 和 OfficeMax 实际的兼并，此处名为"第二阶段兼并"。最需要注意的是第一句话的最后："OfficeMax 将成为 Office Depot 的全资子公司，并且 OfficeMax 的股东将成为 Office Depot 的股东。"因此，Office Depot 将成为保留的企业并且在此案例中被称为"收购企业"，而 OfficeMax 被称为"目标企业"。

在接下来的一页（第 170 页），我们会看到一个表格，这个表格可以帮助我们明确 OfficeMax 的收购价格，或者更精确地来说，明确向 OfficeMax 的股东发行的 Office Depot 股份的价值。

2. 新发行的 *Office Depot* 普通股价值估计

以下是根据兼并协议，发行给 OfficeMax 股东的 Office Depot 普通股价值的初步估计。

表 6-1　购买价格——发行给 OfficeMax 股东的 Office Depot 股票价值

（单位：千美元，除每股价格外）	
截至 2013 年 4 月 4 日，OfficeMax 流通的普通股	86 985
OfficeMax 可转换的股票期权	3 064
OfficeMax 可转换的 D 系列优先股	2 700
OfficeMax 可交换的普通股	92 749
换股比率	2.69
Office Depot 新发行的普通股含可转换的股票期权	249 495
截至 2013 年 4 月 4 日，Office Depot 普通股的每股价格	3.77
根据兼并协议和预估价格，Office Depot 新发行普通股的公允价值	940 596

表 6-1 很好地展示了兼并的初始购买价格，并说明了 Office Depot 的股票将以 2.69 的换股比率发行给 OfficeMax 的股东。如前文所述，如果我们拥有 1 份 OfficeMax 股票，那么我们将收到 2.69 份 Office Depot 股票。因此如果 OfficeMax 有 100 份股票，那么为了交换 OfficeMax 股份，Office Depot 公司需要发行 269 份 Office Depot 股票。届时 OfficeMax 股东将变为 Office Depot 股东，同时所有权将转移。在这个简化的例子中，待发行的 Office Depot 股票初始价值由新发行的股份数量（269）乘以新发行的每股股票价格（截至 2013 年 4 月 4 日为 3.77 美元）算得。因此，表 6-1 试图

展示新发行的Office Depot股票价值（兼并分析中我们称之为"购买价格"）。表中的92 749代表需要交换的OfficeMax股份总数。要注意这是稀释后的股份总数，92 749的加总行包含了可转换的股票期权和优先股。将92 749乘以2.69的交换比率，我们得到249 495份新发行的Office Depot股份。新发行的股票价值是249 495乘以3.77美元（Office Depot股票的每股价格），即940 596美元。这是兼并的核心价值。如果你翻到第170页查阅S-4表格，你将注意到一个重要的表格附注：

OfficeMax流通普通股和可行权股票期权的实际数量将在第二阶段兼并生效的前一刻确定。而OfficeMax普通股的预估数量是根据截至2013年4月4日的OfficeMax流通普通股和可行权股票期权的实际数量计算的。为了估计未经审计的简明试算合并财务报表中的交易对价，Office Depot股票在2013年4月4日的收盘价将用于估计OfficeMax可行权股票期权的价值。交易完成后，归属于这些股票期权的交易对价将重新基于使用可行权期权实际数量的期权定价模型进行计算，而基于此算出的值将和前面的估计值有所不同。

这里指出一个要点：收购价格可能随着多个变量而变化，一是可执行的期权或权证的数量，二是Office Depot的股价。这两个因素都会随着时间变化，因而收购价格也会发生调整。所以说这个收购价格是基于流通稀释股份的计算结果和截至2013年4月4日的股价得到的，因此是可能变化的。

现在让我们打开模型并开始设置购买价格假设。请参见本书配套网站上名为"NYSF_Merger_Model_Template.xls"的模型模板。打开文件之后，您首先可以注意到模型分为四个工作表。第一张工作表标签名称，"假设"，是我们设置必要的假设以驱动分析的页面：这些假设包括购买价格、资金的来源、资金的使用、商誉等。第二张工作表标签名称，"合并报表"，是我们构建兼并后的企业、补全所有必要的报表以构建全面完整兼并模型的地方。这些报表包括利润表、现金流量表、资产负债表、资产负债表调整、折旧计划表、营运资本计划表和偿债计划表。最右边的两个标签页是预先建立的涉及兼并对象的单一公司模型，两个公司分别为Office Depot和OfficeMax。你会发现每个单一公司模型都有到2012年年末的财务数据，并且有后续5年的财务预测。在完整的模型中，更细致地考虑交易时点并且确认每个公司都有相同的财政年度日期，以更好地进行财务报表合并，这是非常重要的。Office Depot和OfficeMax

最新的财务报告都是截至 2012 年年末的，因此很幸运我们不需要做任何调整。然而，如果其中一个企业恰巧在不同的时间范围内披露财务报告，我们将需要调整一个企业的财务报表以使两者保持一致。我们将使用日历化的方法进行调整。您可以在《财务模型与估值：投资银行和私募股权实践指南》一书中找到关于这个方法的更加详细的内容。

正如我们在第三部分开始的地方提到的，模型将构建为八个部分，其中第一个部分是"假设"工作表标签页。设置完假设后，我们可以继续实际的合并步骤。

因此，在"假设"工作表标签页中，我们可以从输入必要的数据开始逐步确立购买价格，正如前面表 6-1 所展示的那样。在这个表标签页的左上方，有一个名为"购买价格"的区域，这个区域里的第一个单元格（第 6 行）要求输入 Office Depot 的当前股价。根据第 170 页中 S-4 表格的附注，我们已经分析了以截至 2013 年 4 月 4 日的股票价格来计算收购价格；因此我们将输入这一天的股票价格，即 3.77 美元。注意到表 6-1 已经便利地提供了股价 3.77 美元；然而我们也可以在网上查询历史股价。所以我们可以简单地将"3.77"键入单元格 C6 中（见表 6-3）。

尽管 OfficeMax 的股价对于计算购买价格不是十分必要，但我们在此还是列出了截至 2013 年 4 月 4 日的 OfficeMax 股价。第 170 页的注释并未讨论 OfficeMax 的股价，因此我们需要在此提及互联网资源。我们可以登录"www.google.com/finance"网址使用 Google Finance。我们可以在搜索框内输入公司名称"OfficeMax"，并且选择公司 OfficeMax Inc。选择左边的"历史股价"，页面将列出这家公司的历史股票价格。您可能需要调整日期期间，以获得回溯至 2013 年 4 月 4 日的数据（见表 6-2）。

OfficeMax 在 2013 年 4 月 4 日的股票收盘价格为 11.21 美元，因此我们将这个数值输入单元格 C7 中（见表 6-3）。

表 6-2　Google Finance OfficeMax 历史股价

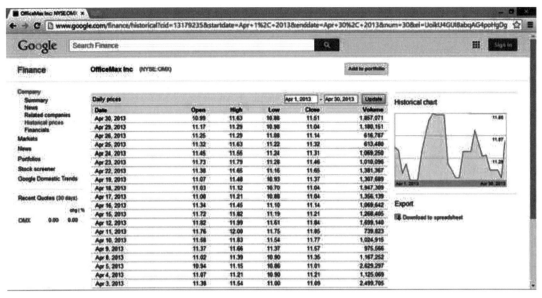

表 6-3　收购价格假设

收购价格	
Office Depot 的股价（收购公司）	3.77 美元
OfficeMax 的股价（目标公司）	11.21 美元
OfficeMax 稀释的流通股份数	92.7
换股比率	2.69
新发行的 Office Depot 股份总数	249.5
收购价格	940.6

既然我们有了截至分析日期末的股票收盘价，现在我们可以继续计算收购价格，如表 6-1 所示。我们可以将 OfficeMax 稀释的流通股份总数 92 749 输入单元格 C8。然而，我们注意到表 6-1 中的数据是以千为单位计的。尽管这是一个细节的问题，但是它与独立的 Office Depot 和 OfficeMax 模型有冲突，在 Office Depot 和 OfficeMax 的模型中数据是以百万为单位披露的。因此为了更好地准备模型以进行全面合并，我们最好也以百万为单位设置假设。这样分析数据将更加清晰且可以避免后续由改变单位带来的潜在差错。因此让我们输入"92.749"至单元格 C8 中。在下一个单位格（C9）中，我们可以输入换股比率 2.69，这个数值将驱动我们的收购价格计算。"新发行的 Office Depot 股份总数"将由 OfficeMax 稀释的流通股份数乘以换股比率计算得出。

计算新发行的 Office Depot 股份总数（单元格 C10）

Excel 按键	描述
输入 "="	进入"公式"模式
选择单元格 C8	OfficeMax 稀释的流通股份总数
输入 "*"	乘
选择单元格 C9	换股比率
按 \<Enter\> 键	结束
公式结果	= C8*C9

因此有 2.495 亿股份即将发行。这与表 6-1 中的数据一致。

单元格 C11 中的"总收购价格"是新发行的 Office Depot 股份总数乘以 Office Depot 的股价计算所得。

计算收购价格（新发行的 Office Depot 股份价值）（单元格 C11）

Excel 按键	描述
输入 "="	进入"公式"模式
选择单元格 C10	新发行的 Office Depot 股份总数
输入 "*"	乘
选择单元格 C6	Office Depot 的股价
按 \<Enter\> 键	结束
公式结果	= C10*C6

这样我们得到 940.6 百万美元的收购价格，这和我们在表 6-1 中得到的结果一致。在 Excel 中用公式设置这个表格十分重要，因为收购价格可能随着公司的股价变化而变化，而且考虑到在分析中 2.69 的换股比率可能增加或减少也很重要。现在模型中收购价格以公式的形式和假设进行了关联，换股比率和股价为驱动变量。现在我们可以调整这些变量，来看这些变量的变化将如何影响收购价格和整体分析（见表 6-3）。

资金使用

我们在第五章中讨论过并购资金的使用通常包含三个主要范畴：

（1）收购价格；

（2）净负债；

（3）交易费用。

收购价格

我们刚刚计算了收购价格，因此仅需要将这个值引入单元格 H6。你可以将光标移动至 H6，输入"="，然后选择单元格 C11 并按 <Enter> 键。如果操作正确，单元格 H6 将显示为"= C11"（见表 6-4）。

表 6-4　资金使用合计　　　　　　　　　　（单位：百万美元）

资金使用	
收购价格（对价 Office Depot 股份的股权价值）	940.6
净负债	0
交易费用	4.7
占收购价格	0.5%
合计	945.3

净负债

由于此案例中的目标公司是一个上市公司，收购公司将承接目标公司的净负债。我们需要考虑收购公司是要将净负债移交到新的公司还是要在兼并的时候还清净负债。如果我们决定在兼并的时候还清净负债，那么我们需要将其纳入"资金使用"区域，以说明使用筹集的额外资金支付还款的需求。现实中，往往仅偿还一部分债务，而另一部分债务将移交到新公司。出于建模的目的，由于在交易结束之前想要精准地判断哪种情况即将发生几乎是不可能的，因此我们通常做较保守的估计。常见的最保守的情况是假设收购公司将筹集额外资金来付清目标公司的净负债。然而在此案例中，给定收购价格的结构以及兼并将通过股权互换发生的事实，表 6-1 中列示的筹集资金仅仅用于收购目标公司的股份。因此，如果收购公司打算筹集额外的资金以偿还债务，那么它必须通过筹集债务资金或者使用现金来完成偿还。从技术上来讲，收购公司可能通过发行超过收购价格的额外股份来为债务融资，但在本案例中我们已从表 6-1 了解到公司计划筹集股份的确切数量和目的（仅仅用于支付收购价格）。如果要偿还债务，公司必须通过债务融资或现金来完成，而本案例的 S-4 文件中没有迹象表明公司打算筹集额外的债务。因此在本案例中让我们假设没有偿还净负债。如果还想了解其他的净负债偿还情形，您可以参见《杠杆收购：投资银行和私募股权实践指南》，该书介绍的案例情形将偿还大部分债务。

交易费用

正如在净负债部分所讨论的那样,如果有额外的交易费用,这些费用将通过现金或者筹集新债的方式支付。尽管几乎没有迹象暗示这个交易将产生多少费用,但是交易费用几乎总是用现金支付的。因此,我们至少应当做一些交易费用的假设。由于我们知道待筹集股份的确切数量和价值(同样见表 6-1),我们也知道这些股份仅用于收购目标公司的股份,且几乎没有迹象表明收购公司将通过债务融资支付收购价款,因而目前我们应假设:公司将利用手头的现金支付交易费用。尽管我们不知道需要支付的总费用,但对于一项如此大型的、数十亿美元量级的兼并交易,交易费用通常在购买总价的 0.1%~0.5%。我们需要注意这个百分比仅仅是一个非常宽泛的范围指引,实践中交易费用会因交易规模和性质而异。一项更小规模的交易可能产生高至交易总价 5% 或者更多的费用。由于收购价格接近 10 亿美元,所以让我们先做一个初步的假设;如果正确地完成建模,一旦我们能更好地估计交易费用,我们总是可以很容易地提高或降低这个百分比。

让我们将交易费用放入模型。正如前面所讨论,我们将假设新公司将承接目标公司的净负债,因此不需要筹集额外的资金来支付目标公司的净负债。我们输入"0"至单元格 H7 中。记住将输入的单元格字体标为蓝色(见表 6-4)。

现在我们将做一个粗略的交易费用假设,并且希望我们将来一旦掌握更多的信息后,还可以轻易地调增或调减假设。在 0.1%~0.5% 的范围中,数值较低的一端更适用于数十亿美元量级的交易。由于交易的收购价格接近 10 亿美元,让我们假设交易费用为数值范围较高的一端,即 0.5%。因此我们可以输入 0.5% 至单元格 H9 中。如果你的单元格还未设置为百分比的格式,而你输入 0.5%,那么 Excel 将把这个百分数转换为小数 0.005,而它有可能因四舍五入到小数点后一位而显示为 0.0。您可以在选中单元格 H9 的时候按下 <Ctrl+1> 组合键,打开"单元格格式"对话框,设置单元格格式,使数字显示为百分比的形式。此处您可以选择"百分比"的格式选项。另外,由于这个数值是手动输入的,请确保其字体设置为蓝色。现在我们可以在单元格 H8 中计算交易费用了,即收购价格的 0.5%。

计算交易费用（单元格 H8）

Excel 按键	描述
输入"="	进入"公式"模式
选择单元格 H9	交易费用占收购价格的百分比
输入"*"	乘
选择单元格 H6	收购价格
按 <Enter> 键	结束
公式结果	= H9*H6

现在我们可以汇总"资金使用"至单元格 H10，注意此处不要将具体的百分数放入公式中。我们可以通过在公式中使用"＋"连接每个单元格或者直接使用"SUM"函数的方式加总各个单元格。

计算并购资金使用总额（单元格 H10）

Excel 按键	描述
输入"="	进入"公式"模式
输入"SUM（"	开始使用"SUM"公式
选择单元格 H6	选择序列中的第一个单元格
输入"："	说明我们想包含序列中从第一个单元格到最后一个单元格在内的所有单元格
选择单元格 H8	选择序列中的最后一个单元格
输入"）"	结束"SUM"公式
按 <Enter> 键	结束
公式结果	= SUM（H6：H8）

因此，在假设没有债务偿还且即将发生 470 万美元交易费用的情况下，资金使用总额为 945.3 百万美元（见表 6-3）。如果我们决定改变某些变量或者如果我们获得了与交易资金使用相关的更多信息，我们可以轻易地调整计算结果。接下来我们将讨论怎样筹集这些资金，即并购资金的来源。

并购资金的来源

既然我们已经估计了需要筹集的资金数额，那么现在我们需要确定资金如何筹集，即并购资金的来源是什么。在通常情况下资金来源于三个渠道：债务、股权和现金。换句话来说，收购公司是否会筹集额外的债务为交易融资？是否会增发股票？是否会利用已有现金？我们已经知道收购资金将通过增发 Office Depot 股票筹集，这是由交易结构决定的。表 6-1 清楚地说明 Office Depot 将增发股份以筹集 9.405 亿美元的收购资金。

但是用于支付净负债和交易费用的资金如何筹集？此时还不能确定，因为正如前面部分所示，净负债和交易费用在开始的时候是不确定的，因此我们需要自己做出粗略的假设。尽管我们目前假设需要偿还的净负债为"0"，我们仍然需要建立一个足够灵活的模型，一旦我们决定修改假设，这个模型有能力处理可能出现的偿还目标公司净负债的情形。理解我们现有的选择并且尽可能地将选择缩小至最常见的资金来源也很重要。因此，净负债（如果有任何偿还的话）可以用手头现金或者发行新债的方式偿还。截至 2012 年年末，收购公司 Office Depot 账面有 6.708 亿美元的现金，我们需要考虑是否足够偿还债务。另外，考虑需要偿还多少净负债也很重要。如果净负债大于 6.708 亿美元现金，那么很明显 Office Depot 需要筹集额外的债务来为偿还现有的净负债融资。我们也需要考虑到这样的事实，即 Office Depot 可能不愿意用掉全部现金，它需要为其他业务需求或者日常运营保留一些现金缓冲。因此，为了更好地理解建模的勾稽关系，我们假设目标公司所有需要再融资的净负债将通过发行新债的方式筹资。

现在，由于我们已经将模型中交易费用设置为 470 万美元，Office Depot 明显能够以手头现金支付这笔费用。不过公司也有可能通过发债来筹资。让我们在此假设使用手头现金来支付。

因此概括起来说，股权将用于筹集收购价款，我们还假设发行债务用于偿还潜在的净负债，手头现金将用于支付交易费用。这将覆盖所有可能的资金使用用途。必须要注意的是，并购资金的来源总额必须等于并购资金的使用总额。

现在我们可以在工作表"假设"构建模型的"资金来源"区域，这个区域从单元格 D5 开始。单元格 E7，为筹集收购款所发行的股份数量，可以引用单元格 H6 得到。单元格 E7 公式设置为"= H6"。基于需要偿还的净负债将通过发行新债来筹资的假设，单元格 E8，即筹集的债务数量，可以引用单元格 H7 得到。单元格 E8 公式设置为"= H7"。基于手头现金将用于支付交易费用的假设，单元格 E9 公式设置为"= H8"（见表 6-5）。

表 6-5 并购资金的来源总额　　　　　　　　　　　（单位：百万美元）

来　源	数　量
股权	940.6
债务	0
库存现金	4.7
总计	945.3

我们现在加总这些并购资金的来源。

计算并购资金的来源总额（单元格 E10）

Excel 按键	描述
输入"＝"	进入"公式"模式
输入"SUM（"	开始使用"SUM"公式
选择单元格 E7	选择序列中的第一个单元格
输入"："	说明我们想包含序列中从第一个单元格到最后一个单元格在内的所有单元格
选择单元格 E9	选择序列中的最后一个单元格
输入"）"	结束"SUM"公式
按 <Enter> 键	结束
公式结果	＝SUM（E7：E9）

（见表 6-5）注意资金的来源，根据交易结构的不同，可以有不同的构成方式。由于本案例是一个换股并购交易，很显然发行股票是用于筹集收购价款。欲了解其他的资金来源构成方式，请参见《杠杆收购：投资银行和私募股权实践指南》一书。

占总资本的百分比

计算每种资金来源的占比很重要。它能帮助我们更好地理解债务、股权和现金分别对并购资金的来源总额贡献了多少。为了计算每一种资金来源占总资本的百分比，我们用每种资金来源除以资金来源总额。因此，举例来说，为了计算股权占总资本的比例，我们用股权数量除以资金来源总额。

计算股权占总资本的百分比（单元格 F7）

Excel 按键	描述
输入"＝"	进入"公式"模式
选择单元格 E7	股权
输入"/"	除以
选择单元格 E10	总资本
按 <F4> 键	添加"$"绝对引用
按 <Enter> 键	结束
公式结果	＝E7/$E$10

表 6-6　并购资金的来源总额和资金来源占总资本的百分比　　（单位：百万美元）

来　源	数　量	占总资本的百分比
股权	940.6	99.5%
债务	0	0%
库存现金	4.7	0.5%
总计	945.3	100%

通过发行股票为收购价格筹资是并购资金中最重要的一部分，所以其占总资本99.5%的比例符合情理。需要注意这些数值很可能随着交易的完成而出现变化，因此我们要确保正确建立了模型中的所有公式，以应对需要调整的情形。此外，要注意我们在引用单元格E10的地方增加了美元符号（"$"）。这锚定了我们对单元格的引用，因此，如果我们向下复制单元格F7中的公式到单元格F10，对分子的引用将改变，但是分母将总是引用资金来源总额（见表6-6和接下来的部分"复制单元格"和"锚定公式引用"）。

复制单元格有三种复制公式的方法：

（1）选择并向下拖拽F7中的公式到F10。您可以将鼠标移到单元格F7的右下角处，点击鼠标左键并保持不放松，将公式拖至单元格F10。

（2）高亮显示单元格F7中的股权占总资本比例公式。从菜单栏中选择"复制"（或者按<Ctrl + C>组合键）。然后选中F7到F10使其高亮显示，并从菜单栏中选择"粘贴"（或者按<Ctrl + V>组合键）。

您可以用以下两种方法中的任一种高亮显示多个单元格：

1）用鼠标：选择单元格F7，确保选中单元格中心而非右下角，然后在按住鼠标左键不放的同时向下移动鼠标。

2）用键盘：选择单元格F7，然后在按住<Shift>键的同时按下向下箭头指示键，直到想要的单元格被选中为止。

（3）首选方法：

1）高亮显示从F7到F10的每个单元格。

2）按<Ctrl + D>组合键，它代表向下复制。

> **建模小贴士**
>
> 还有一个快捷键 <Ctrl + R> 代表向右复制。遗憾的是，没有向左或者向上复制的快捷键。我强烈建议您尽可能经常使用快捷键（例如 <Ctrl + R> 和 <Ctrl + D>）。您使用键盘（比鼠标）越顺手，作为建模者将越有效率。附录 3 列示了一些常用的 Excel 快捷键。

锚定公式引用

当我们向右复制一个带有公式（诸如"= B1"）的单元格时，单元格将在第二列变为"C1"，在第三列变为"D1"，以此类推（见表 6-7）。

然而，如果我们在"B"前面加一个美元符号（即"= $B1"），向右复制公式时将保持"B"列引用不变（见表 6-8）。因此公式将在第二列和第三列显示为"= $B1"。但是我们仅仅锚定了列引用而没有锚定行引用。因此，如果我们向下复制公式，行引用仍会改变，公式将在第二行显示为"= $B2"。

表 6-7 未被锚定位置的公式

	A	B	C	D
1	数值	10	20	30
2		40	50	60
3	公式	=B1	=C1	=D1
4		=B2	=C2	=D2
5	结果	10	20	30
6		40	50	60
7				

表 6-8 列被锚定的公式

	A	B	C	D
1	数值	10	20	30
2		40	50	60
3	公式	=$B1	=$B1	=$B1
4		=$B2	=$B2	=$B2
5	结果	10	10	10
6		40	40	40
7				

我们可以在行引用前面加一个"$"，以防止这种情况发生。如果我们将公式改为"= $B$1"，那么在我们向右和向下复制公式时它将总是显示"= $B$1"（见表 6-9）。

表 6-9　列和行均被固定的公式

	A	B	C	D
1	数值	10	20	30
2		40	50	60
3	公式	=$B$1	=$B$1	=$B$1
4		=$B$1	=$B$1	=$B$1
5	结果	10	10	10
6		10	10	10
7				
8				

现在我们已拥有充足的信息，可以开始合并财务报表了。我们将把商誉假设留到第九章（资产负债表）讨论。让我们进入下一章，开始合并利润表。

第七章

利 润 表

既然我们已经初步完成假设的设置，那么现在我们可以继续进行兼并整合分析了。兼并的基本概念同我们在增厚／稀释分析中讨论过的概念相似：我们将简单加总两家公司的每个科目，从销售收入开始到净利润为止，并且不包含与目标方所有者权益和净负债相关的科目。然后我们进行四个方面的交易调整，即兼并后的成本节约、新分配的无形资产摊销、新的利息费用和新发行的股份。在完整兼并模型中合并两张利润表时，这些概念是基本相同的。然而由于完整模型要求分析更为细致，所以部分过程可能有所不同。例如，在完整模型中我们有能力用一张单独的折旧计划表预测资产折旧。因此，相较于增厚／稀释分析中仅仅将 A 公司和 B 公司的折旧和摊销简单相加，在完整兼并模型中，我们通常会在折旧和摊销计划表中重构折旧和摊销。另一个主要的不同之处是净利息费用。在增厚／稀释分析中，我们仅用收购公司的净利息估计净利息费用（我们假设目标公司的债务已经偿还完毕，从而剔除了目标公司净利息的影响）。然后我们估计如果通过发债筹集交易资金，发债将产生的新的利息费用。而在完整模型中，我们有一张偿债计划表，这张表将涵盖所有债务及相应的利息调整。因此，相比在增厚／稀释分析中通过"快捷的"计算来预估净利息费用，在完整兼并模型中我们通常会创建一张新的债务明细表，并将预测利息费用从债务明细表引用至利润表中。

因此，通常来讲，合并两张利润表的概念在完整模型分析中与在增厚／稀释分析中相类似；但是分析过程有细微差别。总结起来一般的分析过程为：为了在完整模型中创建预测利润表，我们将 A 公司和 B 公司的科目一行一行地相加，从销售收入开始一直加到净利润为止，除了一些例外。在标准的完整财务模型中，我们通常在构建折旧计划表前把折旧项保留为空；在构建偿债计划表前把净利息费用项保留为空。我们也会在利润表中增加几行来反映兼并后的成本节约和新分配的无形资产摊销。最后我们会对新发行的股份做一个调整。

完整兼并模型的另一个主要差异是利润表将包含更多需要逐一分析的科目细节，例如非经常性事项和其他收益。当我们在 OfficeMax 和 Office Depot 的兼并案例中遇到这些情况的时候，将会讨论应该如何处理。表 7-1 展示了增厚／稀释分析和完整兼并模型的利润表之间的主要差异。要注意差异主要出现在折旧部分和净利息费用部分。当然这仅仅是个概括的说法，它忽略了诸如非经常性事项和其他项目等一些细节问题，但是很好地阐明了主要的差异所在。

表 7-1　增厚 / 稀释分析和完整兼并模型之间的差异

利润表	增厚 / 稀释分析	完整兼并模型的利润表
销售收入	A 公司 + B 公司	A 公司 + B 公司
销售成本	A 公司 + B 公司	A 公司 + B 公司
营业费用	A 公司 + B 公司	A 公司 + B 公司
调整：兼并后的成本节约	基于兼并后的成本节约进行调整	基于兼并后的成本节约进行调整
EBITDA	销售收入 – 销售成本 – 营业费用	销售收入 – 销售成本 – 营业费用
折旧和摊销	A 公司 + B 公司	将来自折旧计划表
调整：新产生的摊销	基于无形资产分配进行调整	基于无形资产分配进行调整
息税前利润（EBIT）	EBITDA – 折旧和摊销	EBITDA – 折旧和摊销
利息	仅仅 A 公司（假设我们在并购时还清了 B 公司的债务）	将来自债务计划表
调整：新产生的利息费用	如果通过发债为交易筹资，则进行调整	将来自偿债计划表
税前利润（EBT）	EBIT – 利息	EBIT – 利息
所得税费	EBT × 税率	EBT × 税率
净利润	EBT – 税费	EBT – 税费
流通股数量	仅仅 A 公司（B 公司股份已被收购）	仅仅 A 公司（B 公司股份已被收购）
调整：新发行的股份	如果通过发行股份为交易筹资，则进行调整	如果通过发行股份为交易筹资，则进行调整
流通股总数	流通股 + 新发行的股份	流通股 + 新发行的股份
每股收益（EPS）	净利润 / 流通股总数	净利润 / 流通股总数

预测利润表

现在我们可以将这些概念付诸实践，开始逐行地构建合并利润表。注意，我们已经对 Office Depot 和 OfficeMax 建立了完整的财务模型。若要详细了解建立独立财务模型的相关内容，请阅读《财务建模与估值：投资银行和私募股权实践指南》一书。"合并报表"标签页是我们即将进行合并建模的地方。注意，在整个兼并模型中，独立公司的财务报表（利润表、现金流量表、资产负债表等）是从上到下堆叠在一张工作表里的。我的另一本书在构建独立财务模型时，是把每张报表分别归入单独的标签页中的。在这个案例中，由于我们要处理超过一家公司的财务数据，因此建议您将财务报表堆叠在一张工作表里，以免存在太多的标签页致使模型难以导航索览。利用两种方式得出的结果是相同的。

现在我们可以着手对 OfficeMax 和 Office Depot 的财务报表进行相加了。就利润表来说，我们仅关注预测年份的合并数据。分析历年的合并数据也是可以实现的，但是对于此处的分析，我们仅关注未来的业绩表现。

销售收入

正如我们在增厚／稀释分析中所做的那样，我们将从单元格 G6 开始加总 Office Depot 和 OfficeMax 的销售收入。

计算预测销售收入（单元格 G6）

Excel 按键	描述
输入"＝"	进入"公式"模式
选择"Office Depot Financials"标签	允许从 Office Depot 的报表引用数据
选择单元格 G6	2013 年 Office Depot 的销售收入
输入"＋"	加
选择"OfficeMax Financials"标签	允许从 OfficeMax 的报表引用数据
选择单元格 G6	2013 年 OfficeMax 的销售收入
按 <Enter> 键	结束
公式结果	＝'Office Depot Financials'！G6 ＋ 'OfficeMax Financials'！G6

计算得出 2013 年预测的销售收入为 17 521.7 美元。我们可以将此公式向右复制（见第六章"复制单元格"部分和表 7-2）。

现在让我们计算销售收入增长率。2014 年销售收入增长率的公式如下：

2014 年销售收入 /2013 年销售收入 － 1

表 7-2 Office Depot/OfficeMax 销售收入预测

合并利润表 （单位：百万美元，除每股价格外） 截至 12 月末	2013 年	预测值			
		2014 年	2015 年	2016 年	2017 年
销售收入	17 521.7	17 751.1	18 019.5	18 292.7	18 551.6
销售收入年增长率		*1.3%*	*1.5%*	*1.5%*	*1.4%*
销售成本（COGS）					
COGS 占销售收入的百分比					
毛利润					
毛利率					

我们可以在单元格 H7 中输入如下内容，以计算 2014 年的销售收入增长率：

计算 2014 年销售收入增长率（单元格 H7）

Excel 按键	描述
输入"＝"	进入"公式"模式
选择单元格 H6	2014 年销售收入
输入"/"	除以
选择单元格 G6	2013 年销售收入
输入"－1"	减 1
按 <Enter> 键	结束
公式结果	＝ H6/G6－1

这显示销售收入将比上一年微增 1.3%～1.5%。虽然增长主要由单个 Office Depot 公司和 OfficeMax 公司的业绩预测所驱动，但是把合并后的财务指标作为整体看待非常重要。它可以帮助我们对更保守或更激进的情形进行敏感性分析。

销售成本

接下来让我们看一下成本。同销售收入部分一样，我们加总 Office Depot 和 OfficeMax 的销售成本。

计算预测销售成本（单元格 G8）

Excel 按键	描述
输入"＝"	进入"公式"模式
选择"Office Depot Financials"标签	允许从 Office Depot 的报表引用数据
选择单元格 G8	2013 年 Office Depot 的销售成本
输入"＋"	加
选择"OfficeMax Financials"标签	允许从 OfficeMax 的报表引用数据
选择单元格 G8	2013 年 OfficeMax 的销售成本
按 <Enter> 键	结束
公式结果	＝'Office Depot Financials'！G8＋'OfficeMax Financials'！G8

表 7-3 Office Depot/OfficeMax 销售成本预测

合并利润表 (单位：百万美元，除每股价格外)		预测值			
截至 12 月末	2013 年	2014 年	2015 年	2016 年	2017 年
销售收入	17 521.7	17 751.1	18 019.5	18 292.7	18 551.6
销售收入年增长率		*1.3%*	*1.5%*	*1.5%*	*1.4%*
销售成本（COGS）	12 067.5	12 114.5	12 191.2	12 295	12 386.4
COGS 占销售收入的百分比	*68.9%*	*68.2%*	*67.7%*	*67.2%*	*66.8%*
毛利润					
毛利率					

计算得出 2013 年的销售成本为 120.675 亿美元。我们可以将单元格 G8 向右复制到 2017 年（见表 7-3）。

注意到第 9 行有一个财务指标：销售成本占销售收入的百分比。这是用来分析未来业绩的常用指标。我们在此计算这个指标以用于后面的分析。因此 2013 年销售成本占销售收入的百分比计算如下：

计算销售成本占销售收入的百分比（单元格 G9）

Excel 按键	描述
输入"="	进入"公式"模式
选择单元格 G8	2013 年销售成本
输入"/"	除以
选择单元格 G6	2013 年销售收入
按 <Enter> 键	结束
公式结果	"= G8/G6"

计算得出 2013 年的比率为 68.9%。同样，这是单个 Office Depot 公司和 OfficeMax 公司业绩合并的结果。现在我们可以将这个公式向右复制到 2017 年（见表 7-3）。

毛利润

毛利润是销售收入减去销售成本。

计算 2013 年毛利润（单元格 G10）

Excel 按键	描述
输入"="	进入"公式"模式
选择单元格 G6	2013 年销售收入
输入"-"	减
选择单元格 G8	2013 年销售成本
按 <Enter> 键	结束
公式结果	"= G6 - G8"

正如我们在第二章中介绍的那样，接着我们可以计算毛利率。

计算 2013 年的毛利率（单元格 G11）

Excel 按键	描述
输入"="	进入"公式"模式
选择单元格 G10	2013 年毛利润
输入"/"	除以
选择单元格 G6	2013 年销售收入
按 <Enter> 键	结束
公式结果	"= G10/G6"

我们可以将单元格 G10 和 G11 的公式向右复制到 2017 年，然后移至营业费用部分（见表 7-4）。

表 7-4　Office Depot/OfficeMax 毛利润

合并利润表					
（单位：百万美元，除每股价格外）			预测值		
截至 12 月末	2013 年	2014 年	2015 年	2016 年	2017 年
销售收入	17 521.7	17 751.1	18 019.5	18 292.7	18 551.6
销售收入年增长率		*1.3%*	*1.5%*	*1.5%*	*1.4%*
销售成本	12 067.5	12 114.5	12 191.2	12 295	12 386.4
COGS 占销售收入的百分比	*68.9%*	*68.2%*	*67.7%*	*67.2%*	*66.8%*
毛利润	5 454.2	5 636.6	5 828.3	5 997.7	6 165.2
毛利率	*31.1%*	*31.8%*	*32.3%*	*32.8%*	*33.2%*

营业费用

针对利润表中的每一类成本，我们可以重复同样的程序。

计算商店和仓库营运和销售费用（单元格 G13）

Excel 按键	描述
输入"＝"	进入"公式"模式
选择"Office Depot Financials"标签	允许从 Office Depot 的报表引用数据
选择单元格 G13	2013 年 Office Depot 的营运和销售费用
输入"＋"	加
选择"OfficeMax Financials"标签	允许从 OfficeMax 的报表引用数据
选择单元格 G13	2013 年 OfficeMax 的营运和销售费用
按 \<Enter\> 键	结束
公式结果	"＝'Office Depot Financials'！G13＋'OfficeMax Financials'！G13"

我们也可以在第 14 行计算这个项目占销售收入的百分比。

营运和销售费用占销售收入的百分比（单元格 G14）

Excel 按键	描述
输入"＝"	进入"公式"模式
选择单元格 G13	2013 年营运和销售费用
输入"/"	除以
选择单元格 G6	2013 年销售收入
按 \<Enter\> 键	结束
公式结果	"＝G13/G6"

计算得出 2013 年的比例为 23.7%。现在我们可以将单元格 G13 和 G14 的公式向

右复制到 2017 年（见表 7-5）。

表 7-5　Office Depot/OfficeMax 费用预测

合并利润表 （单位：百万美元，除每股价格外）	预测值				
截至 12 月末	2013 年	2014 年	2015 年	2016 年	2017 年
营业费用					
商店和仓库营运和销售费用	4 158.4	4 212.9	4 276.6	4 341.5	4 403
占销售收入的百分比	*23.7%*	*23.7%*	*23.7%*	*23.7%*	*23.7%*
管理及行政费用	762.2	768.1	777.1	786.3	795.3
占销售收入的百分比	*4.3%*	*4.3%*	*4.3%*	*4.3%*	*4.3%*
兼并后成本节约					
占总营业费用的百分比					
总营业费用					
占销售收入的百分比					

我们对管理和行政费用也采取同样的操作。尽管步骤是重复的，但是为了确保描述清晰，我将在此列示输入过程。

计算预测管理和行政费用（单元格 G15）

Excel 按键	描述
输入"＝"	进入"公式"模式
选择"Office Depot Financials"标签	允许从 Office Depot 的报表引用数据
选择单元格 G15	2013 年 Office Depot 的管理和行政费用
输入"＋"	加
选择"OfficeMax Financials"标签	允许从 OfficeMax 的报表引用数据
选择单元格 G15	2013 年 OfficeMax 的管理和行政费用
按 <Enter> 键	结束
公式结果	"＝'Office Depot Financials'！G15＋'OfficeMax Financials'！G15"

我们也可以在第 16 行计算这个行项目占销售收入的百分比。

计算管理和行政费用占销售收入的百分比（单元格 G16）

Excel 按键	描述
输入"＝"	进入"公式"模式
选择单元格 G13	2013 年管理和行政费用
输入"/"	除以
选择单元格 G6	2013 年销售收入
按 <Enter> 键	结束
公式结果	"＝G15/G6"

计算得到 2013 年的比例为 4.3%。现在我们可以将 G15 和 G16 的公式向右复制到 2017 年（见表 7-5）。

兼并后成本节约

兼并后成本节约，也称为成本协同效益，是兼并交易后由公司运营改进带来的成本缩减。成本节约情况难以预测，更难以实现。对于小型企业，我们可以一个科目接着一个科目地仔细审查成本节约情况。例如，兼并后雇员可能减少，营业费用从而降低。对于大型企业，兼并后成本节约会遍及业务运营的多种不同的领域，因此假设其为营业费用的一定比例，或者更直接地，为销售、管理及行政费用（雇员减少等核心费用）的一定比例（例如，0.5%～3%），或许是一种有效的方法。这个假设不仅依赖于你认为兼并将产生多少成本节约，也依赖于你认为兼并能够最终实现多少成本节约，这也使得做出合理假设的难度加大。

当您在 S-4 文件中搜索"协同"字样时，会定位到第二页的一段注释，如下所示：

根据 Office Depot 和 OfficeMax 的管理层在并购协议执行前所做的估计，预计自交易完成后的第三年起，兼并将带来每年 4~6 亿美元的成本协同收益。

因此，他们预计到第三年，兼并将每年实现 4~6 亿美元的成本协同收益。现在，人们经常注意到管理层预测的成本协同效益可能从来不会实现，因此我们可以选择彻底保守而假设成本节约为 0 美元，或者我们可以选择跟随管理层的假设并在后续调整假设以分析实现上述协同效益会对分析产生何种影响。既然管理层预期为 4~6 亿美元，现在让我们取其中位数 5 亿美元。同时注意到他们提及成本协同效益将在第三年实现，这意味着一直到 2015 年，5 亿美元的成本协同效益均不会完全实现。显然我们不能确切地知道在 2015 年以前，每年将有多少成本协同效益实现，但是我们可以假设 1/3 的目标将在第一年实现，2/3 可以在第二年实现。因此为了设置成本协同假设，让我们首先将 2015 年的成本节约预测值输入模型，然后构建一个由输入值所驱动的公式，以表示对 2015 年以前估计的调整。通过这种方式，如果我们想调减或调增成本协同假设，我们可以简单地调整 2015 年的假设，先前年份的假设将据此自动进行调整。因此，让我输入"－500"至单元格 I17 中。注意，我们输入的是负值，这代表成本的减少。然后我们可以用这个值估计 2013 年、2014 年、2016 年和 2017 年的成本节约。

计算 2013 年成本协同效益（单元格 G17）

Excel 按键	描述
输入"="	进入"公式"模式
选择单元格 I17	2015 年成本协同效益
输入"1/3"	2015 年成本协同效益乘以 1/3
按 <Enter> 键	结束
公式结果	"= I17*1/3"

计算得到 2013 年的成本节约为 5 亿美元的 1/3，⊖ 即 1.667 亿美元。

计算 2014 年成本协同效益（单元格 H17）

Excel 按键	描述
输入"="	进入"公式"模式
选择单元格 I17	2015 年成本协同效益
输入"2/3"	2015 年成本协同效益乘以 2/3
按 <Enter> 键	结束
公式结果	"= I17*2/3"

计算得到 2014 年的成本节约为 5 亿美元的 2/3，即 3.333 亿美元。

对于 2016 年的成本协同效益，我们可以假设 5 亿美元将保持不变。因此，我们可以简单地将单元格 J17 连接到 I17（= I17）。然后我们可以将单元格 J17 中的公式向右复制到 2017 年（见表 7-6）。

表 7-6 Office Depot/OfficeMax 费用预测

合并利润表 （单位：百万美元，除每股价格外） 截至 12 月末	预测值				
	2013 年	2014 年	2015 年	2016 年	2017 年
营业费用					
商店和仓库营运和销售费用	4 158.4	4 212.9	4 276.6	4 341.5	4 403
占销售收入的百分比（%）	23.7%	23.7%	23.7%	23.7%	23.7%
管理和行政费用	762.2	768.1	777.1	786.3	795.3
占销售收入的百分比（%）	4.3%	4.3%	4.3%	4.3%	4.3%
兼并后成本节约	(166.7)	(333.3)	(500)	(500)	(500)
占总营业费用的百分比（%）	3.39%	6.69%	9.89%	9.75%	9.62%
总营业费用	4 753.9	4 647.6	4 553.7	4 627.8	4 698.3
占销售收入的百分比（%）	27.1%	26.2%	25.3%	25.3%	25.3%

⊖ 注意此处在单元格中输入常数 1/3，并非建模的最佳习惯，通常任何假设都应设置在单独的单元格中并用蓝色字体标识，而不能在单元格公式中直接手动输入。一般来说，手动输入的常数仅为 0、1、360、365 等表示逻辑判断或经常使用的年天数等，此处仅作为初步建模者易于操作模型。——译者注

为了说明问题我们可以将成本协同效益视为营业费用的一定百分比，如第18行所示。

计算成本协同效益占总营业费用的百分比（单元格G18）

Excel 按键	描述
输入"="	进入"公式"模式
输入"–"	取负数
选择单元格 G17	2013年成本协同效益
输入"/"	除以
输入"("	开始求和
选择单元格 G13	选择商店和仓库费用
输入"+"	加
选择单元格 G15	选择管理和行政费用
输入")"	结束求和
按 <Enter> 键	结束
公式结果	"= – G17 /（G13 + G15）"

计算得到2013年的比例为3.39%。然后将单元格G18向右复制到2017年（见表7-6）。

注意到在这个完整兼并模型中，我们在总营业费用区域内列示了成本协同效益。在增厚／稀释分析中，由于我们仅有一个费用类科目，所以我们单独列示成本节约，且将其加入EBITDA。换句话说，成本节约使费用减少，从而使EBITDA增加。此处我们将成本协同效益计为负值，因此，将其加入总营业费用，将使总营业费用减少成本节约的数额。

现在让我们加总营业费用，注意要包含成本节约效益。同时注意不要包含整个计算中的百分比数值——这是一个常见的偶发错误。

计算总营业费用（单元格G19）

Excel 按键	描述
输入"="	进入"公式"模式
选择单元格 G13	选择商店和仓库费用
输入"+"	加
选择单元格 G15	选择管理和行政费用
输入"+"	加
选择单元格 G17	选择成本协同效益
按 <Enter> 键	结束
公式结果	"= G13 + G15 + G17"

现在我们可以计算总营业费用占销售收入的百分比。

计算总营业费用占销售收入的百分比（单元格 G20）

Excel 按键	描述
输入"＝"	进入"公式"模式
选择单元格 G19	2013 年总营业费用
输入"/"	除以
选择单元格 G6	2013 年销售收入
按 <Enter> 键	结束
公式结果	"＝G19/G6"

现在我们可以将单元格 G19 和 G20 向右复制到 2017 年（见表 7-6）。

其他收益

"其他"类科目处理起来会有点棘手。这类科目往往界定不清、描述含糊，这为精准预测这些科目带来一些困难。在《财务建模与估值：投资银行和私募股权实践指南》一书中，我们推荐了七种方法来预测此类"其他"科目，以求不断优化估值结果。这些方法在某种程度上可以应用于此处，但是兼并交易给这个案例增添了另外一层的复杂性。在兼并或收购模型中，有三种可能的方式可用于处理此类项目的合并：

（1）完全合并（收购方+目标方）：我们把收购方和目标方的科目相加。如本章所示，这是我们处理大部分利润表科目（除了涉及目标公司债务或股权的项目）的方法。在收购或者兼并交易中，收购方最可能对目标方的核心经营性资产感兴趣。因为利润表的大部分科目与公司的经营活动相关，所以我们把目标方涉及经营活动的这些科目与收购方的相应科目相加——例如销售收入和营业费用。因此，如果可以确认"其他"科目也涉及目标方的经营活动，那么我们希望将这些科目放入合并财务报表中。

（2）目标方的科目消除（仅保留收购方）：也存在这样一种情形，即目标方的科目将在并购之后消除，因而不会并入收购方的财务报表。我们在增厚/稀释分析中提到过，由于假设目标方的债务将还清，所以合并财务报表中不会包含目标方的利息费用。诸如此类项目，特别是那些非经常性或者非常规的项目，往往属于这种"一次性"科目的情况。我们可以假设，由于不涉及目标方的核心经营活动，这类科目将在并购之后消除。

(3) 新的预测：还存在这样一种情形，即对此类科目的预测独立于收购方和目标方科目的合并值。这可以发生在大型的兼并中，例如，合并的两家公司创建了一个新的公司，从而其财务报表需要基于新管理层的指引进行预测。

除了这些方法，我们也要考虑并购交易将如何向前推进，对正确的合并方法做出最佳选择。如果收购方的兴趣仅仅落在目标方的经营性资产，那么收购方很可能只合并上述资产相关的科目。而目标方的其他非经常性、非常规或者与核心性经营资产无关的科目将不被合并。

另一方面，让我们举个多元化公司的例子，这家公司将收购一家业务与其现有业务完全不同的公司。在这个例子中，收购方将很有可能保持目标方业务运营的规模，并且可能合并其绝大部分，甚至包含非经常项目（假设其可预测）在内的科目。在这种情况下，我们将把目标方的大部分相关科目并入收购方中。

在第三个例子中，两家行业相仿、规模相同的公司即将合并。那么有可能这两个公司合并后将创建一个完全不同的公司，使得即使合并两家公司的科目也不能准确预测新公司的合并业绩。在这种情况下，我们可以像在独立模型中所做的那样，基于管理层预测或者其他信息源预测一些关键的科目。总的来说，要对各种科目合并的处理方式做出最佳预测，重要的是应适当地退一步思考并购的类型并且明确交易将如何向前推进。

因此，我们需要确定"其他收益"项是否应计为收购方和目标方的相关科目之和，或者仅包括收购方相关科目，或是作为一个新科目进行预测。应该如何确定并不总是能够轻松决定的。在本书讨论的案例中，我们即将合并两家规模可比的大型公司。这可能暗示着我们需要像在独立模型中所做的那样重新预测新的合并公司。然而，由于现阶段很少有管理层预测和指引，我将避免使用这种方法。只要获得更多的信息，我们就可以更新假设条件并不断完善模型。因此，下一个问题是我们是否应当加总收购方和目标方的科目，或者假设目标方的科目将消除而仅仅保留收购方的信息。尽管一些模糊不清的地方让决策变得困难，但此处也有能够帮助我们的重要线索：Office Depot 和 OfficeMax 财务报表中的"其他收益"项均位于 EBITDA 科目上方。由于 EBITDA 用于衡量来自公司核心经营活动的收益，因而我们可以推断所有构成 EBITDA 的科目均与公司的核心经营活动相关——包括"其他收益"项。如果您需要更多关于 EBITDA 含义的指南，我推荐您阅读《财务建模与估值：投银行和私募股权实践指南》一书。由于这个交易和大部分并购一样，收购方的兴趣在于目标方的核心经营活动，因此我们将把目标方的"其他收益"科目同收购方相应的科目合并。我们将应用同样的思考过程来处理我们在案例中遇到的每个"其他"或"非经常"科目。

计算备考其他收入（单元格 G22）

Excel 按键	描述
输入"="	进入"公式"模式
选择"Office Depot Financial"标签	允许从 Office Depot 的报表引用数据
选择单元格 G20	2013 年 Office Depot 的其他收入
输入"+"	加
选择"OfficeMax Financial"标签	允许从 OfficeMax 的报表引用数据
选择单元格 G20	2013 年 OfficeMax 的其他收入
按 <Enter> 键	结束
公式结果	"='Office Depot Financial'!G20+'OfficeMax Financial'!G20"

现在我们可以计算 EBITDA，即毛利润减去总营业费用和其他收益。

计算预测 EBITDA（单元格 G23）

Excel 按键	描述
输入"="	进入"公式"模式
选择单元格 G10	2013 年毛利润
输入"–"	减
选择单元格 G19	2013 年总营业费用
输入"–"	减
选择单元格 G22	2013 年其他收益
按 <Enter> 键	结束
公式结果	"=G10–G19–G22"

然后我们可以计算 EBITDA 率。

计算预测 EBITDA 利润率（单元格 G24）

Excel 按键	描述
输入"="	进入"公式"模式
选择单元格 G23	2013 年 EBITDA
输入"/"	除以
选择单元格 G6	2013 年销售收入
按 <Enter> 键	结束
公式结果	"=G23/G6"

表 7-7　Office Depot/OfficeMax EBITDA 预测

合并利润表 （单位：百万美元，除每股价格外） 截至 12 月末	预测值				
	2013 年	2014 年	2015 年	2016 年	2017 年
营业费用					
商店和仓库营运和销售费用	4 158.4	4 212.9	4 276.6	4 341.5	4 403
占销售收入的百分比（%）	*23.7%*	*23.7%*	*23.7%*	*23.7%*	*23.7%*
管理和行政费用	762.2	768.1	777.1	786.3	795.3
占销售收入的百分比（%）	*4.3%*	*4.3%*	*4.3%*	*4.3%*	*4.3%*
兼并后成本节约	（166.7）	（333.3）	（500）	（500）	（500）
占总营业费用的百分比（%）	*3.39%*	*6.69%*	*9.89%*	*9.75%*	*9.62%*
总营业费用	4 753.9	4 647.6	4 553.7	4 627.8	4 698.3
占销售收入的百分比（%）	*27.1%*	*26.2%*	*25.3%*	*25.3%*	*25.3%*
其他收益					
净综合收益	（34.7）	（34.7）	（34.7）	（34.7）	（34.7）
EBITDA	735	1 023.7	1 309.3	1 404.6	1 501.7
EBITDA 率（%）	*4.2%*	*5.8%*	*7.3%*	*7.7%*	*8.1%*

我们可以将单元格 G23 和 G24 的公式向右复制到 2017 年（见表 7-7）。

折旧和摊销

在建立完整的财务模型时，我们建议您先把预测的折旧和摊销留为空白项。后面我们会建立一个折旧计划表，预测的折旧和摊销费用将从此表中引用。我们也会在第九章讨论无形资产的摊销问题。现在我们可以在留白的基础上继续计算息税前利润（EBIT）和 EBIT 率，见单元格 G27 和 G28。

计算预测 EBIT（单元格 G27）

Excel 按键	描述
输入"="	进入"公式"模式
选择单元格 G23	2013 年 EBITDA
输入"–"	减
选择单元格 G25	2013 年折旧和摊销（现在为空）
输入"–"	减
选择单元格 G26	2013 年可辨认无形资产的摊销（现在为空）
按 <Enter> 键	结束
公式结果	"= G23 – G25 – G26"

然后我们可以计算 EBIT 利润率。

计算预测息税前利润（EBIT）利润率（单元格 G28）

Excel 按键	描述
输入"="	进入"公式"模式
选择单元格 G27	2013 年 EBIT
输入"/"	除以
选择单元格 G6	2013 年销售收入
按 <Enter> 键	结束
公式结果	"= G27/G6"

我们可以将单元格 G27 和 G28 的公式向右复制到 2017 年（见表 7-8）。

表 7-8 预测 Office Depot/OfficeMax EBIT

合并利润表		预测值			
（单位：百万美元，除每股价格外）					
截至 12 月末	2013 年	2014 年	2015 年	2016 年	2017 年
EBITDA	735	1 023.7	1 309.3	1 404.6	1 501.7
EBITDA 率（%）	*4.2%*	*5.8%*	*7.3%*	*7.7%*	*8.1%*
折旧和摊销					
可辨认无形资产的摊销					
EBIT	735	1 023.7	1 309.3	1 404.6	1 501.7
EBIT 率（%）	*4.2%*	*5.8%*	*7.3%*	*7.7%*	*8.1%*

利息收入

在建立完整的财务模型时，我们也建议您把预测的利息费用和利息收入留为空白项。我们将建立一张偿债计划表，该表将帮助我们更好地预测利息费用和利息收入。现在我们可以在留白的基础上继续计算净利息费用、税前利润（EBT）和 EBT 率，分别见单元格 G32、G33 和 G34。

净利息费用是利息费用减利息收入之差。此处我们需要注意计算项的符号。如果您查看 Office Depot 模型（"Office Depot Financial"标签页中的第 27、28 和 29 行），您会注意到利息收入是在括号中呈现的。因而净利息费用是通过相加利息费用和利息收入而求得的。这是一种计算净利息费用的方法。另一种常用的方法是把利息费用和利息收入都呈现为正值（不带括号），然后在净利息费用一行用费用减去收入。两种方法不分对错，但是我们在计算时要确保勾稽关系准确。我们始终需要进行二次复核，以确保利润表行项目正确地勾稽。现在让我们保持方法一致，以括号方式呈现利息收入，然后把利息费用同利息收入相加。因此，在"合并报表"标签页的第 32 行，我们将加总第 30 行和第 31 行，单元格 G32 将显示为"= G30 + G31"。

计算净利息费用（单元格 G32）

Excel 按键	描述
输入"="	进入"公式"模式
选择单元格 G30	2013 年利息费用
输入"+"	加
选择单元格 G31	2013 年利息收入
按 <Enter> 键	结束
公式结果	"= G30 + G31"

在我们构建完偿债计划表并将利息费用和利息收入关联到利润表之前，净利息费用将显示为 0（见表 7-9）。现在我们可以从 EBIT 中扣减净利息费用，计算得到 EBT。

表 7-9 Office Depot/OfficeMax EBIT 预测

合并利润表			预测值		
（单位：百万美元，除每股价格外）					
截至 12 月末	2013 年	2014 年	2015 年	2016 年	2017 年
EBIT	735	1 023.7	1 309.3	1 404.6	1 501.7
EBIT 利润率（%）	*4.2%*	*5.8%*	*7.3%*	*7.7%*	*8.1%*
利息					
利息费用					
利息收入					
净利息费用	0	0	0	0	0
EBT	735	1 023.7	1 309.3	1 404.6	1 501.7
EBT 率（%）	*4.2%*	*5.8%*	*7.3%*	*7.7%*	*8.1%*

计算预测 EBT（单元格 G33）

Excel 按键	描述
输入"="	进入"公式"模式
选择单元格 G27	2013 年 EBIT
输入"–"	减
选择单元格 G32	2013 年净利息费用（现在为空）
按 <Enter> 键	结束
公式结果	"= G27 – G32"

然后我们计算 EBT 率。

计算预测 EBT 利润率（单元格 G34）

Excel 按键	描述
输入 "="	进入"公式"模式
选择单元格 G33	2013 年 EBT
输入 "/"	除以
选择单元格 G6	2013 年销售收入
按 <Enter> 键	结束
公式结果	"= G33/G6"

我们可以将单元格 G32、G33 和 G34 的公式向右复制到 2017 年（见表 7-9）。

所得税费用

对于所得税费用，我们要考虑收购方是否会维持税率不变，或税率会随着交易发生变化。这又是一个难题，答案不仅依赖于交易结构也依赖于交易对当前税率所产生的影响。从分析师的角度来看，在交易结束且一个完整财务期间的财务报表完成预测之前，这其中一些问题是无法回答的。因此我们通常假设收购方的税率在交易后保持不变，或者保守地假设一个标准税率，如 35%。在本案例中，收购方的税率正好也是 35%，所以我们就用这个值。您可能注意到 OfficeMax 的税率其实更高，为 37.5%。有人认为基于 EBT 计算加权平均值得出一个混合税率更加合理，但是这并不总是准确，特别是在收购方的结构将被保留时。要记住，尽管我们使用相同的税率，但由于兼并目标方增加了税前利润，合并后的所得税费用将变高。此外，同其他不确定变量一样，一旦建模完成，我们总能通过调整 35% 的假设来看是否会实际影响我们的分析。因此让我们先把收购方的税率引入单元格 G36。单元格 G36 将显示为 "= 'Office Depot Financial'! G33"。现在我可以使用这个 35% 的税率来计算新的所得税费用。

计算预测所得税费用（单元格 G35）

Excel 按键	描述
输入 "="	进入"公式"模式
选择单元格 G36	2013 年税率
输入 "*"	乘
选择单元格 G33	2013 年 EBT
按 <Enter> 键	结束
公式结果	"= G36*G33"

计算得出所得税费用为 2.573 亿美元。我们可以将单元格 G35 和 G36 向右复制到

2017 年（见表 7-10）。

现在我们可以通过将税前利润（EBT）减去所得税费用来计算（调整的）净利润。

表 7-10　Office Depot/OfficeMax（调整的）净利润

合并利润表 （单位：百万美元，除每股价格外）		预测值			
截至 12 月末	2013 年	2014 年	2015 年	2016 年	2017 年
税前利润（EBT）	735	1 023.7	1 309.3	1 404.6	1 501.7
EBT 率（%）	4.2%	5.8%	7.3%	7.7%	8.1%
所得税费用	257.3	358.3	458.3	491.6	525.6
综合有效税率（%）	35%	35%	35%	35%	35%
净利润（调整后）	477.8	665.4	851	913	976.1

计算预测净利润（单元格 G37）

Excel 按键	描述
输入 " = "	进入 "公式" 模式
选择单元格 G33	2013 年 EBIT
输入 " – "	减
选择单元格 G35	2013 年所得税
按 <Enter> 键	结束
公式结果	" = G33 – G35"

我们可以将单元格 G37 向右复制到 2017 年（见表 7-10）。

非经常性事项和特殊项目

这些项目可能是不同寻常的或者是不经常性的。如果这些项目不经常发生，那么其在未来很有可能不再存在。如果这些项目是不同寻常的，我们或许仍然希望对其进行预测；然而，我们注意到它们不是经营活动的核心。在并购交易中，我们希望像前面介绍的"其他"科目一样，确定是否应该同时考虑收购方和目标方的非经常性项目，还是仅考虑收购方的非经常性项目，或是从头开始重新预测。由于非经常性和特殊项目难以预测，我们几乎没有理由从头开始重新测算，除非我们决定清零这些项目。一些分析师会选择清零这些并非业务运营核心的非经常性和特殊项目。由于分析师常常基于"净利润（调整后）"开展分析，而这类科目通常排列在非常性项目之前，因此我们对上述非经常性和特殊项目所做的任何调整或预测往往不会影响分析。但是为了进一步精确地解释整个分析过程，我们需要确定目标方的非经常性和特殊项目预测是否会跟随新的合并企业保留下来。现在我们来看一下同时考虑收购方和目标方的每个非经常性项目的情况。

收购方 Office Depot 有三个非经常性事项科目："收购款回收""资产减值""债务清偿损失"。从收购者的角度来看，如果一项非经常性项目已经在交易前得到预测，那么它很可能在交易后也会存在。因此我们通常假定收购方的非经常性事项将延续至合并报表的分析中。同时记住我们已经将"非经常性和特殊项目"标签简称为"非经常性项目"。因此，如果某项目是经常发生的但属于不寻常的事件，我们也会将其放入这个部分。现在让我们看一下第 36 行的第一个科目"收购款回收"。我们在 Office Depot 年报的第 29 页找到一个注释，它这样解释这条行项目：

收购价款回收

在 2003 年的完成的一项欧洲交易中，股权收购协议（SPA）包含这样一个条款：如果收购的退休金计划基于 2008 年的计划数据处于经费不足的状态，那么卖方需要支付一笔金额给收购公司。这个数额由退休金计划的精算师算得，虽然受到了卖方的质疑，但是得到了独立仲裁员的支持。卖方不停地提出质疑，直到双方在 2012 年 1 月达成协议。根据协议，卖方会支付大约 3 770 万英镑给收购公司，其中包括 2011 年交付第三方托管的 550 万英镑。根据 SPA 条款和退休金计划信托合同，收购公司在收到的现金（扣除一定的费用后）后为退休金计划缴费。该项缴费使退休金计划从 2011 年年末的净负债头寸状况转变为 2012 年 12 月 29 日大约 800 万美元的净资产盈余状态。由于与交易相关的商誉已经在 2008 年完全减值，所以这个回收款在 2012 年的经营活动报表中进行了确认。此外，为了保持陈述与 2008 年相一致，回收款在公司层面披露，并没有在国际部的营业收入中确认。

收购价款回收的 6 830 万美元包括从卖方获得的现金、发生和偿还的某些费用以及由和解协议所披露的各项基于 SPA 的索偿款构成的应计负债。和解协议还涉及大约 520 万美元的额外费用，计入综合和管理费用后使得 2012 年的营业利润净增 6 310 万美元。从纳税的角度来看，交易视为一项针对收购价格调整的免税收益。

卖方支付的现金被收购公司的一家附属机构以欧元（记账本位币）收到，补充退休金计划则由另一家子公司以英镑（记账本位币）缴纳，使得2012年营业活动的合并报表和现金流的合并报表之间产生一定的折算差额。从卖方处收到的现金被计入投资活动现金的来源，向退休金计划缴纳的现金被计入经营性活动现金的使用。欲了解更多信息，请翻阅合并财务报表的注释H。

因此这个项目是不寻常的而且是一次性的。该项目存在于收购方的财务报表中，我们可以假设其将继续存在于新的合并企业中。然而，由于该项目被假定为一次性的且未来不会继续存在，我们也可以将其整体排除在考虑之外。

现在让我们看一下"Office Depot Financial"标签页中第37行、第2列的科目："资产减值"。资产减值是指根据对资产价值的重新评估而减记资产价值。我们在Office Depot年报的第37页找到了一条注释，对该科目进行了如下解释：

资产减值——每季度对商店资产账面价值的可回收性进行测试。该分析使用的输入数据来自零售商店的经营活动情况和面向首席财务官汇报工作的公司财会人员。相关的预测基于管理层对商店销售额、毛利率、直接费用、续租期权的执行情况（适用时）以及因此带来的现金流等情况的估计，并且包含了管理层对当前举措将如何影响未来业绩的判断。如果商店的预期现金流不能支持其资产账面价值，那么资产价值就会按照三级输入假设确定的公允价值进行相应减值。商店的资产减值费用在2012年和2011年分别为1.24亿美元和1 100万美元，它们呈现在经营活动合并报表中的"资产减值"部分。这些费用以资产账面价值和其公允价预测计值之差来衡量，通常计算为包括估计残值在内的估计现金流的折现价值。

在独立财务模型中，该科目由于不是公司经营活动的核心而未被作为EBITDA的一部分，因此我们假定它是不寻常的项目。但是由于该科目涉及公司资产估值的持续调整，因而也可视为经常性项目并延续至新的合并公司。

第三个科目是第38行的"债务清偿损失"。不幸的是，我们无法找到一个确认Office Depot正在偿清债务的完整描述，但是一般来说，当债务工具发生重组、回购或者消除时，债务清偿损益会伴随产生。收益或损失会发生在债券现值不同于债券面值时——直观来看类似于我们在第四章的"资产剥离"部分讲到的资产出售收益或损失。损益调整，连同清偿产生的费用，会带来一次性调整。由于该调整是一次性的且未来并没有预见重复发生，我们可以将其排除在合并报表分析之外。

因此在上述的三个非经常性项目中，我们仅延续"资产减值"一行。现在我们再来看一下目标方"OfficeMax"。在"OfficeMax Financial"标签页的第 36 行和第 37 行有两个非经常性项目。第一个是"债务清偿损失"，我们在前文已经做过解释。由于该科目预测为零，我们不会在合并报表分析中考虑该科目。

第 37 行是"资产减值"。我们在 OfficeMax 年报中的第 39 页找到了与 OfficeMax 资产减值相关的注释，如下所示：

资产减值

出于会计记账目的，我们需要按年度或者在资产减值发生之时重新估计其他无形资产的账面价值。在 2012 年、2011 年和 2010 年，其他无形资产没有计提减值。对于其他长期资产，我们也需要在资产减值发生之时重新估计其账面价值。基于对宏观经济因素、预期人口趋势下的市场变化以及我们某些连锁店经营业绩的分析，我们确认我们的零售商店在 2012 年、2011 年、2010 年有发生潜在资产减值的迹象。因此，我们进行了必要的减值测试，并且在上述年份分别计提了 1 140 万美元、1 120 万美元和 1 100 万美元的非现金费用，作为某些零售商店的长期资产减值。

因此，这类操作同 Office Depot 的资产减值相似。对于收购方，由于资产减值是经常发生的，因而我们建议把它们延续至合并财务报表。但是对于目标方，问题会变得更加复杂。目标方的资产减值是否会在新的合并企业中继续存在？这对目标方有些难以回答，因为很有可能出现的情况是公司被收购后，将消除非核心的项目。尽管在通常情况下，非经常性和特殊项目将在并购交易发生后被消除，但资产减值是与公司核心资产直接相关的非寻常事件。公司的核心资产对兼并至关重要，在未来，预期减值很可能将继续发生，因此我们希望在分析中包含这些减值。从分析师的角度来看，这不是一个简单明晰的决定，但是一种保守的方法。最后，我们可以考察不在分析中包含这些调整究竟是否会影响分析——它们同两家公司合并后的净利润相比微不足道。

因此，在"非经常性事件"部分，我们仅仅考虑"资产减值"这一科目，在此我们把收购方和目标方的相关科目合并。

计算资产减值（单元格 G39）

Excel 按键	描述
输入"＝"	进入"公式"模式
选择"Office Depot Financial"标签	允许从 Office Depot 的报表引用数据
选择单元格 G37	2013 年 Office Depot 的资产减值
输入"＋"	加
选择"OfficeMax Financial"标签	允许从 OfficeMax 的报表引用数据
选择单元格 G37	2013 年 OfficeMax 的资产减值
按 <Enter> 键	结束
公式结果	"＝'Office Depot Financial'!G37＋'OfficeMax Financial'!G37"

现在我们可以计算"非经常性事项合计"这项内容。尽管在本案例中显得多余，这个合计项是"非经常性事项"部分的结束项，也让我们后续可以根据需要加总其他的非经常性科目。此处单元格 G40 将输入"＝G39"。我们可以将单元格 G39 和 G40 向右复制到 2017 年（见表 7-11）。

表 7-11 预测 Office Depot/OfficeMax 净利润

合并利润表 （单位：百万美元，除每股价格外）	预测值				
截至 12 月末	2013 年	2014 年	2015 年	2016 年	2017 年
净利润（调整后）	477.8	665.4	851	913	976.1
非经常性事项					
资产减值	148.8	148.8	148.8	148.8	148.8
非经常性事项合计	148.8	148.8	148.8	148.8	148.8
净利润（非经常性事项调整后）	329	516.6	702.2	764.2	827.3
归属于非控制性权益的净利润	4	4	4	4	4
优先股	32.9	32.9	32.9	32.9	32.9
净利润（股利分配后）	292	479.6	665.3	727.2	790.3

现在我们可以把净利润（调整后的）减去非经常性事项，来计算净利润（非经常性事件调整后）。

计算备考非经常性事件调整后净利润（单元格 G41）

Excel 按键	描述
输入"＝"	进入"公式"模式
选择单元格 G37	2013 年（调整后的）净利润
输入"－"	减
选择单元格 G40	2013 年非经常性事件合计
按 <Enter> 键	结束
公式结果	"＝G37－G40"

我们可以将单元格 G41 向右复制到 2017 年（见表 7-11）。

非控制性权益

为了说明在并购交易中应该如何处理非控制性权益项，我们首先来解释一下非控制性权益到底是什么。

非控制性权益是子公司不直接或间接归属于母公司的股权（净资产）部分【ASC 810-10-45-15；IAS 27R.4】。子公司发行的金融工具中，仅有在子公司披露的财务报表中被归类为股权的工具才能成为合并财务报表中的非控制性权益【ASC 810-10-45-17】。被子公司归类为负债的财务工具不构成合并财务报表中的非控制性权益。然而，并非所有子公司发行的且被归类为股权的财务工具都将被确认为合并股权中的非控制性权益。例如，某些优先股、权证、看跌期权、看涨期权和其他期权可能不构成母公司合并股权中的非控制性权益。欲了解关于如何确定这些工具是否构成合并报表中的非控制性权益的更多信息，请见 BCG 6.2。

（普华永道会计事务所，《商业合并和非控制性权益会计处理全球指南》，第 57 页）

换句话说，这是不被公司自身拥有的公司股权部分。例如，如果 A 公司收购了 B 公司 75% 的股份，那么 A 公司必须将 B 公司所有的财务报表合并入 A 公司的财务报表（因为 A 公司收购了超过 50% 的 B 公司股份）。但是 B 公司不为 A 公司所拥有的 25% 的股份将在 A 公司的资产负债表中被单独记为非控制性权益。此外，B 公司净利润的 25% 在利润表上被披露为非控制性权益，用于为 B 公司这 25% 股份的所有者进行股利分配。让我们看一下以下的例子。

利润表——A 公司	单位：美元	利润表——B 公司	单位：美元
销售收入	10 000	销售收入	1 500
费用	（7 000）	费用	（250）
所得税（40% 的税率）	（1 200）	所得税（以 40% 的税率）	（500）
净利润	1 800	**净利润**	750

在收购 B 公司 75% 的股权后，A 公司会合并 B 公司财务报表，呈现出 2 550 美元的净利润总额，即 A 公司 1 800 美元的净利润加 B 公司 750 美元的净利润。然而，在利润表的底部，将移除不为 A 公司所有的 B 公司净利润部分（25%×750 美元）。

利润表——A 公司 + B 公司	单位：美元
销售收入	11 500
费用	（7 250）
所得税（40% 的税率）	（1 700）
净利润	**2 550**
非控制性权益	（187.5）
净利润（非控制性权益之后）	**2 362.5**

而资产负债表的合并稍有不同。

资产负债表——A 公司	单位：美元	资产负债表——B 公司	单位：美元
总资产	25 000	总资产	3 500
总负债	17 500	总负债	2 250
所有者权益	7 500	所有者权益	1 250

在资产负债表中总资产和总负债是 100% 合并的。然而，股权的处理稍有不同。所有者权益是 100% 的 A 公司所有者权益 + 75% 的 B 公司所有者权益，再单独创建一行非控制性权益，用以代表 B 公司 25% 的所有者权益。因此"资产 – 负债 = 所有者权益"的公式将仍然成立。

资产负债表——A 公司 + B 公司	单位：美元
总资产	28 500
总负债	19 750
股东权益	8 437.5
非控制性权益	312.5
所有者权益合计	8 750

股东权益是 7 500 美元 + 75% × 1 250 美元，非控制性权益是 25% × 1 250 美元。

因此如果一个公司要进行 100% 的股权收购，我们会假定收购涉及每位股东：公众股东和非控制性权益持有者。但是实际中并非总是这样。例如，如果公司的收购价格基于流通的稀释股总数确定，那么该收购价格仅代表公开交易的流通股部分。非控制性权益股份将单独谈判确定。因此对于每个并购交易我们均需考虑目标公司的非控制性权益股份在交易后如何对待。如果没有来自公司交易相关的具体信息，确定这个问题并不总是容易。这个问题独立于收购公司的非控制性权益股份。收购公司的股份将继续同以往保持一致，除非单独发生一项交易重新谈判这些权益。目标公司是即将被收购的公司，它的非控制性权益才是我们主要关注的。

您可以在"OfficeMax"标签页的第 40 行看到，直到 2017 年，非控制性权益预计每年保持为 400 万美元。我们在 OfficeMax 的年报中找到了关于该非控制性权益项目的更多信息：

根据修正和重述的合资协议，如果一定的盈利目标实现，OfficeMax 集团的少数股东可以选择要求 OfficeMax 购买少数股东在合资企业 49% 的权益。盈利目标为过往四个季度财务业绩，按季滚动计算。因此盈利目标可能在某个季度实现，而在下一个季度未实现。如果盈利目标实现并且少数股东选择要求 OfficeMax 购买少数所有者权益，那么购买价格会基于合资企业盈利情况和类似公司的当前市场乘数确定。在 2012 年年底，合资企业达到盈利目标，少数所有者权益的购买价格按同类公司市场乘数估计为 4 370 万美元。

这表明购买价格的预测值会由于截至测算日期类似公司的市场乘数提高、合资企业盈利水平提高而较先前年份有所增加。由于购买价格预测值高于非控制性权益截至年末的账面价值，公司会记录并说明非控制性权益的购买价格预测值。由于购买价格预测值近似于公允值，因此可将购买价格高于账面价值的差额记为资本公积。

在这个案例中，我们需要调查，并且从字里行间来推断，OfficeMax 墨西哥合资企业 49% 的股份由其他方所拥有。问题是这部分少数所有者权益股份在未来是否将继续保持和过去一样？我们无法立即知道答案。我们可以进一步阅读 S-4 文件第 67 页的注释，如下所示：

2013 年 1 月 15 日，奥斯特里安先生遇见萨利格拉姆先生，并对他透露 Office Depot 正在针对 Office Depot 墨西哥合资企业审视各种策略选择。在那次沟通中，奥斯特里安先生透露 Office Depot 墨西哥合资企业合伙人，Gigante S.A.B.de C.V 集团（在联合代理说明书中被称为"Gigante"），在先前已经非正式地提出现金收购 Office Depot 所持有的 Office Depot 墨西哥合资企业股份的意向，意向报价为 6.5~7.3 亿美元。

这初步显示公司有意出售那些股份，但也显示这仅仅是一个提议。如果有实际的出售发生，那么这些情况会被清楚说明。因此在我们读到股份被实际出售之前，我们将在合并企业中保持这些权益。

对于收购方，非控制性权益通常按照公司净利润的一定百分比来预测。这合乎逻辑，因为非控制性权益的持有者通常按照每年净利润的一定百分比接受股利分配。因而如果某个非控制性权益投资者在并购交易后继续持股，那么根据股份谈判或重新谈判的情况，将会继续收到新企业一定百分比的股份。然而在本案例中，收购方少数所有者权益的股利分配几乎为零，并非是净利润的一个显著的百分比，这让该预测方案失去意义。因此，我们将维持 Office Depot 的预测同过去一样，并将其同 OfficeMax 的非控制性权益相加。

计算备考非控制性权益（单元格 G42）

Excel 按键	描述
输入"="	进入"公式"模式
选择"Office Depot Financials"标签	允许从 Office Depot 的报表引用数据
选择单元格 G41	2013 年 Office Depot 的非控制性权益
输入"+"	加
选择"OfficeMax Financials"标签	允许从 OfficeMax 的报表引用数据
选择单元格 G40	2013 年 OfficeMax 的非控制性权益
按 <Enter> 键	结束
公式结果	"='Office Depot Financials'!G41+'OfficeMax Finianials'!G40"

优先股

优先股（Preferred Securities）是索偿权优先于普通股但次于债券的融资工具。

优先股通常有以下几点特征：

- 股息优先：优先股通常在普通股利分配之前发放股息。
- 资产优先：在财产清算中，优先股优先于普通股但是次于债券。
- 可转换为普通股：优先股可能带有普通股特点。
- 公司可选择赎回：优先股可能带有要求赎回的权利。
- 不可投票：在通常情况下优先股没有投票权。

优先股的具体结构各不相同。然而，看待优先股的最好方式是将其看为债券和股票的混合体。优先股的股息可以看作（债券的）利息收益，而优先股转换为普通股的能力可以为持有者提供股票的价值上升潜力。

更多关于优先股建模的详情可以在《杠杆收购：投资银行和私募股权实践指南》的第十五章找到。出于分析的目的，我们需要分析并购交易后优先股是否将继续存续。在通常情况下，收购方会连同普通股一起完成对目标方优先股的收购。我们可以通过回顾表 6-1 来证实这一点。表 6-1 估计了收购价格，即为筹集交易金额即将发行的 Office Depot 股票价值。该表格的第三行明确指出，OfficeMax 的 D 系列优先股将转换为额外的普通股。换句话说，优先股将随同其他目标方普通股在收购完成后消除。这并不令人惊讶，因此我们将消除 OfficeMax 的优先股及与其相关的股息。

对 Office Depot 优先股的处理就不那么直截了当了。在并购交易中，收购方的现有股权结构通常将保持不变，除非公司出于筹集交易资金的目的，有筹集额外股份的潜在需求。虽然我已经发现了一些 Office Depot 可能清算其优先股的迹象，但并没有确切的依据。目前，让我们假设 Office Depot 将继续持有优先股。

让我们将 Office Depot 的单元格 G42 关联至优先股息行。因此"合并报表"标签页的 G43 将显示为"='Office Depot Financials'!G42"。我们可以将其向右复制到 2017 年。

现在我们可以在第 44 行计算（股利分配后的）净利润。

计算股利分配后的净利润（单元格 G44）

Excel 按键	描述
输入"="	进入"公式"模式
选择单元格 G41	2013 年净利润（非经常性事件之后）
输入"–"	减
选择单元格 G42	2013 年归属于非控制性权益的净利润
输入"–"	减
选择单元格 G43	2013 年优先股息
按 <Enter> 键	结束
公式结果	"= G41 – G42 – G43"

我们可以将单元格 G44 向右复制到 2017 年（见表 7-11）。

股份数目和每股收益

现在我们要计算合并企业的每股收益（EPS）。将合并企业新的 EPS 同 Office Depot 单独的 EPS 相比较有助于我们获得关于收益增厚或稀释的对比。如第五章所述，我们从引用 Office Depot 单独的 EPS 至第 46 行和第 47 行着手。此处并没有新的计算，它有助于我们在合并利润表中对原 Office Depot 的 EPS 和合并后公司的 EPS 进行对比。

首先要注意如果您切换到"Office Depot Financials"标签页，该表中有一个 EPS（44 行）和一个调整后 EPS（47 行）。"Office Depot Financials"标签页中第 45 行和第 46 行的 EPS 数值是 Office Depot 公开文件中披露的相应数值。然而，您可能注意到，这些披露的 EPS 数值或者为负值或者为"NA"（不可得），这是由于驱动这些指标的净利润数值为负值（见表 7-12）。向上滚动页面，您将注意到第 34 行，调整后净利润是正值；非经常性事项和股利分配导致了净利润为负值。我们需要为正值的 EPS 来进行有意义的增厚 / 稀释分析，因此我根据调整后的净利润创建了一个新的"调整后 EPS"区域。请见第 48 行和第 49 行。这样做的合理性在于，作为分析师我们常常希望从分析中剔除非经常性和非常事件的影响。因此出于增厚 / 稀释分析的目的，我们会将这些非经常性项目从 EPS 中剔除。我们希望引用这个调整后的 EPS 到合并财务报表中，并与合并后公司的 EPS 进行比较。

表 7-12 Office Depot 每股收益（EPS）和调整后每股收益（EPS）

合并利润表 （单位：百万美元，除每股价格外） 截至 12 月末	实际值			预测值				
	2010 年	2011 年	2012 年	2013 年	2014 年	2015 年	2016 年	2017 年
净利润（披露的）	(81.7)	(60)	(110)	(98.1)	(50.9)	(1.5)	31.7	65.6
每股收益（EPS）								
基本的	(0.3)	0.22	(0.39)	(0.35)	(0.18)	(0.01)	0.11	0.23
稀释的	NA	NA	NA	NA	NA	NA	NA	NA
调整后每股收益								
基本的	(0.02)	0.46	0.03	0.27	0.44	0.62	0.74	0.86
稀释的	(0.01)	0.36	0.02	0.21	0.34	0.48	0.57	0.66

因此在"合并报表"标签页中的第 46 行，我们可以引用 Office Depot 基本的调整后 EPS。因此单元格 G46 将显示为" = 'Office Depot Financials' !G48"。我们也希望在第 47 行引用 Office Depot 的稀释的调整后 EPS。因此"合并报表"标签页中的第 47 行将显示为" = 'Office Depot Financials' !G49"。我们可以向右复制单元格 G46 和 G47 到 2017 年（见表 7-13）。

现在我们应该继续计算合并后的 EPS 和增厚 / 稀释，但是我们首先需要计算合并后的流通股数量。需要注意，根据我们在收购价格部分的讨论，Office Depot 将给予每股 OfficeMax 股票 2.69 倍的 Office Depot 的股票，因而 Office Depot 的股份数量将增加。这需要反映在合并后新股数量的统计中，以算出预测 EPS 的精确值。我们在合并利润表底部的第 55 行～第 59 行进行上述计算。首先我们需要引入现有的收购公司股份。然后我们根据交易协议加上即将发行的新股份。需要注意，目标方的股份将消除，它们不会纳入分析中。

表 7-13 每股收益预测和增厚/稀释

合并利润表 （单位：百万美元，除每股价格外） 截至 12 月末	预测值				
	2013 年	2014 年	2015 年	2016 年	2017 年
净利润（调整后的）	477.8	665.4	851	913	976.1
非经常性事项					
资产减值	148.8	148.8	148.8	148.8	148.8
非经常性事项合计	148.8	148.8	148.8	148.8	148.8
净利润（非经常性事项之后）	329	516.6	702.2	764.2	827.3
归属于非控制性权益的净利润	4	4	4	4	4
优先股息	32.9	32.9	32.9	32.9	32.9
净利润（股利分配后）	292	479.6	665.3	727.2	790.3
收购公司单独的每股收益（调整后 EPS）					
基本的	0.27	0.44	0.62	0.74	0.86
稀释的	0.21	0.34	0.48	0.57	0.66
合并每股收益（调整后 EPS）					
基本的	0.90	1.26	1.61	1.73	1.84
稀释的	0.78	1.09	1.39	1.49	1.59
增厚/（稀释）					
基本的	230.1%	184.3%	159.9%	134%	114.8%
稀释的	270%	218.6%	191.3%	162.2%	140.7%
流通的普通股均值					
基本的	279.73	279.73	279.73	279.73	279.73
稀释的	362.56	362.56	362.56	362.56	362.56
新发行的股份	249.49	249.49	249.49	249.49	249.49
流通的基本股合计	529.22	529.22	529.22	529.22	529.22
流通的稀释股合计	612.05	612.05	612.05	612.05	612.05

我们的操作可以从关联 Office Depot 的基本股数量至第 55 行开始。"合并报表"标签页中的单元格 G55 将显示为"='Office Depot Financials'!G51"。我们可以对稀释股数目进行同样的操作。因此单元格 G56 将显示为"='Office Depot Financials'!G52"。我们可以将单元格 G55 和单元格 G56 向右复制到 2017 年。

新发行的股份数是根据交易条款约定而发行的股份数。我们已经在确定收购价格的时候算出该股份数。"假设页"标签页的单元格 C10 呈现了"Office Depot 发行的股份总数"。在第六章，我们用 OfficeMax 流通的稀释股数量乘以交换比率算出该数值。

需要注意，还有一种更加标准的计算发行股份数的方法，即筹集交易款所需的权益金额除以收购公司当前的每股价格。例如，在"假设"标签页中的单元格 E7，我们看到预计筹集权益金额为 9.406 亿美元。这里的逻辑是收购公司很可能会以当前的股价增发股份。因此如果用 9.406 亿美元除以 Office Depot 当前股价 3.77 美元，我们得到 2.495 亿股，这个数即是单元格 C10 中显示的精确数值。

"合并报表"标签页中的单元格 G57 会关联到"假设页"标签页中的单元格 C10。我们应当在公式前面增加 $ 符号，以固定对单元格 C10 的引用，这样就不会在复制时改变引用位置。因此单元格 G57 将显示为"＝假设！$C$10"。现在我们可以将单元格 G55 和 G57 向右复制到 2017 年。

接着我们把新增发的股份数分别加到原来的基本股和稀释股数目上，计算得出合并后新的基本股份和稀释股份数目。

计算合并后流通的基本股数（单元格 G58）

Excel 按键	描述
输入"＝"	进入"公式"模式
选择单元格 G55	Office Depot 2013 年基本股数
输入"＋"	加
选择单元格 G57	新发行的股份数
按 <Enter> 键	结束
公式结果	"＝G55＋G57"

我们对稀释股数进行同样的操作。

计算备考流通的稀释股数（单元格 G59）

Excel 按键	描述
输入"＝"	进入"公式"模式
选择单元格 G56	Office Depot 2013 年稀释股数
输入"＋"	加
选择单元格 G57	新发行的股份数
按 <Enter> 键	结束
公式结果	"＝G56＋G57"

我们可以将单元格 G58 和 G59 向右复制到 2017 年。现在我们可以计算合并后每股收益（EPS）和每股收益的增厚／稀释了。

增厚 / 稀释分析

现在我们可以计算合并企业的每股收益了。这个分析中的关键测算是确定每股收益将如何从原收购方的每股收益变化而来。为了更好地计算每股收益增厚或稀释,我们需要确保使用的每股收益计算方法同原来的收购方一样。需要注意,分子(净利润)可以来自不同的地方——例如,可以来自调整的净利润或者披露的净利润。因此我们需要确保用于比较的每股收益数值是基于相同类型的净利润和股份数。如前文所述,我们已经引用了 Office Depot 的调整后的每股收益,该每股收益计算使用调整后的净利润,也即非经常性事项之前的净利润计算。因此,为了更好地进行比较,我们也肯定希望基于非经常性事项前的净利润计算合并后的每股收益。我们将在"合并报表"标签页的第 49 行和第 50 行,分别用合并后的基本股数和稀释股数去除调整后的净利润计算合并后的每股收益。

计算合并后基本的每股收益(单元格 G49)

Excel 按键	描述
输入 " = "	进入"公式"模式
选择单元格 G37	合并后净利润(调整的)
输入 "/"	除以
选择单元格 G58	流通的基本股总数
按 <Enter> 键	结束
公式结果	" = G37/G58"

我们可以对稀释股数进行同样的操作。

计算合并后稀释的每股收益(单元格 G50)

Excel 按键	描述
输入 " = "	进入"公式"模式
选择单元格 G37	合并后的净利润(调整的)
输入 "/"	除以
选择单元格 G59	流通的稀释股总数
按 <Enter> 键	结束
公式结果	" = G37/G59"

然后我们可以将单元格 G49 和 G50 向右复制到 2017 年。

计算得到合并后基本的每股收益和稀释的每股收益分别为 0.9 美元和 0.78 美元。

注意到这些数值同单独的 Office Depot 每股收益数值相比，有相当显著的跃升，但是需要注意，我们目前仍然缺失"折旧和摊销"和"利息费用"行科目。

现在让我们计算增厚/稀释百分比。如第五章所述，增厚/稀释的公式即是从原每股收益到合并后每股收益的变动百分比：

增厚/稀释 = 合并后 EPS/收购公司 EPS – 1

我们分别针对基本的每股收益和稀释的每股收益进行分析。

计算合并后基本的 EPS 增厚/稀释（单元格 G52）

Excel 按键	描述
输入 " = "	进入"公式"模式
选择单元格 G49	合并后基本的 EPS
输入 "/"	除以
选择单元格 G46	单独基本的 EPS
输入 " – 1"	完成百分比变动公式
按 <Enter> 键	结束
公式结果	" = G49/G46 – 1"

计算合并后稀释的 EPS 增厚/稀释（单元格 G53）

Excel 按键	描述
输入 " = "	进入"公式"模式
选择单元格 G50	合并后稀释的 EPS
输入 "/"	除以
选择单元格 G47	单独稀释的 EPS
输入 " – 1"	完成百分比变动公式
按 <Enter> 键	结束
公式结果	" = G50/G47 – 1"

注意，计算后得到两个非常高的每股收益增厚百分比，基本的每股收益和稀释的每股收益分别增厚 230.1% 和 270%。这样高的增厚是不寻常的。但是我们需要知道，目前利润表尚不完整，利润表还缺失折旧和摊销以及利息费用和利息收入，加上这些额外的费用会减少每股收益的增厚程度。让我们继续建模，随后再重新查看增厚/稀释的结果。现在我们进入现金流量表的分析。表 7-14 展示了到现在为止的完整的合并后的利润表。

此外，附录 1 列示了完整兼并模型的详细建模步骤。您可以时常参考附录 1 以确保遵循了正确的建模过程。

表 7-14 合并利润表

合并利润表 （单位：百万美元，除每股价格外） 截至 12 月末	2013 年	预测值 2014 年	2015 年	2016 年	2017 年
销售收入	17 521.7	17 751.1	18 019.5	18 292.7	18 551.6
销售收入年增长率（%）		1.3%	1.5%	1.5%	1.4%
销售成本	12 067.5	12 114.5	12 191.2	12 295	12 386.4
COGS 占销售收入的百分比（%）	68.9%	68.2%	67.7%	67.2%	66.8%
毛利润	5 454.2	5 636.6	5 828.3	5 997.7	6 165.2
毛利率（%）	31.1%	31.8%	32.3%	32.8%	33.2%
营业费用					
商店和仓库营运和销售费用	4 158.4	4 212.9	4 276.6	4 341.5	4 403
占销售收入的百分比（%）	23.7%	23.7%	23.7%	23.7%	23.7%
管理和行政费用	762.2	768.1	777.1	786.3	795.3
占销售收入的百分比（%）	4.3%	4.3%	4.3%	4.3%	4.3%
兼并后成本节约	(166.7)	(333.3)	(500)	(500)	(500)
占总营业费用的百分比（%）	3.39%	6.69%	9.89%	9.75%	9.62%
总营业费用	4 753.9	4 647.6	4 553.7	4 627.8	4 698.3
占销售收入的百分比（%）	27.1%	26.2%	25.3%	25.3%	25.3%
其他收益					
净杂项收益	(34.7)	(34.7)	(34.7)	(34.7)	(34.7)
EBITDA	735	1 023.7	1 309.3	1 404.6	1 501.7
EBITDA 率（%）	4.2%	5.8%	7.3%	7.7%	8.1%
折旧和摊销					
可辨认无形资产的摊销					
EBIT	735	1 023.7	1 309.3	1 404.6	1 501.7
EBIT 率（%）	4.2%	5.8%	7.3%	7.7%	8.1%
利息					
利息费用					
利息收入					
净利息费用	0	0	0	0	0
EBT	735	1 023.7	1 309.3	1 404.6	1 501.7
EBT 率（%）	4.2%	5.8%	7.3%	7.7%	8.1%
所得税费用	257.3	358.3	458.3	491.6	525.6
综合有效税率（%）	35%	35%	35%	35%	35%
净利润（调整后的）	477.8	665.4	851	913	976.1
非经常性事项					
资产减值	148.8	148.8	148.8	148.8	148.8
非经常性事项合计	148.8	148.8	148.8	148.8	148.8
净利润（非经常性事项之后的）	329	516.6	702.2	764.2	827.3
归属于非控制性权益的净利润	4	4	4	4	4
优先股息	32.9	32.9	32.9	32.9	32.9

（续）

合并利润表 (单位：百万美元，除每股价格外)		预测值			
截至 12 月末	2013 年	2014 年	2015 年	2016 年	2017 年
净利润（股利分配后的）	292	479.6	665.3	727.2	790.3
收购公司单独的每股收益（调整后 EPS）					
基本的	0.27	0.44	0.62	0.74	0.86
稀释的	0.21	0.34	0.48	0.57	0.66
合并后每股收益（调整后 EPS）					
基本的	0.90	1.26	1.61	1.73	1.84
稀释的	0.78	19	1.39	1.49	1.59
增厚/（稀释）(%)					
基本的	230.1%	184.3%	159.9%	134%	114.8%
稀释的	270%	218.6%	191.3%	162.2%	140.7%
流通的普通股均值					
基本的	279.73	279.73	279.73	279.73	279.73
稀释的	362.56	362.56	362.56	362.56	362.56
新发行的股份	249.49	249.49	249.49	249.49	249.49
基本股总数	529.22	529.22	529.22	529.22	529.22
稀释股总数	612.05	612.05	612.05	612.05	612.05

第八章

现金流量表

现金流量表预测和其他的标准财务模型一样，许多科目来自于支持性的明细计划表，例如折旧计划表、营运资本计划表和偿债计划表等。因此，现金流量表的计算不能完全没有这些支持性的明细计划表。此外，由于本案例是企业合并，所谓的支持性明细计划表主要取决于资产负债表信息，因此在构建这些辅助性明细计划表之前，我们首先需要创建一张调整过的资产负债表用来表明交易结束后的状况。用这张调整过的资产负债表，我们可以编制支持性明细计划表并将其与现金流量表中合适的科目相关联。我们将单独考虑现金流量表中所有带有"其他"的单列科目，这些数据或者仅仅来源于收购方，或者是收购方与目标方的合并数据，或者独立进行预测。这就像是我们讨论利润表中处理"其他"或者"非经常性项目"一样。

因此，首先我们将尽可能地编制现金流量表，然后我们进行资产负债表调整。在调整后的资产负债表基础上，我们编制折旧明细计划表和营运资本明细计划表。最后，我们将这些对应的科目关联回现金流量表。构建模型的顺序请见附录1。

经营活动产生的现金流

经营活动中的现金从净利润开始，这个数字已经在利润表中计算过了。因此，我们可以将利润表中的净利润引至现金流量表中。无论净利润是在非经常性项目之前或之后，或者像案例中一样在股利分配之前，关键是确保数值的正确性。并不是所用的公司都使用相同定义的净利润，那么定义的连续性很重要。因此我们可以将Office Depot和OfficeMax的现金流量表作为指导。你可能注意到Office Depot和OfficeMax现金流的净利润是在非经常性项目之后，股利发放与非控制性权益事项之前。这种方式也是最普遍的方法。因此我们在合并报表中使用相同的定义，即非经常性项目后的净利润（合并报表的41行）。我们将合并报表中G65单元格关联到G41单元格，或者说让G65单元格"＝G41"，然后我们向右边复制公式直至2017年。

下一个现金流科目是折旧和摊销，我们创建单独的折旧和摊销明细计划表，因此我们目前先跳过这一科目，在我们完成折旧和摊销的计划表后，再将相关科目数值引过来。

"可识别无形资产摊销"是我们增加用来处理交易调整的。我们将在调整资产负债表章节解释如何处理上述调整。现在让我们先保持本行为空。

下一个科目是合并收购方与目标方的各自经营性现金流。在合并中，为确保所有的经营性活动中现金流量都不会遗漏，建议将双方的科目全部包括进来。因为有些科目在交易后可能不再存在，因此最好是将每个科目单独列示。我们在第七章中讨论过不同的处理方式；一些情形是收购方和目标方的所有科目逐一合并；一些情形是仅仅保留收购方的科目，或者还有一些情形是从头开始构建计算有关科目。然而，在经营活动的现金流量中，因为这一部分主要与公司核心业务现金流的产生与消耗有关，合并的目的及核心利益也是核心经营业务，因此更普遍的做法是将目标方的所有科目纳入合并后的报表，这也是相对保守的方法。

总的来说，我们已经通过合并利润表完成了"净利润"预测，将在折旧和摊销计划表中完成"折旧和摊销"科目计算，根据交易创建"可识别无形资产摊销"科目，有关营运资本科目将通过营运资本明细计划表计算完成，所有其他科目将从收购方和目标方的现金流量表中逐行获得。

从标准和保守的方式考虑，我们首先关注收购方的现金流科目，将经营活动中除去净利润、折旧和摊销及营运资本的其他科目全部链接过来。你可能不得不增加行数来匹配科目标题，但我们已经在模板中为你做好了，但是不要期望每个模型中的科目都是完全相同的。因此在"Office Depot Financials"工作表中（见表8-1）列示，在净利润与折旧和摊销之后，从第62行（存货与应收账款损失）到72行（其他经营活动）为经营活动现金流的所有科目。一些其他的科目预测已经假设是"0"，我们将这些科目排除在外。因此我们可以将这些科目引入合并报表中，因此合并报表标签页中"G68"='Office Depot Financials'！G62.，"G69"='Office Depot Financials'！G63."

接下来在Office Depot表格中的四个科目是"0"，因此没有必要再进行后续的分析，我们可以跳过它们，下一个重要的科目是office Depot表格68行的"资产减值"，因此我们可以将这个科目放入合并报表中。合并报表的G70单元格将输入"='Office Depot Financials'！G68."接下来四个科目操作简单因为它们在依次相邻，因此你可以将合并报表G70单元格公式向下复制到G74单元格，或者还是按刚才的步骤，逐行引用，表8-2作为参考。

表 8-1 Office Depot 经营活动现金流

合并现金流量表（单位：百万美元，每股价格除外）	实际值			预测值				
期末	2010年	2011年	2012年	2013年	2014年	2015年	2016年	2017年
经营活动产生的现金流								
净利润	（46.2）	95.7	（77.1）	（65.2）	（18）	31.4	64.6	98.6
折旧和摊销	208.3	211.4	203.2	179.1	186.9	194.9	202.9	211
存货与应收款损失	57.8	56.2	64.9	56.2	56.2	56.2	56.2	56.2
权益投资净收益	（30.6）	（31.4）	（30.5）	（31.4）	（31.4）	（31.4）	（31.4）	（31.4）
债务偿清损失	0	0	13.4	0	0	0	0	0
收购款回收	0	0	（58）	0	0	0	0	0
养老金资金计划	0	0	（58）	0	0	0	0	0
股利	0	25	0	0	0	0	0	0
资产减值	51.3	11.4	138.5	11.4	11.4	11.4	11.4	11.4
基于股份支付的补偿性费用	20.8	13.9	13.6	13.6	13.6	13.6	13.6	13.6
递延所得税与递延所得税资产备抵	15.6	（15）	0.7	15.6	（15）	0.7	15.6	（15）
资产处置损失（收益）	8.7	4.4	（1.8）	（1.8）	（1.8）	（1.8）	（1.8）	（1.8）
其他经营活动	11.5	8.5	5.4	5.4	5.4	5.4	5.4	5.4
营运资本变动								
应收账款变动	60.3	99.9	44.1	（8.6）	（4.1）	（8.2）	（8.2）	（8.3）
存货的变动	（87.7）	53.9	52.7	（8.8）	6.6	1.5	（2.4）	（2.3）
预付费用及其他资产变动	2.5	25.8	（0.1）	7.8	（0.8）	（1.6）	（1.7）	（1.7）
应付账款、应计费用和其他应计负债	（69.1）	（360.1）	（131.5）	6.5	（5.2）	4	8.8	8.8
营运资本净变动	（94.1）	（180.5）	（34.9）	（3.1）	（3.5）	（4.3）	（3.5）	（3.5）
经营活动产生的现金总额	203.1	199.7	179.3	179.7	203.9	276	333	344.4

我们可以将这些单元格向右复制填充直至2017年。现在让我们按照标准的保守假设，将目标方所有相关的经营性现金流都纳入分析，因此我们从目标方（OfficeMax）引入相关的所有科目。此外，我们没有引入目标方净利润、折旧或者营运资本科目，因为我们已经单独创建了合并后备考净利润，我们也将创建单独的折旧计划表与营运资本明细计划表。我们看到 OfficeMax 的现金流量"折旧和摊销"之后，营运资本变动科目之前，共有7个特有的单列项目（见表8-3）。

表 8-2 经营性活动现金流量引用

现金流量表项目	公式
净利润（单元格 G65）	= G41
折旧和摊销（单元格 G66）	保持空
可识别无形资产摊销（单元格 G67）	保持空
存货与应收款项费用损失（单元格 G68）	='Office Depot Financials'！G62
权益投资法—净收益（单元格 G69）	='Office Depot Financials'！G63
资产减值（单元格 G70）	='Office Depot Financials'！G68
基于股份支付的补偿性费用（单元格 G71）	='Office Depot Financials'！G69
递延所得税与递延所得税资产备抵（单元格 G72）	='Office Depot Financials'！G70
资产处置损失（收益）（单元格 G73）	='Office Depot Financials'！G71
其他经营活动（单元格 G74）	='Office Depot Financials'！G72

表 8-3 OfficeMax 经营活动现金流

合并现金流量表 （单位：百万美元，除每股价格外）	实际值			预测值				
期末	2010 年	2011 年	2012 年	2013 年	2014 年	2015 年	2016 年	2017 年
经营活动产生的现金流								
净利润	73.9	38.1	420.8	75.8	103.5	129.6	158.3	188.8
折旧和摊销	100.9	84.2	74.1	74	77.7	81.4	85.3	89.2
长期股权投资—Boise Cascade 公司的股利收入	（7.3）	（7.8）	（8.5）	0	0	0	0	0
无追索权债务清偿的非现金收益	0	0	（670.8）	0	0	0	0	0
非现金减值支出	11	11.2	11.4	11	11	11	11	11
养老金和其他退休金福利费用	5	8.3	57.1	5	5	5	5	5
递延所得税费用	26.1	7.4	227.1	7.4	7.4	7.4	7.4	7.4
其他	2.5	19.3	56.3	2.5	2.5	2.5	2.5	2.5
公司拥有的人寿保险贷款费用支出	（44.4）	0	0	0	0	0	0	0
营运资本变动								
应收账款变动	6.7	（14.7）	37.4	（28.8）	（13.9）	（12.8）	（13.1）	（11.9）
存货变动	（27.6）	17.3	20.5	（8）	（14.6）	（14）	（14.2）	（12.3）
应付账款、应计负债变动	（51.5）	（54.9）	60	（25.5）	15.7	14.8	15.1	13.3
当前和递延所得税变动	20.8	（1.4）	（13.8）	（62.7）	（25）	（21.3）	（22.2）	（22.5）
其他变动	（27.9）	（53.4）	（86.5）	4	（1.9）	（1.7）	（1.8）	（1.6）
应付所得税变动	0	0	0	85.3	29.9	28.2	31	32.9
其他流动负债变动	0	0	0	（0.4）	5.5	5.1	5.2	4.7
营运资本净变动	（79.6）	（107.1）	17.6	（36.1）	（4.4）	（1.8）	（0.1）	2.5
经营活动产生的现金总额	88.1	53.7	185.2	139.2	202.6	235.2	269.4	306.4

在这七个科目中，其中无追索权债务清偿的非现金收益和公司拥有人寿保险贷款费用支出预期发生额为"0"，因此我们不需要在分析中包括这些科目，我们将其他科目引入合并报表，就像我们在做 Office Depot 一样。我们已经在这一部分中增加了行数用来添加这些科目，表 8-4 可以作为指导。

表 8-4 经营性活动现金流量引用（续）

现金流量表项目	公式
非现金减值支出（单元格 G75）	='OfficeMax Financials'！G58
养老金和其他退休基金福利费用（单元格 G76）	='OfficeMax Financials'！G59
递延所得税费用（单元格 G77）	='OfficeMax Financials'！G60
其他（单元格 G78）	='OfficeMax Financials'！G61

一些科目，例如"养老金和其他退休基金福利费用"可能被认为是一次性科目，并且有些人认为它不应该放在分析中。虽然这种观点可能是正确的，但是这也是分析中棘手的部分——这些项目更有可能作为净利润常规化的调整项目，这也是我们收购包括的内容。因此，如果利润表中确实包含这些科目，我们就需要进行调整并计算真正的现金利润。这不仅仅是关于单列项目的名称，更重要的是这些科目是如何影响净利润或者现金的。一些一次性的单列项目确实只是发生一次，并不需要包括到非经常性项目的分析影响之中。虽然很难判断，但大致原则是：如果这些项目与经营活动有关，我们将保留它们并进行分析。此外，我们应该对每一个单列项目做更深入的研究以做出最佳的判断。比如，我们从 OfficeMax 表中引用的"非现金减值支出"科目，这个科目与我们合并的利润表非经常性事项科目的资产减值支出有关。如果我们之前没有将 OfficeMax 净利润中的资产减值科目纳入合并之中，我们同样也不应该包括这个科目的现金影响。但是，既然我们已经在利润表中包括了资产减值的处理，我们也应该在现金流量表中将资产减值科目包括在内。

营运资本

从第 80~86 行的 6 个营运资本科目将引自于营运资本明细计划表，我们将在第十一章中进行讨论。我们现在可以跳过这些项目，一旦我们完成了营运资本计划表，我们再将它们关联起来。

然而，我们现在仍然可以在单元格 G87 计算"营运资本的净变动"，将 80~86 行的项目进行求和。

计算营运资本的净变动（单元格 G87）

Excel 按键	描述
输入"="	进入公式模式
输入"sum（选择单元格 G80 并输入"："	开始构建"求和"公式
	选择序列中的第一个单元格
	代表我们想将序列内从第一个单元格到最后一个单元格的所有单元格包含进来
	选择序列中最后一个单元格
选择单元格 G86，输入"）"	结束"求和"公式
按 <Enter> 键	输入结束
公式结果	= SUM（G80：G86）

我们将经营活动现金流单列项目合计，将营运资本的净变动包含在内，但需要注意不要重复计算营运资本单列项目。

计算经营活动提供的现金总额（单元格 G88）

Excel 按键	描述
输入"="	进入公式模式
输入"sum（选择单元格 G65 并输入"："	开始构建"求和"公式
	选择序列中的第一个单元格
	代表我们想将序列内从第一个单元格到最后一个单元格的所有单元格包含进来
	选择序列中最后一个单元格
选择单元格 G86，并输入"）"	结束"求和"公式
按 <Enter> 键	输入结束
公式结果	= SUM（G65：G86）

我们可以向右复制单元格 G65~G88 的数据（见表 8-5）。

投资活动产生的现金流

资本性支出（Capital Expenditure，CAPEX）是本部分的关键科目，其他投资活动科目都是具体问题具体分析。例如，"资产剥离收益"是投资活动的常见科目，这是由于剥离业务实体或资产产生的现金。现在，如果目标方已经对未来的剥离进行了预测，那么这些剥离计划在交易后会继续吗？或者在某种交易安排下，这些计划将被排除在外，与目标方不再相关。此外，我们也可以采用三种不同的方法来进行预测，首先我们可以仅采用收购方的预测数，第二我们可以合并收购方与目标方的预测，最后我们也可以基于新的合并实体预测新的数据。尽管在经营活动产生的现金流中，我们认为经营活动是业务的核心,所以我们保守的建议是合并收购方与目标方的科目,但是投资活动并不是直接相关核心经营。所以,最终我们仅保留了收购方投资活动的有关科目。当然,这也是保守的方式,如果可以,我们应该逐一对每个科目进行研究。这里大致的假设是我们只保留收购方原有的投资活动,消除目标方的投资活动。所以,在经营活动部分的现金流量中,我们将每一个科目都包括在内,这是基于收购的目标是核心经营活动,因此经营性活动现金流也是并购的核心。但是,其他投资类科目(与经营活动不直接相关)并非是经营活动的核心内容。

表 8-5 经营性活动现金流预测

合并现金流量表 (单位:百万美元,除每股价格外) 截至 12 月末	预测值				
	2013 年	2014 年	2015 年	2016 年	2017 年
经营活动产生的现金流					
净利润	329	516.6	702.2	764.2	827.3
折旧和摊销					
可识别无形资产摊销					
存货与应收款项费用损失	56.2	56.2	56.2	56.2	56.2
权益投资法下净收益	(31.4)	(31.4)	(31.4)	(31.4)	(31.4)
资产减值	11.4	11.4	11.4	11.4	11.4
基于股份支付的补偿性费用	13.6	13.6	13.6	13.6	13.6
递延所得税与递延所得税资产备抵	15.6	(15)	0.7	15.6	(15)
资产处置损失(收益)	(1.8)	(1.8)	(1.8)	(1.8)	(1.8)
其他经营活动	5.4	5.4	5.4	5.4	5.4
非现金减值支出	11	11	11	11	11
养老金和其他退休基金福利费用	5	5	5	5	5
递延所得税费用	7.4	7.4	7.4	7.4	7.4
其他	2.5	2.5	2.5	2.5	2.5
营运资本变动					
应收款项变动					
存货的动					
预付费用及其他资产变动					
递延所得税和应收款项变动					
应付账款、应计费用和其他应计负债变动					
应付所得税变动					
其他流动负债变动					
营运资本净变动	0	0	0	0	0
经营活动产生的现金总额	423.8	580.9	782.2	859	891.6

这个规则的例外就是资本性支出（CAPEX），因为资本性支出与收购方和目标方拥有的核心资产直接相关。因此我们将收购方与目标方的资本性支出合并。合并报表的第 90 行，我们将收购方与目标方的资本性支出科目求和。注意有些分析师也常采用其他方式，例如将资本性支出占销售收入的某个百分比重新进行预测，这种方法更适用于一个独立的模型。如果我们已经预测了销售收入而并非是从独立模型中简单合并了收购方与目标方的销售收入，这样做也是可以的。但是，既然已经采用了合并收购方与目标方销售收入的方法，我们也应该在资本性支出预测方法上保持一致。因此，这也是建模方法上所强调的一致性。如果我们认为新形成的合并主体需要重新预测销售收入，不仅仅是两个独立主体销售收入的简单加总，那我们也应该按照重新预测的销售收入来预测资本性支出，从而保持预测方法的一致性。

因此我们可以在合并报表的第 90 行，可以将收购方与目标方的资本性支出进行求和。

计算资本性支出（单元格 G90）

Excel 按键	描述
输入"＝"	进入公式模式
选择"Office Depot Financials"，标签	从 Office Depot 中引用数据
选择单元格 G81	选择 Office Depot 2013 年的资本性支出
输入"＋"	加上
选择"OfficeMax Financials"，标签	从 OfficeMax 中引用数据
选择单元格 G74	选择 OfficeMax 2013 年的资本性支出
按 <Enter> 键	结束
公式结果	"='Office Depot Financials'！G81!+'OfficeMax Financials'！G74"

现在来看投资活动产生的现金流量其余的科目，正如之前建议的那样，我们将仅仅保留收购方预测的科目。这也是我们建议的通用原则，在特定情况下，仍然会存在例外，这主要依赖于兼并的具体情形。我们也注意到 OfficeMax 投资活动没有任何其他现金流——只有资本性支出。同时我们也注意 Office Depot 在资本性支出下面有五个"投资活动产生的现金流"有关科目，其中只有"资产处置收益"有具体的预测数值，其他科目的预测均为 0。因此我们将这一行引用到合并报表中。合并报表单元格 G91 键入公式为"='Office Depot Financials'！G85"。

我们可以将这些投资活动产生的现金流进行合计。

计算投资活动产生的现金流合计（单元格 G92）

Excel 按键	描述
输入"="	进入公式模式
选择单元格 G90	选择资本性支出
输入"+"	加上
选择单元格 G91	选择资产处置收益
按 <Enter> 键	结束
公式结果	= G90 + G91

表 8-6 投资活动产生的现金流预测

合并现金流量表（单位：百万美元，除每股价格外）		预测值			
截至 12 月末	2013 年	2014 年	2015 年	2016 年	2017 年
投资活动产生的现金流					
资本性支出（CAPEX）	（206.6）	（209.4）	（212.7）	（216）	（219.1）
资产处置收益	8.1	8.1	8.1	8.1	8.1
投资活动产生的现金流合计	（198.5）	（201.3）	（204.6）	（207.9）	（211）

我们可以向右复制 G90~G92 的单元格公式直至 2017 年（见表 8-6）。

筹资活动产生的现金流

我们主要从以下三个主要方面考虑筹资活动：

（1）发行或回购股权；

（2）发行或偿还债务；

（3）分配股利。

同样，我们要分析收购方与目标方的报表科目来确定哪些科目在合并后仍然可以存续。但是，我们需要知道在交易完成后，目标方权益已经消除，所以任何与目标方权益相关的科目也将被清除（见第五章）。同样，如果按照协议需要在交易时偿清负债，那么与目标方债务相关的科目也将消除。因此我们先看一下 OfficeMax 在独立状况下筹资活动的现金流。根据这些科目与此次交易的关系，分析哪些科目可能或者不可能在新的实体中存续（见表 8-7）。

在表 8-7 中，我们看到与所有者权益相关的一些科目不存在了，例如前面两行，"普通股股利"和"优先股股利"都不存在了。

在这个例子中，债务科目有些不同。在模型中，筹资活动产生的现金流量有关债务科目都引自于偿债计划表。我们已经假设在这个合并案例中，目标方的债务将在新的实体中继续存在。因此，尽管接下来三个科目"短期借款（偿还）""长期还款""无追索权债务偿还"的金额是"0"，这并不意味着这些债务已经消除。我们将在资产负债表的章节中进一步展开讨论，我们先在合并报表中合并像短期债务、长期债务和其他与债务相关的有价证券。因此，我们需要确定，至少有些科目与这些债务相关。你可能已经注意到在合并报表的筹资活动产生的现金流量科目中有三个科目是关于这些债务的。我们先不处理这些科目，等最终完成偿债计划表后，再进行相应的引用。但是，我们需要明白如果目标方债务在交易中消除，那么它们就不需要在合并报表中再进行考虑。另一方面，如果目标方的债务不是在交易时支付而是在合并后存续，那它们就会和收购方的债务合并，因而也会在现金流量表的"筹资活动"科目下出现。

表 8-7 OfficeMax 筹资活动产生的现金流

合并现金流量表 （单位：百万美元，除每股价格外）	实际值			预测值				
期末	2010 年	2011 年	2012 年	2013 年	2014 年	2015 年	2016 年	2017 年
筹资活动产生的现金流								
普通股股利	0	0	（3.5）	0	0	0	0	0
优先股股利	（2.7）	（3.3）	（2.1）	（2.1）	（2.1）	（2.1）	（2.1）	（2.1）
短期借款（偿还）净值	（0.7）	0	6	0	0	0	0	0
长期还款	（21.9）	（6.1）	（38.5）	0	0	0	0	0
无追索权债务偿还	0	0	0	0	0	0	0	0
购买优先股	（5.2）	（2.1）	（1）	（1）	（1）	（1）	（1）	（1）
行使股票期权的收入	2	1.9	1	1	1	1	1	1
支付其他基于股份的补偿	0	（4.9）	（1.4）	（1.4）	（1.4）	（1.4）	（1.4）	（1.4）
其他	0	（3.5）	4.7	0	（3.5）	4.7	0	（3.5）
筹资活动产生的总现金流	（28.5）	（18）	（34.8）	（3.5）	（7）	1.2	（3.5）	（7）

接下来的三个科目都和权益相关，因此这些科目全部消除，包括"购买优先股""行使股票期权的收入""支付其他基于股份的补偿"。因此我们不能将它们包括在合并报表中。表中最后一个单列项目"其他"科目则很难分析。过去我们讨论过如何在相对未知情况下分析科目，例如在兼并交易中，我们是否应将目标方的其他筹资活动包括在新的实体里。这取决于这个科目是否与已经消除的债务有关。在没有更多信息的情况下，很难进行判断。我们查遍报表也没有揭示任何信息的话，那么就更难

评价这个科目。然而这个科目通常与目标方权益相关,即使我们错了,金额也不大,也不会影响我们的分析。因此,我们可以假设不将其包含在合并公司里。

因此,总的来说,我们唯一需要继续讨论的科目与 OfficeMax 的债务有关,让我们现在来看看 Office Depot(见表 8-8)。

对于收购方,我们通常需要留下所有科目。看看表 8-8,我们将所有科目引入合并报表。我们建议的一个调整事项就是合并收购方与目标方的相似债务。例如,Office Depot 和 OfficeMax 都有和长期债务收入相关的科目,Office Depot 有一个科目叫"借款收益(偿还)"。通过研究年报,我们意识到这个科目与短期债务有关。因此我们可以将这个科目和 OfficeMax 的"短期借款(偿还)净值"关联起来。正如之前提到的一样,这些科目暂时是空白的,因为它们最终将引自偿债计划表。我们需要注意的是,将所有的债务都区分开也是可能的,但实际上,公司可以在如此大的交易中对债务合并并进行重组。因此我们假设会发生这些合并,这也将使建模简单一些。

表 8-8 Office Depot 筹资活动产生的现金流

合并现金流量表 (单位:百万美元,除每股价格外)	实际值			预测值				
期末	2010 年	2011 年	2012 年	2013 年	2014 年	2015 年	2016 年	2017 年
筹资活动产生的现金流								
基于员工股份交易的净收入	1	0.3	1.6	0.3	0.3	0.3	0.3	0.3
预收账款	0	8.8	0	0	0	0	0	0
普通股发行收入	0	0	0	0	0	0	0	0
非控制性权益支付	(21.8)	(1.3)	(0.6)	(0.6)	(0.6)	(0.6)	(0.6)	(0.6)
债务消除的损失	0	0	(13.4)	0	0	0	0	0
长期债务发行(偿还)	0	0	0	0	0	0	0	0
与债务相关的费用	(4.7)	(9.9)	(8)	(9.9)	(9.9)	(9.9)	(9.9)	(9.9)
可赎回优先股股利	(27.6)	(36.9)	0	0	0	0	0	0
借款发行(偿还)	22.2	(59.6)	(34.8)	0	0	0	0	0
筹资活动产生的总现金流	(30.9)	(98.6)	(55.2)	(10.2)	(10.2)	(10.2)	(10.2)	(10.2)

我们可以将剩下的科目按照表 8-9 那样链接过来。需要注意的是,对于任何预测值为 0 的科目(债务除外),我们都不再考虑。事实上,如果我们日后需要,我们可以随时选择增加行数将这些假设科目包含在内。但实际情况是,由于这些科目都和筹资活动有关,它们可能同时改变,这将取决于合并后新主体的债务结构。但是,如果没有来自公司的直接信息,几乎不可能达到这样的细节水平。因此,我们需要采用保

守的方法。

我们现在可以将"筹资活动产生的现金流"的所有科目加总，注意，尽管它们目前是空值，也不能漏掉任何与债务相关的科目。

表 8-9 投资活动现金流引用

现金流量表项目	公式
基于员工股份交易的净收入（单元格 G97）	='Office Depot 报表'！G90
非控制性权益的支付（单元格 G98）	='Office Depot 报表'！G93
与债务相关的费用（单元格 G99）	='Office Depot 报表'！G96

计算投资活动产生的全部现金（单元格 G100）

Excel 按键	描述
输入"="	进入公式模式
输入"sum"	开始构建"求和"公式
选择单元格 G94	选择序列中的第一个单元格
输入"："	代表我们想将序列内从第一个单元格到最后一个单元格的所有单元格包含进来
选择单元格 G99	选择序列中最后一个单元格
输入"）"	结束"求和"公式
按 \<Enter\> 键	输入结束
公式结果	=SUM（G94：G99）

我们可以向右复制单元格 G97~G100 公式直至 2017 年（表 8-10）。

表 8-10 Office Depot 筹资活动产生的现金流

合并现金流量表（单位：百万美元，除每股价格外）截至 12 月末	预测值				
	2013 年	2014 年	2015 年	2016 年	2017 年
经营活动产生的现金流					
净利润	329	516.6	702.2	764.2	827.3
折旧和摊销					
可识别无形资产摊销					
存货与应收款项费用损失	56.2	56.2	56.2	56.2	56.2
权益投资法净收益	（31.4）	（31.4）	（31.4）	（31.4）	（31.4）
资产减值	11.4	11.4	11.4	11.4	11.4
基于股价支付的补偿性费用	13.6	13.6	13.6	13.6	13.6
递延所得税与递延所得税资产备抵	15.6	（15）	0.7	15.6	（15）
资产处置损失（收益）	（1.8）	（1.8）	（1.8）	（1.8）	（1.8）
其他经营活动	5.4	5.4	5.4	5.4	5.4
非现金减值支出	11	11	11	11	11
养老金和其他退休基金福利费用	5	5	5	5	5

(续)

合并现金流量表 （单位：百万美元，除每股价格外） 截至 12 月末	预测值				
	2013 年	2014 年	2015 年	2016 年	2017 年
递延所得税费用	7.4	7.4	7.4	7.4	7.4
其他	2.5	2.5	2.5	2.5	2.5
营运资本变动					
应收款项变动					
存货变动					
预付费用及其他资产变动					
递延所得税和应收账款变动					
应付账款、应计费用和其他应计负债变动					
应付所得税变动					
其他流动负债的变动					
营运资本的净变动	0	0	0	0	0
经营活动产生的现金总额	423.8	580.9	782.2	859	891.6
投资活动产生的现金流					
资本性支出（CAPEX）	(206.6)	(209.4)	(212.7)	(216)	(219.1)
处理资产与其他的收入	8.1	8.1	8.1	8.1	8.1
投资活动产生的现金流总额	(198.5)	(201.3)	(204.6)	(207.9)	(211)
筹资活动产生的现金流					
短期借款（偿还）净值					
长期借款偿还					
无追索权债务偿还					
基于员工股份交易的净收入	0.3	0.3	0.3	0.3	0.3
非控制性权益的支付	(0.6)	(0.6)	(0.6)	(0.6)	(0.6)
与债务相关的费用	(9.9)	(9.9)	(9.9)	(9.9)	(9.9)
筹资活动产生的现金流总额	(10.2)	(10.2)	(10.2)	(10.2)	(10.2)
汇率对现金及现金等价物的影响	(14.7)	(14.7)	(14.7)	(14.7)	(14.7)
现金及现金等价物变动总额	200.4	354.6	552.7	626.2	655.6

汇率对现金的影响

这个科目经常变动并且难以预测，由于公司有国际子公司，所以汇率对现金的影响是对外币的调整。在独立的模型中，我建议尽可能地"保守"，但是在合并交易中，我们是否应该将目标方汇率对现金的影响包含在内？这不是一个简单的问题，因为事实上我们将享有目标方大部分的现金流，因此任何汇率对现金的影响都将伴随而来。但是，事实上这些数值也可以改变，让我们相对保守地在合并报表中增加收购方与目标方的有关科目。

计算汇率对现金影响的预计数（单元格 G101）

Excel 按键	描述
输入"="	进入公式模式
选择"Office Depot Financials"标签	从 Office Depot 中引入数据
选择单元格 G100	选择 Office Depot 2013 年汇率对现金的影响
输入"+"	加上
选择"OfficeMax 报表"标签	从 OfficeMax 中引入数据
选择单元格 G89	选择 OfficeMax 2013 年汇率对现金的影响
按 <Enter> 键	结束
公式结果	"='Office DepotFinancials'! G100! + 'OfficeMaxFinancials'! G89"

我们可以通过加总经营活动产生的现金流、投资活动产生的现金流、筹资活动产生的现金流、汇率变化对现金及现金等价物的影响来计算现金的全部变动。

计算现金及现金等价物总变动（单元格 G102）

Excel 按键	描述
输入"="	进入公式模式
选择单元格 G88	选择经营活动产生的现金流总额
输入"+"	加上
选择单元格 G92	选择投资活动产生的现金流总额
输入"+"	加上
选择单元格 G100	选择筹资活动产生的现金流总额
输入"+"	加上
选择单元格 G101	选择汇率变化对现金及现金等价物的影响
按 <Enter> 键	结束
公式结果	= G88 + G92 + G100 + G101

我们可以向右复制单元格 G101~G102 的公式直至 2017 年（见表 8-10）。

现在可以讨论并编制资产负债表的调整表了。根据调整过的资产负债表可以建立折旧和营运资本明细计划表，以此来最终完成现金流的预测。请参考附注 1 以确保遵循了正确的建模过程。

第九章
资产负债表调整

我们已经研究了许多现金流量表中的科目，为了完成现金流量表同时填补利润表上的遗留科目，现在应该是我们构建两张支持性明细计划表的时候了。这两张计划表分别是"折旧和摊销"和"营运资本"明细计划表。然而，这些明细计划表依赖于资产负债表的信息。折旧和摊销依赖于有形资产与无形资产价值，营运资本依赖于流动资产与流动负债。因此，在交易情形下，我们最好先构建备考资产负债表，再以此为基础建立折旧和摊销和营运资本明细计划表。

为了清楚解释如何构建备考资产负债表，让我们先来讨论当买方进行交易后资产负债表会发生的改变。

买方支付

- *溢价支付所有者权益（买方价格）*：交易中的协商价格代表账面价值（这可以从资产负债表的所有者权益获得）。然而，对于买方来说，支付高于账面价值的情况很普遍。首先，公开交易公司的市场价格通常高于账面价值；第二，为了适当地激励卖方，买方通常支付高于市场价值的价格。这也称为控制权溢价。除了我们将要讨论的几个科目之外，这个溢价也将作为商誉。
- *净负债（短期负债 + 长期负债 – 现金）和其他债务*：正如第五章我们谈论的，对交易过程做一个最初的概述一样，买方在特定条件下承接卖方原有的净负债，买方有责任募集额外的资金来偿还目标方的债务。或者，基于债务契约，原有债务由合并后的公司承接也是可以的。如果目标方是私有的，由卖方来清理债务也是常见的方式。
- *其他利益相关方*：买方可能对业务中其他所有者权益有责任，包括小股东权益、其他债务（例如融资租赁）。当决定业务中哪一方面应该提供资金完成偿还，或是留到新公司的资产负债表中继续处理，这些因素都是要考虑的。

买方接收

- 全部资产（包括现金）：
    - 应收账款；

- 存货；
- 预付费用；
- 物业、厂房和设备（PP&E）。
- 全部负债（净负债和其他负债除外）：
  - 应计费用；
  - 应付账款。

因此，在收购中，买方接收目标方的所有科目，除了与所有者权益或者净负债有关的科目。这是因为我们已经支付了收购对价，原股东所有者权益已经消失。如果买方同时偿清净负债，则净负债有关科目也将消除。重申一下，总会有例外的案例，但是上述都是需要主要考虑的。

额外的调整

除此之外，并购也创建了三个主要类别的科目：
（1）商誉（收购价格高于账面价值的相关调整）；
（2）新增债务（如果为并购募集债务）；
（3）新增权益（如果为并购新增权益）。

1. 商誉（收购价格高于账面价值的相关调整）

商誉是一种无形资产，通常产生于并购环节。请回顾第五章以了解商誉的概况。我们需要重述，即高于账面价值的收购价格可以被分配给资产的重估增值，新的无形资产、递延所得税调整和商誉。

总结：

收购价格 – 账面价值 = 商誉 + 无形资产 + 资产重估增值 + 递延所得税调整

2. 新增债务

如果需要为并购募集债务，那么将会出现新增债务。

3. 新增权益

如果需要为并购募集权益，那么将会出现新增权益。

总的来说，在收购后要完成备考资产负债表，根据并购交易的组成部分，均可以按照路线图来调整资产负债表。
- 收购原股东权益；
- 偿清净负债；
- 偿清其他债务和股权义务；
- 收到所有其他的资产和债务；
- 创建新的商誉、新的无形资产，资产重估增值，递延所得税调整；
- 创造新的债务；
- 创造新的权益。

交易资金的来源与使用是决定特定交易调整事项的关键。这就像现金驱动了资产负债表，资金的来源与使用驱动了资产负债表调整。

为方便说明，我们列出了最常见的资金使用方式：
- 收购价格；
- 净负债（如果有必要包括其他债务）；
- 交易费用。

为方便说明，我们列出了最常见的资金募集方式：
- 债务融资（常见例子：长期债务、高收益债券、次级债券）；
- 股权融资（普通股或者优先股）。

收购价格的资产负债表调整

资金的来源与使用可以用来确切地追踪我们即将对交易做出的调整。但是我们首先需要将资金的来源与使用科目转换为资产负债表科目。例如，收购价格不是资产负债表的直接科目，但是我们知道收购价格是对目标方权益价值的衡量。我们知道如果收购价格大于目标方账面权益价值，这个差异可以分配到商誉、无形资产以及资产重估增值或者递延所得税调整。为了更方便地说明这个概念，我们假设超过权益账面价值的收购价格部分仅由商誉和无形资产组成，在这个例子中没有资产重估增值和递延所得税调整（见表9-1）。

我们再来重新描述一下这个概念，收购资金用来支付原股东所有者权益，但是为了保持资产负债表平衡，如果收购价格大于所有者权益账面价值，这些额外的资金将分别形成商誉和无形资产科目。

表 9-1 资产负债表调整项

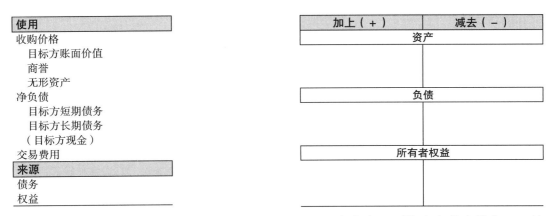

在表 9-2 中，箭头表示对于收购价格的特定调整应当应用到资产负债表的位置。首先，先移除目标方账面价值的所有组成部分，这就是资产负债表全部的"所有者权益"。原股东已经不在了，因此所有相关科目也被消除，随之产生新的商誉和无形资产。

表 9-2 收购价格调整到资产负债表

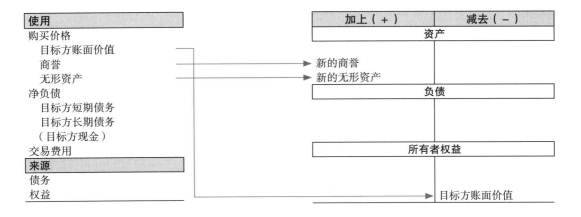

净负债的资产负债表调整

接下来，我们可以看看净负债（见表 9-3）。为了简化描述，我们假设买方在交易时需要偿清原有债务，即目标方的短期和长期债务。如果收购方偿清债务，那么原债务将不会在合并后的资产负债表中存在。注意，我们通常使用"净负债"。如果现金仍然存在于目标方资产负债表中，我们则假设这些现金将用来支付债务。我们将目标方的现金用括号标注，以抵减债务价值。

表9-3 净负债资产负债表调整

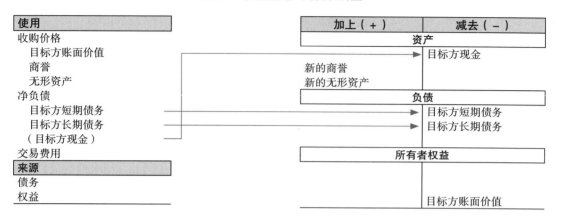

资金来源资产负债表调整

任何满足兼并的资金来源都是资产负债表的一个新的科目。在这个简单的案例中，我们通过债务和股权融资为兼并获取资金，我们可以通过画直线来反映（见表9-4）。在其他复杂案例中，也只是通过多种债务以及股权融资的方式，同样也都会成为资产负债表新的科目。例如，在Office Depot和OfficeMax案例中，通过发行股票来交换OfficeMax的股份。

表9-4 资金来源资产负债表调整

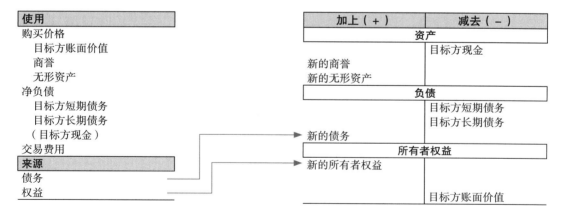

交易费用资产负债表调整

最后，我们需要基于交易费用做出调整。这有些棘手，因为交易费用通常是在兼并当天支付的。我们通常在资产负债表所有者权益部分直接做出调整，按照交易费用金额减少留存收益或者其他综合收益（见表9-5）。

表9-5 交易费用资产负债表调整

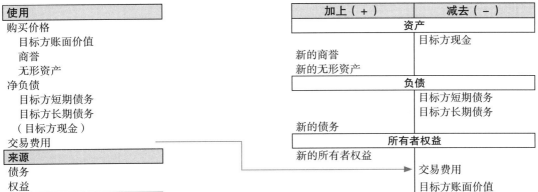

所有的变化都综合反映在表9-6中，如果将资产负债表调整进行概括，也就是基于资金的来源和使用进行调整，备考资产负债表必须保持平衡。因为资金的来源与资金的使用匹配，假设开始时的资产负债表是平衡的，随着资金的使用以及资金的来源进行的调整仍然能产生平衡的资产负债表。

表9-6 资产负债表的全部调整

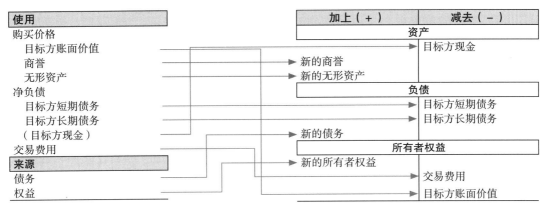

掌握资产负债表调整的原理非常重要，因为你可能面临不寻常的或者更复杂的交易，这些标准化的调整可能不再适用或是需要做额外的调整。现在你应该已经掌握根据资金的使用和来源作为画出资产负债表调整路线图的工具。举一个简单的例子，如果收购方不必马上偿还债务，而是将债务保留在资产负债表中，那会怎么样？如果收购方不必募集额外的资金来支付债务，那么债务也不再是资金使用的一部分。如果是这样，我们也就没有必要对资产负债表债务进行调整了（见表9-7）。

表 9-7 资产负债表调整——无债务偿还

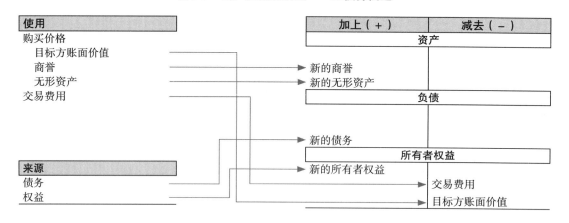

同样地,如果增加额外的资金使用与来源,你需要思考如何将这些科目与资产负债表科目相关联并相应地调整。现在通过 Office Depot 和 OfficeMax 的兼并案例来详细说明这些调整。

Office Depot 和 OfficeMax 的资产负债表调整

我们所学的调整概念可以应用到 Office Depot 和 OfficeMax 的兼并中,这样我们可以了解交易后的资产负债表是什么样子了。重要的是应注意在兼并过程中,除了基于交易协商达成的主要价格条款,资产负债表科目还会有持续性地调整。为了避免那些一次性调整事项,例如资产重估增值或减值、递延所得税,从而使资产负债表调整更加复杂化,我们只涉及主要科目。

注意在 S-4 中的表格展示了资产负债表的每一项调整事项。但是这些调整通常包括了众多的资产重估增值和减值调整,涉及的科目远远不止交易资金的来源与使用。但是,这样小的调整不仅不是分析的核心,也不是固定不变的,它可能随着交易的终结而发生改变。因此根据这个表格追溯每次调整是不可能的,我们只关注那些主要的调整来简化过程。

从合并报表第 105 行开始向下的几行,你将看到"资产负债表调整"明细表且包含五列。开始两列主要是排列我们希望合并的收购方与目标方的资产负债表。接下来两列"加上"和"减去"是列举我们将对收购方与目标方的科目进行加总或进行其他调整的调整列。正如前面部分讨论的，"合计"一栏代表合并后最终的资产负债表。

合并资产负债表理论上类似于我们在第五章讨论的总体兼并过程：一旦我们了解资金的来源与使用，我们就可以通过将收购方与目标方科目相加的方式来进行合并，除了与目标方净负债（如果假设收购方将直接支付目标方的净负债）以及与目标方所有者权益（因为已收购原股东权益）相关的科目。正如我们此前在本章所描述，我们通过资金的来源与使用来确定到底需要做哪些调整。但重要的是，应先将收购方与目标方的资产负债表科目展开、并排对应好，为合并报表做好准备。虽然收购方与目标方有不同的科目，但是我建议如果合适就尽量合并那些相似的科目。换句话说，如果收购方和目标方都有"应收账款"，我们就将其合并在一起——与我们在合并经营活动产生的现金流的科目时相反，例如，我们在合并经营活动产生现金流的时候会将每个收购方科目与目标方科目分开排列。这只是个建议，并不是进行报表合并时的要求。尽管它不会改变整个分析，但是合并相似的科目可以使资产负债表的建模与分析更加容易。从资产负债表的角度来看，我认为将相似的资产负债表科目分开排列是不合理的。

因此，让我们开始在 D 列中布局收购方资产负债表，用表 9-8 或者模型答案作为指导，逐行将 Office Depot 资产负债表项目关联至交易调整表中。一些空白处是预留给目标方 OfficeMax 的，我们将在稍后讨论这部分（见表 9-8 和 9-10）。

注意权益部分分为"所有者权益"和"非所有者权益"部分。如果存在其他股东要求的权益，公司可能会这样设置有关科目，例如非控制性权益。我们建议简单地按照原公司现有的科目，遵循相同的划分。因此我们和 Office Depot 的所有者权益科目保持一致。

让我们继续将 Office Depot 和 OfficeMax 的科目并排引入合并报表中，这样做是为了尽最大可能将相似的科目排列出来，这样有时我们可以移动 OfficeMax 的科目以更好地与 Office Depot 对应。有些科目可以被移动，只要它们仍然在恰当的类别中，比如资产、负债和所有者权益（见表 9-9 和 9-10）。

现在，让我们排列好两个资产负债表准备合并（见表 9-10）。

表 9-8　Office Depot 资产负债表引用

资产负债表调整项目	公式
资产	
现金及现金等价物（单元格 D111）	= 'Office Depot Financials'！F110
应收账款（单元格 D112）	= 'Office Depot Financials'！F111
存货（单元格 D113）	= 'Office Depot Financials'！F112
预付费用及其他流动资产（单元格 D114）	= 'Office Depot Financials'！F113
递延所得税（单元格 D115）	空值（这一行仅在 OfficeMax 存在）
流动资产合计	= SUM（D111：D115）
物业、厂房和设备（单元格 D117）	= 'Office Depot Financials'！F115
商誉（单元格 D118）	= 'Office Depot Financials'！F116
其他无形资产（单元格 D119）	= 'Office Depot Financials'！F117
长期股权投资——Boise Cascade（单元格 D120）	空值（这一行仅在 OfficeMax 存在）
应收票据（单元格 D121）	空值（这一行仅在 OfficeMax 存在）
递延所得税（单元格 D122）	= 'Office Depot Financials'！F118
其他非流动资产（单元格 D123）	= 'Office Depot Financials'！F119
资产合计	= SUM（D116：D123）
负债	
应付账款、应计费用和其他应计负债（单元格 D127）	= 'Office Depot Financials'！F123
短期借款和一年内到期的长期借款（单元格 D128）	= 'Office Depot Financials'！F124
应交税费（单元格 D129）	空值（这一行仅在 OfficeMax 存在）
其他流动负债（单元格 D130）	空值（这一行仅在 OfficeMax 存在）
流动负债合计	= SUM（D127：D130）
递延所得税和其他长期负债（单元格 D132）	= 'Office Depot Financials'！F126
长期债务，扣除一年内到期债务（单元格 D133）	= 'Office Depot Financials'！F127
无追索权的债务（单元格 D134）	空值（这一行仅在 OfficeMax 存在）
应付薪酬与福利（单元格 D135）	空值（这一行仅在 OfficeMax 存在）
资产处置获得递延收益（单元格 D136）	空值（这一行仅在 OfficeMax 存在）
合资企业的非控制性权益（单元格 D137）	空值（这一行仅在 OfficeMax 存在）
负债合计	= SUM（D131：D137）
权益合计	
所有者权益	
普通股 + 资本公积（单元格 D141）	= 'Office Depot Financials'！F131
累计其他综合收益（损失）（单元格 D142）	= 'Office Depot Financials'！F132
库存股（单元格 D143）	= 'Office Depot Financials'！F133
优先股（单元格 D144）	空值（这一行仅在 OfficeMax 存在）
所有者权益合计	= SUM（D141：144）
可赎回优先股（单元格 D146）	= 'Office Depot Financials'！F135
非控制性权益（单元格 D147）	= 'Office Depot Financials'！F136
权益合计	= SUM（D145：D147）
负债与权益合计	= D138 + D148

表 9-9 OfficeMax 资产负债表引用

资产负债表调整项目	公式
资产	
现金及现金等价物（单元格 E111）	= 'OfficeMax Financials'！F99
应收账款（单元格 E112）	= 'OfficeMax Financials'！F100
存货（单元格 E113）	= 'OfficeMax Financials'！F101
预付费用及其他流动资产（单元格 E114）	= 'OfficeMax Financials'！F103（注意我们将这个移到 Office Depot 的递延所得税上面）
递延所得税（单元格 E115）	= 'OfficeMax Financials'！F102
流动资产合计	= SUM（E111：E115）
物业、厂房和设备（单元格 E117）	= 'OfficeMax Financials'！F105
商誉（单元格 E118）	空值（这一行仅在 Office Depot 存在）
其他无形资产（单元格 E119）	= 'OfficeMax Financials'！F106
长期股权投资 Boise Cascade（单元格 E120）	= 'OfficeMax Financials'！F107
应收票据（单元格 E121）	= 'OfficeMax Financials'！F108
递延所得税（单元格 E122）	= 'OfficeMax Financials'！F109
其他非流动资产（单元格 E123）	= 'OfficeMax Financials'！F110
资产合计	= SUM（E116：E123）
负债	
应付账款、应计费用和其他应计负债（单元格 E127）	= 'OfficeMax Financials'！F114
短期借款和一年内到期的长期借款（单元格 E128）	= 'OfficeMax Financials'！F117（注意我们将这个移到 Office Depot 三个项目的上面）
应交税费（单元格 E129）	= 'OfficeMax Financials'！F115
其他流动负债（单元格 E130）	= 'OfficeMax Financials'！F116
流动负债合计	= SUM（E127：E130）
递延所得税和其他长期负债（单元格 E132）	= 'OfficeMax Financials'！F123（注意我们移动这一项和 Office Depot 相对应）
长期债务，扣除一年内到期债务（单元格 E133）	= 'OfficeMax Financials'！F119
无追索权的债务（单元格 E134）	= 'OfficeMax Financials'！F120
应付薪酬与福利（单元格 E135）	= 'OfficeMax Financials'！F121
资产处置获得递延收益（单元格 E136）	= 'OfficeMax Financials'！F122
合资企业的非控制性权益（单元格 E137）	= 'OfficeMax Financials'！F124
负债合计	= SUM（E131：E137）
权益合计	
所有者权益	
普通股 + 资本公积（单元格 E141）	= 'OfficeMax Financials'！F129（注意我们移动这一项和 Office Depot 相对应）
累计其他综合收益（损失）（单元格 E142）	= 'OfficeMax Financials'！F130（注意我们移动这一项和 Office Depot 相对应）
库存股（单元格 E143）	空值（这一行仅在 Office Depot 存在）
优先股（单元格 E144）	= 'OfficeMax Financials'！F128
所有者权益合计	= SUM（E141：E144）
可赎回优先股（单元格 E147）	空值（这一行仅在 Office Depot 存在）
非控制性权益（单元格 E148）	空值（这一行仅在 Office Depot 存在）
权益合计	= SUM（E145：E147）
负债与权益合计	= E138 + E148

表 9-10 Office Depot 和 OfficeMax 资产负债表

合并资产负债表 （单位：百万美元，除每股价格外） 2012 年 12 月 29 日	实际值		预测值		
	合并方	被合并方	加上（+）	减去（−）	合计
资产					
流动资产					
现金及现金等价物	670.8	495.1			
应收账款	803.9	528.3			
存货	1 050.6	812.5			
预付费用及其他流动资产	170.8	79.5			
递延所得税和应收账款		68.6			
流动资产合计	2 696.2	1 983.9			
物业、厂房和设备净值	856.3	352.2			
商誉	64.3				
其他无形资产	16.8	80.8			
长期股权投资 Boise Cascade Holding, L.L.C.		175			
应收票据		817.5			
递延所得税	33.4	108.8			
其他非流动资产	343.7	266.2			
资产合计	4 010.8	3 784.3			
负债					
流动负债					
应付账款、应计费用和其他应计负债	1 871.8	822.3			
短期借款和一年内到期的长期借款	174.1	10.2			
应交税费		4.2			
其他流动负债		219.9			
流动负债合计	2 046	1 056.6			
递延所得税和其他长期负债	431.5	142.4			
长期债务，扣除一年内到期债务	485.3	226			
无追索权的债务		735			
应付薪酬与福利		365.6			
资产处置获得递延收益		179.8			
合资企业的非控制性权益		44.6			
负债合计	2 962.8	2 749.9			
权益合计					
所有者权益					
普通股 + 资本公积	1 122.7	1 235.9			
累计其他综合收益（损失）	（403.5）	（228.9）			
库存股	（57.7）				
优先股		27.4			
所有者权益合计	661.4	1 034.4			
可赎回优先股	386.4				
非控制性权益	0.1				
权益合计	1 047.9	1 034.4			
负债与权益合计	4 010.8	3 784.3			
补充数据：					
是否平衡？	是	是			是

资产负债表调整

在资产负债表的顶部,你可能注意到 F 列与 G 列,标注的分别是"加上"和"减去"。根据之前的讨论,我们将使用这些列进行调整。

相比使用加法与减法,用贷方与借方做"T 形账户"调整是常见惯例。换句话说,借方代表资产增加,负债减少,贷方代表资产减少,负债增加。尽管这个方法能准确代表每个"T 形账户"资产负债表的改变,但也令人困惑,因为也没有最终表明调整是如何进行的,使用加上或减去有时更加简单直接。

进行实际的调整之前,先在 H 列建立合计列。对于合计,我们希望合并收购方与目标方的每一个科目,从增加的一列加上,从减去的一列减去相应的科目,如:

$$合计值 = 收购方 + 目标方 + 增加项 - 减去项$$

在增加与减少列中我们将做出调整。因此在 H111 中我们会写 "= D111 + E111 + F111 - G111"。

除了合计值,我们希望每行的科目都用相同的公式。换句话说,第 116 行流动资产合计,应该将流动资产从上往下加总。因此我们将复制公式 H111~H115。我们可以重新在 H116 中计算求和公式,或者按 <Alt + = > 键,或者我们可以从单元格 E116 复制相同的公式到单元格 H116。如果做法正确,那么合计列将同表 9-11 相似。

表 9-11 建立资产负债表的调整表

合并资产负债表 (单位:百万美元,除每股价格外) 2012 年 12 月 29 日	实际值		预测值		
	收购方	目标方	加上(+)	减去(-)	合计
资产					
流动资产					
现金及现金等价物	670.8	495.1			1 165.9
应收账款	803.9	528.3			1 332.2
存货	1 050.6	812.5			1 863.1
预付费用及其他流动资产	170.8	79.5			250.3
递延所得税和应收账款		68.6			68.6
流动资产合计	2 696.2	1 983.9			4 680.1

整个合计列,我们都可以继续使用与单元格 H111~H115 相同的调整公式,除了合计列的合计值。例如,我们可以复制单元格 H115 的公式,将其粘贴到单元格 H117~单元格 H123 中。我们可以重新计算全部资产或者简单地复制 E124 的公式到 H124 中。

我们可以在"负债"与"权益"部分继续这样操作，从单元格 H123 复制公式到 H127~H130，H132~H137，H141~H144 以及 H146~H147。然后我们可以将合计值的公式从 E131、E138、E145、E148 和 E149 复制到 H 列（见表 9-12）。

确保此时的调整公式计算正确十分重要，因为当我们输入调整数值时，它们将自动关联并调整合计值。

现在我们可以开始进行实际的调整。将收购价格理解为"所有者权益 + 商誉 + 无形资产 + 资产重估增值 + 递延所得税调整"，我们可以对资产负债表进行调整，移除目标方的所有者权益，加上新产生的商誉和其他新科目。因此，我们首先来移除所有者权益下的所有科目。G 列是减少列，因此要移除所有者权益的科目，我们可以将目标方的数值关联到这列中。换句话说，我们可以在单元格 G141 输入" = E141"，将数值"1 235.9"引入单元格 G141，这将使全部普通股股本减少到"1 122.7"。将调整项以这种方式关联起来很重要，这样如果我们需要改变目标方资产负债表的数值，那么其他科目的数值也可以随之适当地调整。

我们想要继续移除目标方资产负债表中所有者权益的其他部分，包括：

- 累计其他综合收益（损失）；
- 优先股。

或者我们可以简单地复制单元格 G141~G144，从合并实体中移除目标方所有者权益的部分（见表 9-13）。

因此可以看到此时我们只留下了左边收购方的所有者权益科目。因为收购方买下目标方的全部股权，目标方的权益就消失了，这也符合常理。开始时列出目标方所有者权益的科目之后再移除，这种做法似乎有些多余，但是这对于模型的推导过程和一致性非常重要。

净负债

如果你还记得前面章节的内容，在解释交易的核心调整项时，我们的例子是假设目标方净负债在交易后将被消除。虽然这种情况很常见，但在 Office Depot 和 OfficeMax 的兼并中，目标方净负债不会被移除，并将带入新的实体中，因此我们在这里不做任何调整。

表 9-12 建立资产负债表调整表

合并资产负债表 (单位：百万美元，除每股价格外) 2012 年 12 月 29 日	实际值		预测值		
	收购方	目标方	加上(＋)	减去(－)	合计
资产					
流动资产					
现金及现金等价物	670.8	495.1			1 165.9
应收账款	803.9	528.3			1 332.2
存货	1 050.6	812.5			1 863.1
预付费用及其他流动资产	170.8	79.5			250.3
递延所得税和应收账款		68.6			68.6
流动资产合计	2 696.2	1 983.9			4 680.1
物业、厂房和设备净值	856.3	352.2			1 208.6
商誉	64.3				64.3
其他无形资产	16.8	80.8			97.6
长期股权投资——Boise Cascade Holdings, L.L.C		175			175
应收票据		817.5			817.5
递延所得税	33.4	108.8			142.2
其他非流动资产	343.7	266.2			609.9
资产合计	4 010.8	3 784.3			7 795.1
负债					
流动负债					
应付账款、应计费用和其他应计负债	1 871.8	822.3			2 694.1
短期借款和一年内到期的长期借款	174.1	10.2			184.4
应交税费		4.2			4.2
其他流动负债		219.9			219.9
流动负债合计	2 046	1 056.6			3 102.6
递延所得税和其他长期负债	431.5	142.4			573.9
长期债务，扣除一年内到期债务	485.3	226			711.3
无追索权的债务		735			735
应付薪酬与福利		365.6			365.6
资产处置获得递延收益		179.8			179.8
合资企业的非控制性权益		44.6			44.6
负债合计	2 962.8	2 749.9			5 712.8
权益					
所有者权益					
普通股＋资本公积	1 122.7	1 235.9			2 358.6
累计其他综合收益(损失)	(403.5)	(228.9)			(632.4)
库存股	(57.7)				(57.7)
优先股		27.4			27.4
所有者权益合计	661.4	1 034.4			1 695.8
可赎回优先股	386.4				386.4
非控制性权益	0.1				0.1
权益合计	1 047.9	1 034.4			2 082.3
负债与权益合计	4 010.8	3 784.3			7 795.1
补充数据：					
是否平衡？	是	是			是

表 9-13 资产负债表所有者权益调整

合并资产负债表 （单位：百万美元，除每股价格外） 2012 年 12 月 29 日	实际值		预测值		
	收购方	目标方	加上（＋）	减去（－）	合计
权益					
所有者权益					
普通股＋资本公积	1 122.7	1 235.9		1 235.9	1 122.7
累计其他综合收益（损失）	（403.5）	（228.9）		（228.9）	（403.5）
库存股	（57.7）				（57.7）
优先股		27.4		27.4	0
所有者权益合计	661.4	1 034.4			661.4
可赎回优先股	386.4				386.4
非控制性权益	0.1				0.1
权益合计	1 047.9	1 034.4			1 047.9

商誉与无形资产

现在计算商誉与无形资产也非常重要，这将在资产负债表的调整中使用。调整的科目在"假设"工作表，从单元格 G12 开始。首先将收购价格关联到单元格 H12，我们可以从单元格 H6 中获得该数据，因此在单元格 H12 中输入"＝H6"。

下一行"目标方账面价值"，我们将从目标方资产负债表中找到。因此在单元格 H13 中我们将关联合并资产负债表中的单元格 E145，即目标方所有者权益合计。或者在 H13 输入"＝'合并报表'！E145"。

单元格 H14 的数据为收购价格高于账面价值的部分，这代表高于账面价值的全部溢价，或者收购价格减去账面价值，因此 H14 的公式为"＝H12－H13"。

注意，高于账面价值的价格是负值。这很不寻常，表示支付的价格实际上低于 OfficeMax 的账面价值。如果假设这个值是正的，我们通常会分配给无形资产、资产重估增值、递延所得税调整或是商誉。鉴于我们现在得到的是负值，它可以通过资产减值或者递延所得税调整进行处理。但是假设资产减值会产生很多相关影响，我们也不知道递延所得税如何调整，所以我们先将这个负值作为商誉的减项。这也是一个相当小的数值，因此对于商誉和固定资产的调整来说不会影响到我们的分析。

为了建模的规范，尽管数值是负数，我们仍然要计算无形资产摊销。某些时候，交易条款发生改变，商誉也就会变成正数。如果是这样，我们的模型就可以灵活来处理这些情况。

需要注意的是，从商誉中准确地分离出无形资产几乎是不可能的，但我们通常使用保守的假设，即假设收购价格高于账面价值部分的 25% 分配给无形资产。本案例中，现在我们把 0% 分配到无形资产，因此我们在单元格 H15 中输入"0"，然后用百分比乘以收购价格高于账面价值的部分，计算新增的无形资产价值，或者在单元格 H16 中输入"= H14*H15"。

由于得出的值为"0"，尽管不必要，但我们还是继续为无形资产假设可以使用的期限。对于新的无形资产，惯例可以使用 15 年。因此，我们可以在单元格 H17 中输入"15"。如果收购结构改变，我们可以随时调整这些假设。我们现在可以计算从新的无形资产中产生的摊销。假设 15 年的摊销期限，H18 单元格可以简单地写为"= H16/H17"。这个费用将会链接到利润表和现金流量表中。我们将在第十章中进行讨论，尽管也可以超前操作，现在就把它们关联起来。

因此，我们可以将剩下的调整项假设为"0"，在单元格 H20 和 H21 中暂时输入"0"。保留着这些项目也很重要，不仅为了展示，随着交易结束，当我们有了更清楚的了解，就可以使用这些科目。商誉可以通过收购价格减去账面价值，再减去新的无形资产、资产重估增值和递延所得税调整来计算。或者，在单元格 H22 中输入"= H14 − H16 − H20 − H21"，这个值将在交易调整中使用（见表 9-14）。

表 9-14 商誉假设

商誉和无形资产	
收购价格（权益价值）	940.6
目标方账面价值	1 034.4
高于账面的部分	（93.8）
分配给无形资产的百分比	0%
新的无形资产	0
摊销（年）	15
摊销（美元/年）	0
调整：	
物业、厂房和设备增值（减值）	0
递延所得税调整	0
商誉	（93.8）

现在，我们可以将商誉增加到调整表中的资产部分。F 列为资产负债表的增加项。因此，我们将假设表里 H23 单元格的商誉关联到合并报表的单元格 F118。单元格 F118 将写为"＝假设！H22"。虽然我们假设新的无形资产、资产重估增值和递延所得税调整都为 0，也仍然可以将它们关联进来。因此，新的无形资产也将增加合并报表第 119 行的无形资产。F119 将写为"＝假设！H16"。如果资产重估增值，它将增加第 117 行的固定资产（物业、厂房和设备），因此 F117 将写为"假设！H20"。如果固定资产调整的结果是减值，那么单元格 H20 的值就会是负值，不管怎样，F117 中固定资产的增加或者减少都会随之调整。最后，我们要将假设表的 H21 关联到调整表 G132 的递延所得税中，或者 G132 写为"＝假设！H21"。注意，我们将递延所得税调整作为负债减少项。可能也会有递延所得税资产调整，这也可能在资产负债表的资产部分单独列出，或者就放在负债中作为抵减项。

接下来，我们将关联资金的来源，资金的来源如下：

- 普通股；
- 库存现金。

普通股股本将是资产负债表"所有者权益"部分的增加项。由于收购方将会发行股票与目标方交换股份，所以股份数量增加，所以我们要把假设表中的权益来源关联到合并报表的权益部分。或者合并报表的单元格 F141 写为"＝假设！E7"。

其他的资金来源，库存现金，代表收购方使用自有现金来完成交易。因此已经存在于收购方资产负债表中的现金科目会减少，或者合并报表单元格 G111 将显示为"＝假设！E9"。

你可能注意到资金来源的债务部分是"0"。如果债务真的用于为交易募集资金，那么在合并的资产负债表中债务余额将会增加。因此，我们将它们关联进来，为了以后使用。债务来源可以分为长期债务、短期债务或者其他类型债务。对于这个例子我们假设债务指的是长期债务。因此合并报表中 F133 单元格将写为"＝假设！E8."。

接下来需要调整交易费用。需要记住，交易费用会在"所有者权益"部分受到影响，因此我们通常在"累计其他综合收益（损失）"或者"留存收益"中调整。在这个例子中没有"留存收益",因此我们使用"累计其他综合收益(损失)"。单元格 G142 中已经关联了调整累计其他综合收益(损失)的公式,所以我们需要修改公式以包含交易费用。公式将从"=E142"改成"=E142 + 假设!H8"。

做完最后一项调整之后,备考资产负债表将会平衡,你可以看到单元格 H151 中会显示"Y"。如果没有,那么合计列的公式结构可能有问题,或者合计列的合计值公式有问题(请参见表 9-15 进行对比)。

既然已经有了核心的备考资产负债表,我们就可以继续完成模型,并分析兼并后的财务状况。请参考附录 1 以确保遵循了正确的建模过程。

表 9-15 资产负债表调整表

合并资产负债表 (单位:百万美元,除每股价格外) 2012 年 12 月 29 日	实际值		预测值	
	收购方	目标方	加上(+)减去(-)	合计
资产				
流动资产				
现金及现金等价物	670.8	495.1	4.7	1 161.2
应收账款	803.9	528.3		1 332.2
存货	1 050.6	812.5		1 863.1
预付费用及其他流动资产	170.8	79.5		250.3
递延所得税和应收账款		68.6		68.6
流动资产合计	2 696.2	1 983.9		4 675.4
物业、厂房和设备	856.3	352.2	0	1 208.6
商誉	64.3		(93.8)	(29.5)
其他无形资产	16.8	80.8	0	97.6
长期股权投资——Boise Cascade Holgings, L.L.C.		175		175
应收票据		817.5		817.5
递延所得税	33.4	108.8		142.2
其他非流动资产	343.7	266.2		609.9
资产合计	4 010.8	3 784.3		7 696.6
负债				
流动负债				
应付账款、应计费用和其他应计负债	1 871.8	822.3		2 694.1
短期借款和一年内到期的长期借款	174.1	10.2		184.4
应交税费		4.2		4.2
其他流动负债		219.9		219.9
流动负债合计	2 046	1 056.6		3 102.6
递延所得税和其他长期负债	431.5	142.4	0	573.9
长期债务,扣除一年内到期债务	485.3	226	0	711.3
无追索权的债务		735		735
应付薪酬与福利		365.6		365.6
资产处置获得递延收益		179.8		179.8
合资企业的非控制性权益		44.6		44.6
负债合计	2 962.8	2 749.9		5 712.8

（续）

合并资产负债表 （单位：百万美元，除每股价格外） 2012 年 12 月 29 日	实际值		预测值		
	收购方	目标方	加上(＋)	减去(－)	合计
权益					
所有者权益					
普通股＋资本公积	1 122.7	1 235.9	940.6	1 235.9	2 063.3
累计其他综合收益（损失）	（403.5）	（228.9）		（224.2）	（408.2）
库存股	（57.7）				（57.7）
优先股		27.4		27.4	0
所有者权益合计	661.4	1 034.4			1 597.3
可赎回优先股	386.4				386.4
非控制性权益	0.1				0.1
权益合计	1 047.9	1 034.4			1 983.8
负债与权益合计	4 010.8	3 784.3			7 696.6
补充数据：					
是否平衡？	是	是			是

第十章
折旧计划表

创建折旧计划表的好处在于，它不仅针对公司现有资产进行折旧，还列出了对未来投入资产（资本性支出）折旧的规划。在收购中，收购方的资产将与目标公司的核心资产合并。其中可能存在着资产增值或减值，这将增加或减少资产净值的余额。这些增值或减值会在资产负债表调整中反映出来，也就是合并报表第117行物业、厂房和设备（PP&E）净值项。我们也将现金流量表中收购方和目标方的预计资本性支出合并，也就是合并报表中的第90行。我们会用PP&E和资本性支出来计算新的预计折旧。在合并PP&E和资本性支出时，我们假设在并购发生时所有资产价值会重新评估并重新开始计提折旧。这是一个很重要的假设。我们之前讨论过，根据并购情况的不同，有多种方法来预测报表项目。预测折旧也是一样。换句话说，在并购发生前，目标方和收购方都按照它们自身的折旧率和资本性支出计提折旧。所以真正的问题是，合并后的公司实体是否继续单独对资产进行折旧？还是说合并后的资产和资本性支出都按照收购方的折旧率计提折旧？又或者是两者都采用与之前完全不同的折旧率？所有这些可能性都是存在的，甚至还存在各种可能性的混合。但是除非我们知道将要发生的确切细节，否则最好还是采用一般的简化方法。随着时间的推移，人们常常可能回头对财务模型进行更多细节的调整。折旧上的微小调整通常不会影响到整体的分析，因为折旧为非现金支出，会加回现金流量表中。但是，每一种可能性都需要考虑到。一般理论认为，在收购发生后，重新评估目标方资产是更为常见的现象。当然，这就是产生资产重估增值和资产减值的原因——基于对被收购资产价值的重新评估。所以，在建模过程中，我们常常只是简单地考虑收购方和目标方的净资产，在假设目标方资产被收购方持有并重新评估的情况下，根据收购方的折旧率来制订折旧计划。再次重申，每笔交易都有其独特之处，所以对资产进行准确的尽职调查是很重要的。但是在对交易没有更多了解的时候，这个假设是一个良好公允的开始。所以，当你查看Office Depot的折旧计划时，从"Office Depot Financials"标签页的第141行开始（见表10-1），你能看到公司用直线折旧法对资产计提折旧。所以我们也采用这个方法。

表 10-1 Office Depot 计划折旧

折旧 （单位：百万美元，除每股价格外）		预测值			
截至 12 月末	2013 年	2014 年	2015 年	2016 年	2017 年
年初物业、厂房和设备	856.3				
年初资本性支出	117.3	117.8	119	120.2	121.4
直线折旧法					
使用年限（物业、厂房和设备）	5				
使用年限（资本性支出）	15	15	15	15	15
现有物业、厂房及设备	171.3	171.3	171.3	171.3	171.3
2013 年资本性支出	7.8	7.8	7.8	7.8	7.8
2014 年资本性支出		7.9	7.9	7.9	7.9
2015 年资本性支出			7.9	7.9	7.9
2016 年资本性支出				8	8
2017 年资本性支出					8.1
直线折旧总额	179.1	186.9	194.9	202.9	211

直线折旧法

我们需要对合并后实体的物业、厂房和设备（PP&E）净值和未来计划进行的资本性支出这两者进行折旧。这将会对应一个分层的折旧计划，也就是每当发生新的资本性支出时，都会伴随折旧的发生。

我们从资产负债表调整中的物业、厂房和设备金额的净值开始，也就是资产净值。需要注意，这个固定资产净值包含了 OfficeMax 和 Office Depot 两家公司，还反映出了所有会影响净资产余额的资产增值和资产减值因素。在合并报表的单元格 H117 中我们可以找到固定资产净值数额为 12.086 亿美元，并把它链接到折旧计划顶部的单元格 G203 中。在单元格 G203 中应该写为"= H117"。我们将 2012 年的数据引入 2013 年栏的做法可能看起来会很奇怪，但这么做的原因在于，虽然这是 2012 年年末的固定资产净值，但会用来计算 2013 年的预计折旧费用（上一年年末的固定资产余额将用来计算下一年的预计折旧）。所以我觉得将它放入 2013 年一栏中是合适的。它也可以链接到单元格 F203 中，对输出结果没有任何影响。

现在我们需要为此资产净值计算折旧。在表 10-1 中我们可以看到，收购方正对其核心固定资产净值按五年计提折旧。正如我们前面讨论的那样，我们会采用收购方的折旧方法，并运用到合并后的企业实体中。所以，我们在合并报表的单元格G206中输入"5"。

我们会在第208行列出对固定资产的预计折旧。因为折旧额计算公式为资产价值/使用年限，我们可以将固定资产净值除以我们假定的使用年限"5"来计算折旧额。

物业、厂房和设备折旧（单元格G208）

Excel 按键	描述
输入 "="	进入"公式"模式
选择 G203	物业、厂房和设备净值
输入 "/"	除以
选择 G206	2014年物业、厂房和设备的折旧年限
按 <Enter> 键	结束
公式结果	= G203/G206

结果得到2.417亿美元，这就是在资产使用年限期间内我们每年应计提的折旧额。

注意，如果我们将这个公式向右复制，就像我们在利润表和现金流量表中对大多数公式所做的那样，将显示存在错误。这是因为，随着我们向右复制公式，单元格引用也会向右复制。也就是说，公式"=G203/G206"变成了"=H203/H206"等。但是在这种情况下，我们并不想改变单元格引用，只想在能够不改变单元格引用的情况下向右复制公式。我们可以通过在原始公式中的列引用之前添加一个"$"来实现。"$"锚定了单元格引用。于是我们可以在每一个单元格引用前面加上一个"$,"从而将公式由"=G203/G206"变为"=$G203/$G206"。在单元格的编辑模式下按F4键是在这些公式中添加"$"的一种快捷方法。现在我们可以将这个公式向右复制到2017年为止。

需要注意的是，我们没有在行数前也加上一个"$"，但实际上我们也可以这么做，公式会变为"=$G$203/$G$206"。这样做也会同时锚定住行引用，但是在这里并不会产生太大的差别，因为我们不会将此公式复制到其他行。

将折旧公式复制到右侧之后，折旧计划应显示为表10-2。

表 10-2 物业、厂房和设备折旧

折旧 （单位：百万美元，除每股价格外）	预测值				
截至 12 月末	2013 年	2014 年	2015 年	2016 年	2017 年
年初物业、厂房和设备	1 208.6				
年初资本性支出					
直线折旧法					
使用年限（物业、厂房和设备）	5				
使用年限（资本性支出）					
现有物业、厂房和设备	241.7	241.7	241.7	241.7	241.7
2013 年资本性支出					
2014 年资本性支出					
2015 年资本性支出					
2016 年资本性支出					
2017 年资本性支出					
直线折旧合计					

现在，我们可以开始输入对资本性支出的假设值和折旧值。记住，我们在现金流量表中预测了资本性支出，可以使用这些预测值并将它们链接到折旧计划中。注意在我们的现金流量表中，资本性支出计划为负值。因此在将它们链接到折旧计划时，我们希望反转符号使之显示为正值。我们想要在第 204 行插入这些公式，所以在单元格 G204 中，我们可以输入"= –"（注意符号"–"在符号"="后面）；在现金流量表中选择 2013 年的资本性支出，也就是单元格 G90，然后按 <Enter> 键。现在我们在折旧计划中可以得到正的 2013 年预计资本性支出。我们将单元格 G204 中的公式向右复制。在这里我们不需要添加"$"符号，因为在向右侧复制公式时，我们希望这些单元格的列引用也随之向右移动。

现在我们可以从 2013 年起对每年的资本性支出计提折旧。在这里，考虑时间因素是很重要的。我们假设资本性支出将在 2013 年年初建设完成，从而到年末将会有一整年的折旧。现在我们需要对资本性支出的使用年限做出假设。我们再次采用与收购公司相同的折旧率。如表 10-1 中所示，公司将资本性支出按 15 年进行折旧。第 207 行是留给资本性支出使用年限的，所以我们在单元格 G207 中输入"15"。然后我们可以在第 209 行中创建 2013 年的资本性支出折旧公式。

2013 年资本性支出折旧（单元格 G209）

Excel 按键	描述
输入 "="	进入"公式"模式
选择 G204	2013 年资本性支出
按 <F4> 键	在单元格中添加 "$"
输入 "/"	除以
选择 G207	2013 年资本性支出折旧年限
按 <F4> 键	在单元格中添加 "$"
按 <Enter> 键	结束
公式结果	= $G$204/$G$207

我们将得到对 2013 年的资本性支出计提的折旧额 1 380 万美元。当然，在 15 年中每年都会产生这么多折旧，于是我们需要将这个公式向右复制至 2017 年（见表 10-3）。

表 10-3　2013 年资本性支出折旧

折旧 （单位：百万美元，除每股价格外）		预测值			
截至 12 月末	2013 年	2014 年	2015 年	2016 年	2017 年
年初物业、厂房和设备	1 208.6				
年初资本性支出	206.6	209.4	212.7	216	219.1
直线折旧法					
使用年限（物业、厂房和设备）	5				
使用年限（资本性支出）	15				
现有物业、厂房和设备	241.7	241.7	241.7	241.7	241.7
2013 年资本性支出	13.8	13.8	13.8	13.8	13.8
2014 年资本性支出					
2015 年资本性支出					
2016 年资本性支出					
2017 年资本性支出					
直线折旧合计					

现在我们可以对 2014 年的资本性支出继续这一过程。注意，因为 2014 年的资本性支出直到 2014 年才会开始发生，从而折旧也将从 2014 年才会开始计提；所以 2013 年将没有折旧，也就是说单元格 G210 中将没有公式。我们从单元格 H210 开始操作。我们在表 10-1 中看到，Office Depot 按照 15 年的使用年限来对 2014 年的资本性支出计提折旧，所以我们在单元格 H207 中输入 "15"。然后我们可以在第 210 行中创建 2014 年的资本性支出折旧公式。

2014 年资本性支出折旧（单元格 H210）

Excel 按键	描述
输入"="	进入"公式"模式
选择 H204	2014 年资本性支出
按 <F4> 键	在单元格中添加"$"
输入"/"	除以
选择 H207	2014 年资本性支出折旧年限
按 <F4> 键	在单元格中添加"$"
按 <Enter> 键	结束
公式结果	= $H$204/$H$207

当然，这项折旧会持续发生 15 年，所以我们需要将这个公式向右侧复制（见表 10-4）。

表 10-4 2014 年资本性支出折旧

折旧 （单位：百万美元，除每股价格外）		预测值			
截至 12 月末	2013 年	2014 年	2015 年	2016 年	2017 年
年初物业、厂房和设备	1 208.6				
年初资本性支出	206.6	209.4	212.7	216	219.1
直线折旧法					
使用年限（物业、厂房和设备）	5				
使用年限（资本性支出）	15	15			
现有物业、厂房和设备	241.7	241.7	241.7	241.7	241.7
2013 年资本性支出	13.8	13.8	13.8	13.8	13.8
2014 年资本性支出		14	14	14	14
2015 年资本性支出					
2016 年资本性支出					
2017 年资本性支出					
直线折旧合计					

对 2015 年的资本性支出也继续这种计算方式，在单元格 I207 中保持折旧年限为 15 年。

2015 年资本性支出折旧（单元格 I211）

Excel 按键	描述
输入"="	进入"公式"模式
选择 I204	2015 年资本性支出
按 <F4> 键	在单元格中添加"$"
输入"/"	除以
选择 I207	2015 年资本性支出折旧年限
按 <F4> 键	在单元格中添加"$"
按 <Enter> 键	结束
公式结果	= $I$204/$I$207

我们向右复制该公式（见表10-5）。

根据Office Depot的折旧计划，2016年资本性支出的使用年限也保持为15年，我们将之填入单元格J207中。

表10-5　2015年资本性支出折旧

折旧 （单位：百万美元，除每股价格外）			预测值		
截至12月末	2013年	2014年	2015年	2016年	2017年
年初物业、厂房和设备	1 208.6				
年初资本性支出	206.6	209.4	212.7	216	219.1
直线折旧法					
使用年限（物业、厂房和设备）	5				
使用年限（资本性支出）	15	15	15		
现有物业、厂房和设备	241.7	241.7	241.7	241.7	241.7
2013年资本性支出	13.8	13.8	13.8	13.8	13.8
2014年资本性支出		14	14	14	14
2015年资本性支出			14.2	14.2	14.2
2016年资本性支出					
2017年资本性支出					
直线折旧合计					

我们向右复制该公式（见表10-6）。

对2017年的资本性支出，我们在单元格K207中保持使用年限为15年。

表10-6　2016年备考资本性支出折旧

折旧 （单位：百万美元，除每股价格外）			预测值		
截至12月末	2013年	2014年	2015年	2016年	2017年
年初物业、厂房和设备	1 208.6				
年初资本性支出	206.6	209.4	212.7	216	219.1
直线折旧法					
使用年限（物业、厂房和设备）	5				
使用年限（资本性支出）	15	15	15	15	
现有物业、厂房和设备	241.7	241.7	241.7	241.7	241.7
2013年资本性支出	13.8	13.8	13.8	13.8	13.8
2014年资本性支出		14	14	14	14
2015年资本性支出			14.2	14.2	14.2
2016年资本性支出				14.4	14.4
2017年资本性支出					
直线折旧合计					

2016 年资本性支出折旧（单元格 J212）

Excel 按键	描述
输入" = "	进入"公式"模式
选择 J204	2016 年资本性支出
按 <F4> 键	在单元格中添加"$"
输入"/"	除以
选择 J207	2016 年资本性支出折旧年限
按 <F4> 键	在单元格中添加"$"
按 <Enter> 键	结束
公式结果	= $J$204/$J$207

2017 年资本性支出折旧（单元格 K213）

Excel 按键	描述
输入" = "	进入"公式"模式
选择 K204	2017 年资本性支出
按 <F4> 键	在单元格中添加"$"
输入"/"	除以
选择 K207	2017 年资本性支出折旧年限
按 <F4> 键	在单元格中添加"$"
按 <Enter> 键	结束
公式结果	= $K$204/$K$207

现在我们可以通过合计第 208~213 行的数据来加总每年的折旧支出；在单元格 G214 中我们输入" = SUM（G208：G213）"（见表 10-7）。我们可以向右复制该公式直到 2017 年。

表 10-7 账面折旧总额

折旧 （单位：百万美元，除每股价格外）		预测值			
截至 12 月末	2013 年	2014 年	2015 年	2016 年	2017 年
年初物业、厂房和设备	1 208.6				
年初资本性支出	206.6	209.4	212.7	216	219.1
直线折旧法					
使用年限（物业、厂房和设备）	5				
使用年限（资本性支出）	15	15	15	15	15
现有物业、厂房和设备	241.7	241.7	241.7	241.7	241.7
2013 年资本性支出	13.8	13.8	13.8	13.8	13.8
2014 年资本性支出		14	14	14	14
2015 年资本性支出			14.2	14.2	14.2
2016 年资本性支出				14.4	14.4
2017 年资本性支出					14.6
直线折旧合计	255.5	269.4	283.6	298.0	312.6

现在我们可以将直线折旧法下的直线折旧合计关联到我们的利润表中。于是，在利润表中，我们可以在为预计折旧留出的空位（单元格 G25）中输入"="，然后向下滚动到折旧计划表，选择单元格 G214，然后按 <Enter> 键。我们也可以对可识别无形资产摊销进行同样的操作，将假设标签页中的单元格 H18 关联到合并报表单元格 G26 中。虽然当前该值为零，但在收购条款调整时，创建这个链接可以确保模型自动更新数据。我们还想在假设标签页中锚定对单元格 H18 的引用，这样当我们将利润表中的单元格 G26 向右复制时，不会改变单元格引用。所以，合并报表中的单元格 G26 将会显示为"=假设!$H$18"。然后我们可以将合并报表中的单元格 G25 和 G26 向右复制直到 2017 年。

表 10-8 是更新后的预计利润表，其中引入了折旧和摊销。

表 10-8　含折旧摊销费用的利润表

合并损益表 （单位：百万美元，除每股价格外）		预测值			
截至 12 月末	2013 年	2014 年	2015 年	2016 年	2017 年
销售收入	17 521.7	17 751.1	18 019.5	18 292.7	18 551.6
收入同比增长率		*1.3%*	*1.5%*	*1.5%*	*1.4%*
销售成本	12 067.5	12 114.5	12 191.2	12 295	12 386.4
占收入的百分比	*68.9%*	*68.2%*	*67.7%*	*67.2%*	*66.8%*
毛利	5 454.2	5 636.6	5 828.3	5 997.7	6 165.2
毛利率	*31.1%*	*31.8%*	*32.3%*	*32.8%*	*33.2%*
仓储运营及销售费用	4 158.4	4 212.9	4 276.6	4 341.5	4 403
占收入的百分比	*23.7%*	*23.7%*	*23.7%*	*23.7%*	*23.7%*
管理费用	762.2	768.1	777.1	786.3	795.3
占收入的百分比	*4.3%*	*4.3%*	*4.3%*	*4.3%*	*4.3%*
并购后的成本节约	（166.7）	（333.3）	（500）	（500）	（500）
占营业费用的百分比	*3.39%*	*6.69%*	*9.89%*	*9.75%*	*9.62%*
总营业费用	4 753.9	4 647.6	4 553.7	4 627.8	4 698.3
占收入的百分比	*27.1%*	*26.2%*	*25.3%*	*25.3%*	*25.3%*
其他收益					
净杂项收益	（34.7）	（34.7）	（34.7）	（34.7）	（34.7）
息税折旧摊销前利润	735	1 023.7	1 309.3	1 404.6	1 501.7
息税折旧摊销前利润率	*4.2%*	*5.8%*	*7.3%*	*7.7%*	*8.1%*
折旧和摊销	255.5	269.5	283.7	298.1	312.7
可识别无形资产摊销额	*0*	*0*	*0*	*0*	*0*
息税前利润	479.5	754.2	1 025.7	1 106.6	1 189
息税前利润率	*2.7%*	*4.2%*	*5.7%*	*6%*	*6.4%*

我们也可以将直线法下的折旧和无形资产摊销额关联到现金流量表中。我们建议现金流量表的折旧和摊销科目直接从利润表的折旧科目中关联，而不是从折旧计划或者假设标签页引用。虽然产生的结果相同，但是从利润表中关联折旧和摊销更符合正在加回的是已经计入利润表成本的折旧和摊销额这个概念，因为折旧是非现金支出。

在现金流量表中，我们将单元格 G25 关联到 G66，从而单元格 G66 显示为"= G25"。我们可以对单元格 G67 进行同样的操作，从 G26 引入数据，并向右填充直到 2017 年。

表 10-9 是更新后的预计现金流量表，其中关联了折旧和摊销。

表 10-9　含折旧和摊销费用的现金流量表

折旧 （单位：百万美元，除每股价格外）	预测值				
截至 12 月末	2013 年	2014 年	2015 年	2016 年	2017 年
经营活动产生的现金流					
净利润	162.9	341.5	517.9	570.5	624.1
折旧和摊销	255.5	269.5	283.7	298.1	312.7
可识别无形资产摊销额	0	0	0	0	0
存货和应收账款损失	56.2	56.2	56.2	56.2	56.2
权益投资净收益	（31.4）	（31.4）	（31.4）	（31.4）	（31.4）
资产减值	11.4	11.4	11.4	11.4	11.4
股份支付补偿费用	13.6	13.6	13.6	13.6	13.6
递延所得税和递延所得税资产减值准备	15.6	（15）	0.7	15.6	（15）
资产处置收益	（1.8）	（1.8）	（1.8）	（1.8）	（1.8）
其他经营活动	5.4	5.4	5.4	5.4	5.4
非现金减值费用	11	11	11	11	11
养老金及其他退休福利费用	5	5	5	5	5
递延所得税费用	7.4	7.4	7.4	7.4	7.4
其他	2.5	2.5	2.5	2.5	2.5

现在我们可以开始编制营运资本的计划表，这将有助于我们完成现金流量表。请参考附录 1 以确保遵循了正确的建模过程。

第十一章
营运资本计划表

营运资本计划是连接资产负债表和现金流量表的桥梁。这是因为组成营运资本的明细科目也是资产负债表的科目（流动资产和流动负债），而这些科目的逐年变动会影响现金流量。通常在年报中不会有营运资本计划表，所以分析师需要自己确定和创建。建立营运资本计划的目的有以下几点：

（1）识别和确定营运资本所需要的科目。

（2）预测营运资本科目。

（3）将营运资本科目关联到现金流量表中。

我们可以用备考资产负债表来识别和确定流动资产项和流动负债项。请回顾第二章的"营运资本"部分，来复习一下营运资本科目。

备考资产负债表如图9-15所示。营运资本是流动资产和流动负债的一个子集。所以从资产负债表顶部的流动资产开始，我们知道现金不包括在营运资本之内。接下来三行"应收账款""存货"和"预付费用及其他流动资产"项都是标准的营运资本科目。下一行"递延所得税及应收款项"则略微有些复杂。通常，递延所得税资产不被视为经营性项目。因为它一般是通过确认净经营损失或者税收抵免（见第二章"递延所得税"部分）来获得的，而这通常与日常经营活动无关，但是应收款项几乎都是营运资本科目。所以我们并不清楚这一项是否为营运资本科目，因为它看上去既有营运资本性质又有非营运资本性质。不幸的是，我们对四季度报或年报中的进一步研究并没有提供任何有关该项的信息或解释，所以我们不得不对它做一些假设。根据此项名称中的"应收账款"部分，我们保守假设该项为营运资本的一部分，并且因为这里的递延所得税资产位于"流动资产"部分，虽然它在更多时候属于长期资产。

在流动负债方面，"应付账款、应计费用及其他应计负债"为营运资本科目。"短期借款和一年内到期的长期借款"不是营运资本，因为它和付息债务相关。我们假设"应交税费"为应计税额，这也是营运资本项。详见侧栏中的解释。

最后，我们将"其他流动负债"视为营运资本。虽然"其他"这一概念是模糊的，但是它仍属于"流动负债"范畴内，并且"其他"流动负债这一科目通常与有息债务无关。现在，我们已经确定了以下资产负债表科目将用在我们的营运资本计划表中。

> **应计所得税 VS 递延所得税**
>
> 我们认为应计所得税和递延所得税是不同的,尽管一些企业和文章将它们描述成一模一样的东西。此主题下存在着灰色地带,包含着多种不同观点。正如我们在第二章中所讨论的那样,递延所得税的产生是由于 GAAP 会计准则和税法计量的时间性差异。我们认为,采用不同的折旧方法是产生递延所得税负债的一种可能方式。然而,应计所得税是指在一段时间内应该支付但尚未支付的实际税额。所以,虽然递延所得税是根据会计的时间性差异计算的,应计所得税可以简单地计算为应纳税额的百分比,因此我们认为它们是经营性的。

- 应收账款;
- 存货;
- 预付费用及其他流动资产;
- 递延所得税及应收款项;
- 应付账款、应计费用及其他应计负债;
- 应交税费;
- 其他流动负债。

现在,我们可以在模型中建立并修正营运资本计划,使其包含以上七个科目。目的是将备考项目余额关联进来并将其作为我们预测的基础。

应收账款

因为我们已经在折旧计划中完成了对物业、厂房和设备净值的计算,我们建议将这些数值从资产负债表调整表中关联到营运资本计划表。于是在营运资本计划中,我们可以从备考资产负债表中提出"应收账款"项。在合并报表标签页的单元格 F220 中,我们输入"=H112"。

现在我们将计算历史周转天数,这将有助于我们对预测值做出更好的假设。回忆一下第二章中应收账款的历史周转天数计算公式为:

$$2012\text{ 年应收账款周转天数} = \frac{\text{平均值}(2011\text{ 年应收账款}, 2012\text{ 年应收账款})}{2012\text{ 年销售收入}} \times 360$$

但是,因为我们只有一年的资产负债表信息,所以我们将公式中计算"平均值"的部分去掉。同时,因为应收账款项是 Office Depot 和 OfficeMax 两家公司 2012 年应收账款之和,我们也将使用两家公司 2012 年的合并销售收入。我们并没有列出 2012

年的利润表，因为我们主要关注的是企业实体实际合并之后的合并经营情况。但是，从资产负债表角度，假设交易发生在2012年最后一天，那么在当天将会有一个最终的资产负债表。因为在周转天数公式中，分子（应收账款）为收购方和目标公司的合并值，分母（销售收入）相应地也应该为收购方和目标公司的合并值。从而我们知道了明年的周转天数如何计算。

$$应收账款周转天数 = \frac{2012年预测应收款}{(2012年 \text{Office Depot} 销售收入 + 2012年 \text{OfficeMax} 销售收入)} \times 360$$

在营运资本计划表的单元格F221中，我们可以进行如下操作：

2012年应收账款周转天数（单元格F221）

Excel 按键	描述
输入 "="	进入 "公式" 模式
选择单元格 F220	应收账款
输入 "/"	除以
输入 "("	将分数的分母组合起来
选择 "Office DepotFinancials" 标签页	从 Office Depot 报表中选取数据
选择单元格 F6	2012年 Office Depot 销售收入
输入 "+"	加
选择 "OfficeMax Financials" 标签页	从 OfficeMax 的报表中选取数据
选择单元格 F6	2012年 OfficeMax 的销售收入
输入 ")"	结束组合
输入 "*360"	乘以 360
按 <Enter> 键	结束
公式结果	= F220/（'Office Depot Financials'!F6 + 'OfficeMax Financials'!F6）*360

计算结果应为27.2天，这是相当合理的。由于客户通常预计在30~90天的某个时间付款（取决于业务情况），27.2天的应收账款周转天数处于这个范围的下限。较高的应收账款周转天数可能意味着有很大一部分应收账款尚未回收——这是潜在的问题（见表11-1）。

表11-1 2012年营运资本应收账款

营运资本计划（OWC）		预测值				
（单位：百万美元，除每股价格外）12月29日	2012年	2013年	2014年	2015年	2016年	2017年
流动资产						
应收账款	1 332.2					
应收账款周转天数	*27.2*					

注意：不要将此公式复制到 2012 年以后，因为我们将对 2013 年的预测做出单独的假设。这个公式的目的只是计算历史指标。

存货

我们继续对其他营运资本科目进行相同的计算过程。我们需要注意理解营运资本项所关联的是哪些利润表科目。在某些情况下，这是显而易见的。比如，应收账款总是与销售收入相关的，而存货与销售成本有关。

我们可以直接将资产负债表调整的"存货合计"项链接到第 222 行的"存货"中。于是，F222 写为" = H113"。

现在我们可以计算出存货周转天数。标准的计算公式如下：

$$2012\text{ 年存货周转天数} = \frac{\text{平均值（2011 年存货和 2012 年存货）}}{2012\text{ 年销售成本}} \times 360$$

经过备考资产负债表调整，合并收购方和目标方销售成本后，我们得到如下公式：

$$\text{存货周转天数} = \frac{2012\text{ 年备考预计存货}}{(2012\text{ 年 Office Depot 销售成本} + 2012\text{ 年 OfficeMax 销售成本})} \times 360$$

于是，在营运资本单元格 F223 中，我们可以进行如下操作：

2012 年存货周转天数（单元格 F223）

Excel 按键	描述
输入" = "	进入"公式"模式
选择单元格 F222	存货
输入"/"	除以
输入"("	将分数的分母组合起来
选择"Office Depot Financials"标签页	允许从 Office Depot 的报表中引用数据
选择单元格 F8	2012 年 Office Depot 销售成本
输入" + "	加
选择"OfficeMax Financials"标签页	允许从 OfficeMax 的报表中引用数据
选择单元格 F8	2012 年 OfficeMax 公司的销售成本
输入")"	结束组合
输入"*360"	乘以 360
按 <Enter> 键	结束
公式结果	=F222/（'Office Depot Financials'!F8+'OfficeMax Financials'!F8）*360

计算结果应为 54.5 天（见表 11-2）。现在让我们继续讨论预付费用及其他流动资产。

表 11-2 历史营运资本流动资产

经营营运资本计划（OWC） （单位：百万美元，除每股价格外） 12 月 29 日	2012 年	预测值				
		2013 年	2014 年	2015 年	2016 年	2017 年
流动资产						
应收账款	1 332.2					
应收账款周转天数	27.2					
存货	1 863.1					
存货周转天数	54.5					
预付费用及其他流动资产	250.3					
预付费用周转天数	18.2					
递延所得税及应收款项	68.6					
周转天数	63.8					
流动资产合计	3 514.2	0	0	0	0	0

预付费用及其他流动资产

对下一行的项目可以重复这一过程。我们可以将第 224 行的"预付费用及其他流动资产"项直接与资产负债表调整表中关联。于是单元格 F224 会显示" = H114"。在这种情况下，尚不清楚哪个利润表科目与预付费用相关。我们需要考虑公司实际预付的是利润表的哪项费用。例如，如果是付给制造商的费用，那么我们就应将预付费用与销售成本相联系。但是如果是支付的租金，那么我们应将预付费用与销售、管理及行政费用（SG&A）相联系。有时候如果不确定预付费用到底是哪项费用，通常可以将它视为总营业费用。或者说，如果预付的项目分散在多个费用中，我们也可以用总体营业费用来代替。需要理解，我们只是在寻找变动趋势，所以即使我们无法获知预付费用来源的具体细节，参考营业费用总额至少会给出适当的趋势供我们进行预测。

在这笔交易中，我们可以将收购方和 / 或目标方的建模过程视为一条线索。如果向上回到资产负债表调整表的第 114 行，你会发现收购方和目标方都对这一科目有贡献。Office Depot 的预付费用和其他流动资产为 1.708 亿美元，OfficeMax 该科目为 7 950 万美元。如果你前往 Office Depot 报表中查看"营运资本"计划，单元格 F167 显示了根据"预付费用及其他流动资产"计算的预付费用周转天数，这是依赖于"营业费用总额"的。对 OfficeMax 公司而言，单元格 F163 也显示了预付费用周转天数是基于"营业费用总额"计算的。所以，我们同样也这么做。

预付费用历史周转天数的传统公式如下所示：

$$2012\ 年预付费用周转天数 = \frac{平均值（2012\ 年预付费用和\ 2011\ 年预付费用）}{2012\ 年营业费用总额} \times 360$$

但是，对预测分析进行剔除平均值的调整后，我们得到如下公式：

$$预付费用周转天数 = \frac{2012\ 年备考预付费用}{（2012\ 年\ Office\ Depot\ 总营业费用 + 2012\ 年\ OfficeMax\ 总营业费用）} \times 360$$

于是，在营运资本计划表的 F225 单元格中，我们可以进行如下操作：

2012 年预付费用周转天数（单元格 F225）

Excel 按键	描述
输入 "="	进入"公式"模式
选择单元格 F224	预付费用及其他流动资产
输入 "/"	除以
输入 "("	将分数的分母组合起来
选择 "Office Depot Financials" 标签页	允许从 Office Depot 的报表中引用数据
选择单元格 F17	2012 年 Office Depot 营业费用
输入 "+"	加
选择 "OfficeMax Financials" 标签页	允许从 OfficeMax 的报表中引用数据
选择单元格 F17	2012 年 OfficeMax 的营业费用
输入 ")"	结束组合
输入 "*360"	乘以 360
按 \<Enter\> 键	结束
公式结果	= F224/（'Office Depot Financials'!F17 + 'OfficeMax Financials'!F17）*360

计算结果应为 18.2 天。

递延所得税及应收款项

我们对下一行的科目可以重复这一过程。我们将第 226 行的"递延所得税及应收款项"科目直接从资产负债表调整表中关联过来。因此，单元格 F226 会写为"= H115"。在这种情况下，尚不清楚哪个利润表科目与递延所得税及应收款项相关。"应收款项"部分可能与销售收入有关，但是递延所得税呢？我们可以从名称中猜测它可能与税收有关。所以我们可以将其与税收相关联，但是这只是该项中的"递延所得税"部分，而不是"应收款项"部分。税收是基于税前利润的，所以如果我们是以税前利润为基础来计算这一科目的，那么也就包括了"应收款项"部分。但是，税前利润包含了利息的影响，而利息是与营运资本无关的（营运资本不包括债务），所以我们使用一个与经营活动更相关的指标——息税折旧摊销前利润（EBITDA）。虽然这一科目的信息很少，但息税折旧摊销前利润在这里是一个合适的分母。需要记住，计算周转天数这一方法有助于我们估计未来的趋势，所以无论我们采用息税折旧摊销前利润或者甚至是销售收入，它们都至少会给出相对趋势。有时候会出现涵盖多种类别的更为复杂的营运资本科目，没有其他特定的经营指标可以识别和确认，在这种情况下我们会使用息税折旧摊销前利润。

计算公式如下所示：

$$历史周转天数 = \frac{2012 年备考递延所得税}{(2012 年 \text{Office Depot EBITDA} + 2012 年 \text{OfficeMax EBITDA})} \times 360$$

于是，在营运资本的 F227 单元格中，我们可以进行如下操作：

2012 年历史周转天数（单元格 F227）

Excel 按键	描述
输入 " = "	进入"公式"模式
选择单元格 F226	递延所得税及应收款项
输入 "/"	除以
输入 "("	将分数的分母组合起来
选择 "Office Depot Financials" 标签页	允许从 Office Depot 的报表中引用数据
选择单元格 F21	2012 年 Office Depot 的 EBITDA
输入 " + "	加
选择 "OfficeMax Financials" 标签页	允许从 OfficeMax 的报表中引用数据
选择单元格 F21	2012 年 OfficeMax 的 EBITDA
输入 ")"	结束组合
输入 "*360"	乘以 360
按 <Enter> 键	结束
公式结果	=F226/('Office Depot Financials'!F21+'OfficeMax Financials'!F21)*360

计算结果应为 63.8 天。

现在我们可以将这四个流动资产科目合并到第 228 行，注意不要将"天数"这一指标纳入合计值中。单元格 F228 应写为 " = F220 + F222 + F224 + F226"。我们可以向右复制该公式，得到的结果如表 11-2 所示。

应付账款、应计费用及其他应计负债

现在，我们可以对流动负债的科目重复这一过程。"应付账款、应计费用及其他应计负债"看起来像是几个营运资本科目的组合："应付账款"通常是基于销售成本的，"应计费用及其他应计负债"则通常是基于营业费用的。我们从这一项的来源，也就是 Office Depot Financials 的第 171 行看到，它是基于销售成本之和以及营业费用总额的，OfficeMax 公司也是一样。所以我们同样也这么做。我们首先将这一项直接与资产负债表调整表关联。于是，单元格 F230 会写为"= H127"。我们可以用以下公式计算历史周转天数：

$$应付账款周转天数 = \frac{2012 年备考递延所得税}{(2012 年 Office\ Depot\ 销售成本 + Office\ Depot\ 营业费用 + OfficeMax\ 销售成本 + OfficeMax\ 营业费用)} \times 360$$

2012 年应付账款周转天数（单元格 F231）

Excel 按键	描述
输入"="	进入"公式"模式
选择单元格 F230	应付账款、应计费用及其他应计负债
输入"/"	除以
输入"("	将分数的分母组合起来
选择"Office Depot Financials"标签页	允许从 Office Depot 的报表中引用数据
选择单元格 F8	2012 年 Office Depot 销售成本
输入"+"	加
选择单元格 F17	2012 年 Office Depot 总营业费用
输入"+"	加
选择"OfficeMax Financials"标签页	允许从 OfficeMax 的报表中引用数据
选择单元格 F8	2012 年 OfficeMax 的销售成本
输入"+"	加
选择单元格 F17	2012 年 OfficeMax 总营业费用
输入")"	结束组合
输入"*360"	乘以 360
按 \<Enter\> 键	结束
公式结果	=F226/（'Office Depot Financials'!F8 + Office Depot Financials'!F17+'OfficeMax Financials'!F8+'OfficeMax Financials'!F17）*360

计算结果为 56.2 天（见表 11-3）。接下来我们讨论"应交税费"科目。

表 11-3 备考营运资本计划

营运资本计划（OWC） （单位：百万美元，除每股价格外） 12 月 29 日			预测值			
	2012 年	2013 年	2014 年	2015 年	2016 年	2017 年
流动资产						
应收账款	1 332.2					
应收账款周转天数	*27.2*					
存货	1 863.1					
存货周转天数	*54.5*					
预付费用及其他流动资产	250.3					
预付费用周转天数	*18.2*					
递延所得税及应收款项	68.6					
周转天数	*63.8*					
流动资产合计	3 514.2	0	0	0	0	0
流动负债						
应付账款、应计费用及其他应计负债	2 694.1					
应付账款周转天数	*56.2*					
应交税费	4.2					
周转天数	*420.4*					
其他流动负债	219.9					
周转天数	*16*					
流动负债合计	2 918.2	0	0	0	0	0
营运资本合计	596	0	0	0	0	0

应交税费

应交税费是指已经到期但尚未支付的那部分税款。那么，我们自然而然地就认为应交税费取决于现金流量表所产生的税额。这也与 OfficeMax（也就是该科目的来源）如何计算其历史周转天数有关。它与递延所得税资产有很大的不同。我们采用前一种方法，以实际税额为基础计算这一科目。我们可以将第 232 行的"应交税费"直接从资产负债表调整中关联过来。因此，单元格 F232 写为"＝H129"。历史周转天数的计算公式如下所示：

$$应付账款周转天数 = \frac{2012\ 年备考应交税费}{2012\ 年\ Office\ Depot\ 税额 + 2012\ 年\ OfficeMax\ 税额} \times 360$$

2012 年周转天数（单元格 F233）

Excel 按键	描述
输入"="	进入"公式"模式
选择单元格 F232	应交税费
输入"/"	除以
输入"("	将分数的分母组合起来
选择"Office Depot Financials"标签页	允许从 Office Depot 的报表中引用数据
选择单元格 F32	2012 年 Office Depot 税额
输入"+"	加
选择"OfficeMax Financials"标签页	允许从 OfficeMax 的报表中引用数据
选择单元格 F32	2012 年 OfficeMax 的税额
输入")"	结束组合
输入"*360"	乘以 360
按 \<Enter\> 键	结束
公式结果	=F232/（'Office Depot Financials'!F32+'OfficeMax Financials'!F32）*360

计算结果为 420.4 天（见表 11-3），这是一个很高的数值。异常高的周转天数（通常大于 90 天）可能意味着在该账目中有长时间未偿还的债务。对应交税费而言，超过 90 天的周转天数并不罕见，因为所得税税费的支付可能递延到这一年的晚些时候。所以，如果一家公司以这种方式处理所得税，直到 12 月才支付税款，那么周转天数可能会远高于 200 天。于是税款未清偿的时间在 200 天或以上。但是如果周转天数超过一年的天数是很奇怪的，可能隐藏着一些非经常性或一次性科目，或者是这些债务并非与税收直接相关。再次重申，出于预测的目的，我们主要关注的是趋势，所以我们不会对公式做进一步的挖掘和调整。

其他流动负债

现在我们还剩下"其他流动负债"项，我们与资产负债表调整表的 H130 单元格进行关联。因此，在单元格 F234 中会写为"=H130"。在试图明确负债科目所依附的利润表科目时，其他流动负债总是有点"不明确"。如果你追踪该项的来源，会发现在资产负债表调整表的第 130 行中，只有目标方有其他流动负债这一项。所以我们查看 OfficeMax 的模型，在其财务报表标签页的单元格 F171 中，我们看到历史周转天数是基于营业费用总额计算的。所以我们也采用同样的方法，采用如下公式计算应付账款历史周转天数：

$$应付账款周转天数 = \frac{2012年备考其他流动负债}{2012年\text{Office Depot}营业费用 + 2012年\text{OfficeMax}营业费用} \times 360$$

2012年周转天数（单元格F235）

Excel 按键	描述
输入"="	进入"公式"模式
选择单元格 F234	应交税费
输入"/"	除以
输入"("	将分数的分母组合起来
选择"Office Depot Financials"标签页	允许从 Office Depot 的报表中引用数据
选择单元格 F17	2012 年 Office Depot 营业费用
输入"+"	加
选择"OfficeMax Financials"标签页	允许从 OfficeMax 的报表中引用数据
选择单元格 F17	2012 年 OfficeMax 的营业费用
输入")"	结束组合
输入"*360"	乘以 360
按 \<Enter\> 键	结束
公式结果	=F234/（'Office Depot Financials'!F17+'OfficeMax Financials'!F17）*360

计算结果为16天。现在我们可以将这三个流动负债项合并到236行，注意不要将"天数"这一指标纳入合计值中。单元格F236应写为"=F230+F232+F234"。"营运资本合计"这一行在"流动负债合计"的正下方，由流动资产合计减去流动负债合计计算得到的。所以，在单元格F237中，我们可以输入"=F228–F236"。我们可以将F236和F237这两个单元格向右复制，得到的结果如表11-3所示。

现在我们可以开始预测营运资本。

预测营运资本

为了对营运资本进行预测，我们将用每行科目的历史周转天数作为反映下一年度营运资本状况的指标。如果你有时间挖掘更多的信息，通常建议将财务报表2012年之前的数据也导入营运资本数据中，以更好地反映历史趋势。另一方面，由于发生了并购交易，公司业务很可能经历了很多管理上的变动，营运资本的管理方式也会有所不同——可能更高效，也可能更低效。我们仅将2012年的周转天数作为标准来进行初步分析。

应收账款

我们已经计算得出应收账款的历史周转天数为 27.2 天。应收账款周转天数通常为 30 天左右。为了更好地进行预测,我们想要知道公司是否会保持 27.2 天的周转天数水平,或者会在历史水平之上或之下进行经营,特别是因为这还涉及新合并的实体。我们用上一年的 27.2 天来进行预测。在单元格 G221 中输入"27.2"作为我们对 2013 年的假设,并将其向右复制到 2017 年。为了利用预测的周转天数算出应收账款的估计值,我们需要将应收账款周转天数的标准公式进行反向推导:

$$2012 年应收账款周转天数 = \frac{平均值（2011 年应收账款和 2012 年应收账款）}{2012 年营业收入} \times 360$$

2013 年的公式将如下所示:

$$2013 年应收账款周转天数 = \frac{平均值（2013 年应收账款和 2012 年应收账款）}{2013 年营业收入} \times 360$$

现在我们已知应收账款周转天数（我们的假设值）,想要得出 2013 年应收账款额。在等式两边同时除以 360,得到如下结果:

$$\frac{2013 年应收账款周转天数}{360} = \frac{平均值（2012 年应收账款和 2013 年应收账款）}{2013 年销售收入}$$

所以,为了得到 2013 年的应收账款,公式如下所示:

$$\frac{2013 年应收账款周转天数}{360} \times 2013 年销售收入$$
$$= 平均值（2012 年应收账款和 2013 年应收账款）$$

我们将继续用"2013 年应收账款周转天数 /360 × 2013 年销售收入"这个公式来计算 2013 年的预测值。在原来的基本公式"应收账款 / 销售收入 ×360"中,"应收账款 / 销售收入"这部分给出了一个百分比。这个百分比回答了"账面销售收入中有多少比例是未清偿的应收账款?"这个问题。回想一下第二章"营运资本"章节的第一个例子,确认了 100 000 美元的账面销售收入后,有 25 000 美元的应收账款,表示收入中有 25% 的部分仍未收回。然后我们将这个百分比乘以 360,将它转换为未收回天数的估计值。于是在这个例子中,360 乘以 25% 得到 90 天。现在,在反向推导的公式"2013 年应收账款周转天数 /360 × 2013 年销售收入"中,"2013 年应收账款周转天数/360"这一部分就是指的应收账款未收回的比例，或者说是90/360，也就是25%。我们只需将预计销售收入乘以这个百分比就能得到未来估计的应收账款。

杂货公司的例子

注意，我们本可以对公式"平均值（2013年应收账款和2012年应收账款）"这一部分做进一步的调整。但是，对于标准的预测而言，我们所选取的用于推导应收账款的周转天数应该是平均化和标准化的指标，所以对于平均数的调整可能会导致过度的分析。然而，对于一些高级分析（例如根据管理层预测反向推导）而言，使用以下公式是回溯到确切指标的唯一方法。所以，我们在这里做进一步的分析作为参考。

首先，我们将"平均值"公式转换为数学运算：

$$\frac{(2012年应收账款 + 2013年应收账款)}{2}$$

将等式中的"平均值"公式替换为这种形式：

$$\frac{2013年应收账款周转天数}{360} \times 2013年销售收入 = \frac{(2012年应收账款 + 2013年应收账款)}{2}$$

等式两边同时乘以2：

$$\left(\frac{2013年应收账款周转天数}{360} \times 2013年销售收入\right) \times 2 = (2012年应收账款 + 2013年应收账款)$$

在等式两边同时减去2012年的应收账款：

$$2013年应收账款 = \left(\frac{2013年应收账款周转天数}{360} \times 2013年销售收入\right) \times 2 - 2012年应收账款$$

2013年应收账款（单元格G220）

Excel 按键	描述
输入"="	进入"公式"模式
选择单元格 G221	2013年应收账款周转天数
输入"/360"	除以360
输入"*"	乘以
选择单元格 G6	2013年销售收入
按 <Enter> 键	结束
公式结果	= G221/360*G6

我们可以将这个公式向右复制直到2017年，以完成如表11-4所示的应收账款计划。

表 11-4　备考营运资本计划—应收账款

营运资本计划（OWC）（单位：百万美元，除每股价格外）12 月 29 日	2012 年	预测值				
		2013 年	2014 年	2015 年	2016 年	2017 年
流动资产						
应收账款	1 332.2	1 323.9	1 341.2	1 361.5	1 382.1	1 401.7
应收账款周转天数	*27.2*	*27.2*	*27.2*	*27.2*	*27.2*	*27.2*
存货	1 863.1					
存货周转天数	*54.5*					
预付费用及其他流动资产	250.3					
预付费用周转天数	*18.2*					
递延所得税及应收款项	68.6					
周转天数	*63.8*					
流动资产合计	3 514.2	1 323.9	1 341.2	1 361.5	1 382.1	1 401.7

存货

我们可以对营运资本的每个科目重复这一过程。但是记住，与之相关的利润表科目会有所不同。因此，对于存货而言，我们的公式如下：

$$2013 \text{ 年存货} = \frac{2013 \text{ 年存货周转天数}}{360} \times 2013 \text{ 年销售成本}$$

所以，在单元格 G223 中，我们可以用 54.5 天作为我们对未来周转天数的假设，来进行对存货的预测。

2013 年存货（单元格 G222）

Excel 按键	描述
输入 " = "	进入"公式"模式
选择单元格 G223	2013 年存货周转天数
输入 "/360"	除以 360
输入 "*"	乘以
选择单元格 G6	2014 年销售成本
按 <Enter> 键	结束
公式结果	= G223/360*G8

我们可以将单元格 G222 和 G223 向右侧复制（见表 11-5）。

表 11-5 营运资本—流动资产项目预测

营运资本计划（OWC） （单位：百万美元，除每股价格外） 12 月 29 日	预测值					
	2012 年	2013 年	2014 年	2015 年	2016 年	2017 年
流动资产						
应收账款	1 332.2	1 323.9	1 341.2	1 361.5	1 382.1	1 401.7
应收账款周转天数	27.2	27.2	27.2	27.2	27.2	27.2
存货	1 863.1	1 826.9	1 834	1 845.6	1 861.3	1 875.2
存货周转天数	54.5	54.5	54.5	54.5	54.5	54.5
预付费用及其他流动资产	250.3	240.3	235	230.2	234	237.5
预付费用周转天数	18.2	18.2	18.2	18.2	18.2	18.2
递延所得税及应收款项	68.6	130.3	181.4	232	248.9	266.1
周转天数	63.8	63.8	63.8	63.8	63.8	63.8
流动资产合计	3 514.2	3 521.3	3 591.6	3 669.3	3 726.3	3 780.5

预付费用及其他流动资产

现在，我们对预付费用及其他流动资产重复这一过程。因为我们已经建立了基于营业费用总额的历史周转天数公式，所以我们也采用同样的做法来进行预测，将预测值与利润表中的预计营业费用总额联系起来。

$$2013 \text{ 年预付费用} = \frac{2013 \text{ 年预付费用周转天数}}{360} \times 2013 \text{ 年营业费用总额}$$

于是，在单元格 G225 中，我们可以输入 18.2 天作为对未来周转天数的假设，来预测未来预付费用。注意，这里已经考虑了对成本的节省，这将降低营业费用总额以及潜在的预付费用余额。

2013 年预付费用（单元格 G224）

Excel 按键	描述
输入 "="	进入"公式"模式
选择单元格 G225	2013 年预付费用周转天数
输入 "/360"	除以 360
输入 "*"	乘以
选择单元格 G19	2013 年总营业费用
按 <Enter> 键	结束
公式结果	= G225/360*G19

我们可以将单元格 G224 和 G225 向右复制（见表 11-5）。

递延所得税及应收款项

现在,我们对递延所得税及应收款项重复这一过程。因为我们已经建立了息税折旧摊销前利润(EBITDA)的历史周转天数公式,我们也用同样的做法进行预测。

$$2013\text{ 年递延所得税} = \frac{2013\text{ 年周转天数}}{360} \times 2013\text{ 年息税折旧摊销前利润}$$

于是,在单元格 G227 中,我们输入 63.8 天,并以此为假设来预测未来递延所得税。

2013 年递延所得税(单元格 G226)

Excel 按键	描述
输入 "="	进入"公式"模式
选择单元格 G227	2013 年周转天数
输入 "/360"	除以 360
输入 "*"	乘以
选择单元格 G23	2013 年息税折旧摊销前利润
按 <Enter> 键	结束
公式结果	= G227/360*G23

我们可以将单元格 G226 和 G227 向右复制(见表 11-5)。

应付账款、应计费用及其他应计负债

现在,我们可以从"应付账款、应计费用以及其他应计负债"项开始,对流动负债继续重复这一过程。因为这一科目包含了若干组成部分,所以我们计算了销售成本和营业费用总额这两者的历史周转天数。在预测 2013 年的数值时我们也采用同样的方法。

$$2013\text{ 年应付账款} = \frac{2013\text{ 年周转天数}}{360} \times (2013\text{ 年销售成本} + 2013\text{ 年总营业费用})$$

于是,在单元格 G231 中,我们输入 56.2 天,并以此作为对未来预测的假设。

2013 年应付账款、应计费用及其他应计负债(单元格 G230)

Excel 按键	描述
输入 "="	进入"公式"模式
选择单元格 G231	2013 年周转天数
输入 "/360"	除以 360
输入 "*"	乘以

Excel 按键	描述
输入"("	将分数的分母组合起来
选择单元格 G8	2013 年销售成本
输入"+"	加
选择单元格 G19	2013 年总营业费用
输入")"	结束组合
按 <Enter> 键	结束
公式结果	= G231/360*(G8 + G19)

我们可以将单元格 G230 和 G231 向右复制（见表 11-6）。

应交税费

对于应计所得税，我们在单元格给 G233 中输入"420.4"，以所得税费用为基础，用以下公式进行预测：

$$2013 \text{ 年应交税费} = \frac{2013 \text{ 年应交税费周转天数}}{360} \times 2013 \text{ 年所得税费用}$$

2013 年应交税费（单元格 G232）

Excel 按键	描述
输入"="	进入"公式"模式
选择单元格 G233	2013 年应交税费周转天数
输入"/360"	除以 360
输入"*"	乘以
选择单元格 G35	2013 年所得税费用
按 <Enter> 键	结束
公式结果	= G233/360*G35

我们可以将单元格 G232 和 G233 向右复制（见表 11-6）。

其他流动负债

最后，我们可以对其他流动负债进行预测。我们之前基于总营业费用计算了它的历史周转天数，所以我们对 2013 年其他流动负债的预测与采用同样的方法。

$$2013 \text{ 年其他流动负债} = \frac{2013 \text{ 年周转天数}}{360} \times 2013 \text{ 年总营业费用}$$

于是，在单元格 G235 中，我们输入 16 天，并以此作为对未来预测的假设。

2013 年其他流动负债（单元格 G234）

Excel 按键	描述
输入"="	进入"公式"模式
选择单元格 G235	2013 年周转天数
输入"/360"	除以 360
输入"*"	乘以
选择单元格 G19	2013 年总营业费用
按 <Enter> 键	结束
公式结果	=G235/360*G19

我们可以将单元格 G234 和 G235 向右复制。

现在，我们基本上已经完成了营运资本计划表（见表 11-6）。

表 11-6 营运资本计划预测

营运资本计划（OWC） （单位：百万美元，除每股价格外）		预测值				
12 月 29 日	2012 年	2013 年	2014 年	2015 年	2016 年	2017 年
流动资产						
应收账款	1 332.2	1 323.9	1 341.2	1 361.5	1 382.1	1 401.7
应收账款周转天数	*27.2*	*27.2*	*27.2*	*27.2*	*27.2*	*27.2*
存货	1 863.1	1 826.9	1 834	1 845.6	1 861.3	1 875.2
存货周转天数	*54.5*	*54.5*	*54.5*	*54.5*	*54.5*	*54.5*
预付费用及其他流动资产	250.3	240.3	235	230.2	234	237.5
预付费用周转天数	*18.2*	*18.2*	*18.2*	*18.2*	*18.2*	*18.2*
递延所得税及应收款项	68.6	130.3	181.4	232	248.9	266.1
周转天数	*63.8*	*63.8*	*63.8*	*63.8*	*63.8*	*63.8*
流动资产合计	3 514.2	3 521.3	3 591.6	3 669.3	3 726.3	3 780.5
流动负债						
应付账款、应计费用及其他应计负债	2 694.1	2 626	2 616.8	2 614.1	2 641.8	2 667.1
应付账款周转天数	*56.2*	*56.2*	*56.2*	*56.2*	*56.2*	*56.2*
应交税费	4.2	196	308.3	419.2	452.3	486
周转天数	*420.4*	*420.4*	*420.4*	*420.4*	*420.4*	*420.4*
其他流动负债	219.9	211.3	206.6	202.4	205.7	208.8
周转天数	*16*	*16*	*16*	*16*	*16*	*16*
流动负债合计	2 918.2	3 033.3	3 131.6	3 235.7	3 299.8	3 361.9
营运资本合计	596	488.1	460	433.7	426.5	418.6
营运资本变动						
是否匹配？		是	是	是	是	是

营运资本和现金流量表

清楚解释营运资本明细科目和现金流之间的关系是很重要的。需要记住,创建营运资本计划的原因之一就是充当资产负债表科目和现金流量表科目之间的桥梁。现在,我们已经有了营运资本计划表,我们可以将其中的科目逐一关联到现金流量表的"营运资本"部分中,也就是现金流量表的第 80~86 行。

首先,让我们讨论一下营运资本和现金流之间的关系。如果存货逐年增加,则会导致现金流出。例如,如果 2012 年我们有 0 美元的存货,并且 2013 年存货余额增加至 1 000 美元,那么就说明我们可能购买了存货。如果购买了存货,则会支出现金,所以与存货变动相关的现金流为 –1 000 美元。

同样的规则适用于营运资本包含的所有流动资产(需要记住,营运资本不包括现金)。如果应收账款逐年增加,则会导致现金流出。但是如果一项流动资产科目逐年减少,将会发生什么?例如,如果 2012 年应收账款为 1 500 美元,并且 2013 年应收账款余额降至 0 美元,说明我们一定在当年回收了应收账款。也就是说,那些因为赊购而欠款的客户已经还清了货款。所以,应收账款减少,发生现金流入。在这个例子中,我们因为应收账款的减少而收到了 1 500 美元的现金。同样,如果我们的存货从 2012 年的 2 000 美元减少到 2013 年的 1 500 美元,那么可以假设我们已经出售了存货并收到了 500 美元现金。

资产余额变动	对现金流的影响
流动资产增加(+)	现金流减少(–)
流动资产减少(–)	现金流增加(+)

* 注意:在谈及营运资本时,流动资产是不包括现金的。如果作为资产的现金增加,那么现金流量表中的现金当然也会相应增加。

流动负债变动对现金的影响则相反。以应计负债为例。如果应计负债从 2012 年的 1 000 美元增加到 2013 年的 2 000 美元,那么会引起一个正的现金流量。也许很难理解应付账款的增加如何会产生正的现金流科目。但请记住,经营活动产生的现金流动代表着对净利润的非现金调整。所以,应付账款从 1 000 美元增加到 2 000 美元就意味着我们有了更多应加回到净利润的非现金支出。这个附加值由现金流入来表示,所以逐年增加的应付账款账户将使得现金增加,或者实际上使得现金加回到净利润中。相反，如果应计负债账户减少，说明我们已经偿还了这一债务，从而现金减少。所以，如果应付账款账户从 2012 年的 7 500 美元减少到 2013 年的 0 美元，说明我们已经偿还了这些费用，这会导致 7 500 美元的现金流出。流动负债的增加反映了现金的增加，流动负债的减少反映了现金的减少。

负债余额变动	对现金流的影响
流动负债增加（＋）	现金流增加（＋）
流动资产减少（－）	现金流减少（－）

现金流量表的"营运资本"部分指的是每年流动资产和流动负债增减变动对现金的影响。所以，我们希望将每个营运资本科目的逐年变动关联到现金流量表中，注意对现金流的方向进行适当调整。在开始之前，我们先看一下总的营运资本。营运资本计划的第 238 行，标题为"营运资本变动合计"，代表着每一预测年度的营运资本变动总额。所以在单元格 G238 中，我们可以用 2013 年的总营运资本减去 2012 年的总营运资本，单元格 G238 写为"＝ G237 – F237"。

我们可以将该公式向右复制，结果表明营运资本逐年递减。

因为营运资本的定义是流动资产（不包括现金）减去流动负债（不包括付息债务），所以它可以视作一项净资产。所以，总营运资本就像资产一样，如果它增加就表明有现金流出，如果它减少就表明有现金流入。如果预计营运资本是减少的，那么我们会看到在现金流量表中来自营运资本的现金总额为正。

经营营运资本	2012 年	2013 年
应收账款	20 000	25 000
存货	5 000	7 500
预付费用	1 250	1 000
应付账款	10 000	12 500
应计费用	12 500	15 000
净营运资本	3 750	6 000
净营运资本变动		2 250

现金流	2013 年
应收账款	（5 000）
存货	（2 500）
预付费用	250
应付账款	2 500
应计费用	2 500
总营运资本	（2 250）

第 239 行的匹配公式是用于检查整个模型的若干方法之一。现在它显示的是"N"，因为我们尚未将营运资本科目与现金流量表进行适当地关联。一旦完成这一步，匹配项应显示"Y"。匹配检查用于确保第 238 行的营运资本变动合计与现金流量表第 87 行的营运资本合计科目相匹配。在现金流量表中，我们减掉每一个营运资本组成科目，并将变动进行合计。这是另一种更有效地计算营运资本变动的方式。这有助于确

保变动方向的正确性。

应收账款变动

我们从应收账款开始,将每个营运资本科目关联到现金流量表中。在现金流量表的第 80 行中,"应收账款变动"代表"应收账款",因此我们显然希望将其从营运资本计划表的"应收账款"一行中引用。但是,在现金流量表中,我们希望根据该科目是资产还是负债,用现金流入或流出来显示其逐年变动。我们看到,营运资本计划表中,应收账款从 2012—2013 年是下降的。这在现金流量表中应表现为现金流入。所以当我们将应收账款从营运资本关联到现金流量表中时,我们应该引入 2012—2013 年变动的负值,现金流量表中应收账款 = –(2013 年应收账款 –2012 年应收账款)。

2013 年应收账款变动(单元格 G80)

Excel 按键	描述
输入" = "	进入"公式"模式
输入" -("	准备计算变动的负值
选择单元格 G220	2013 年应收账款
输入" - "	减
选择单元格 F220	2012 年应收账款
输入") "	公式输入结束
按 <Enter> 键	结束
公式结果	= -(G220 - F220)

我们可以将公式向右复制直到 2017 年(见表 11-7)。

存货变动

对营运资本中的每一项流动资产都按同样的方法操作,也就是说,根据营运资本中的流动资产与其对现金影响的关系,我们希望将其变动的负值关联到现金流量表中。所以由于存货也逐年下降,我们应该看到现金流量表中的"存货变动"项显示有现金流入。

2013 年存货变动(单元格 G81)

Excel 按键	描述
输入" = "	进入"公式"模式
输入" -("	准备计算变动的负值

（续）

Excel 按键	描述
选择单元格 G222	2013 年存货
输入 " - "	减
选择单元格 F220	2012 年存货
输入 ") "	公式输入结束
按 <Enter> 键	结束
公式结果	= - (G222 - F222)

我们可以将公式向右复制直到 2017 年（见表 11-7）。

表 11-7 预计经营活动产生的现金流

合并现金流量表 （单位：百万美元，除每股价格外） 截至 12 月	实际值	预测值			
		2013 年	2014 年	2015 年	2016 年	2017 年
经营活动产生的现金流					
净利润		162.9	341.5	517.9	570.5	624.1
折旧和摊销		255.5	269.4	283.6	298	312.6
可识别无形资产摊销额		0	0	0	0	0
存货和应收账款损失		56.2	56.2	56.2	56.2	56.2
权益投资净收益		（31.4）	（31.4）	（31.4）	（31.4）	（31.4）
资产减值		11.4	11.4	11.4	11.4	11.4
股份支付补偿费用		13.6	13.6	13.6	13.6	13.6
递延所得税和递延所得税资产减值准备		15.6	（15）	0.7	15.6	（15）
资产处置收益		（1.8）	（1.8）	（1.8）	（1.8）	（1.8）
其他经营活动		5.4	5.4	5.4	5.4	5.4
非现金减值费用		11	11	11	11	11
养老金及其他退休福利费用		5	5	5	5	5
递延所得税费用		7.4	7.4	7.4	7.4	7.4
其他		2.5	2.5	2.5	2.5	2.5
营运资本变动					
应收账款变动		8.4	（17.3）	（20.3）	（20.6）	（19.6）
存货变动		36.2	（7.1）	（11.6）	（15.7）	（13.8）
预付费用及其他流动资产变动		10	5.4	4.7	（3.7）	（3.6）
递延所得税及应收款项变动		（61.7）	（51.2）	（50.6）	（16.9）	（17.2）
应付账款、应计费用及其他应计负债变动		（68.1）	（9.2）	（2.7）	27.8	25.3
应交税费变动		191.8	112.3	110.9	33.1	33.7
其他流动负债变动		（8.6）	（4.7）	（4.2）	3.3	3.1
营运资本变动净值		107.9	28.1	26.3	7.1	7.9
经营活动产生的现金流总额		621.1	703.3	907.8	970.5	1 008.9

预付费用及其他流动资产变动

因为预付费用属于流动资产,根据营运资本中的流动资产与其对现金影响的关系,我们希望将其变动的负值关联到现金流量表中。

2013 年预付费用变动(现金流量表 G82 单元格)

Excel 按键	描述
输入"="	进入"公式"模式
输入"-("	准备计算变动的负值
选择单元格 G224	2013 年预付费用
输入"-"	减
选择单元格 F224	2012 年预付费用
输入")"	公式输入结束
按 \<Enter\> 键	结束
公式结果	=-(G224 - F224)

我们可以将公式向右复制直到 2017 年(见表 11-7)。

递延所得税及应收款项变动

再次,我们根据营运资本中的流动资产与其对现金影响的关系,将其变动的负值关联到现金流量表中。

2013 年递延所得税及应收款项变动(现金流量表 G83 单元格)

Excel 按键	描述
输入"="	进入"公式"模式
输入"-("	准备计算变动的负值
选择单元格 G226	2013 年递延所得税
输入"-"	减
选择单元格 F226	2012 年递延所得税
输入")"	公式输入结束
按 \<Enter\> 键	结束
公式结果	=-(G226 - F226)

我们可以将公式向右复制直到 2017 年(见表 11-7)。

应付账款、应计费用及其他应计负债的变动

对流动负债而言,资产负债表和现金流量表的科目之间存在直接的关系。换句话说,与流动资产的情况相反,流动负债的增加会引起现金的增加,流动负债的减少会

引起现金的减少。所以，我们只需用下一年的值减去前一年的值，例如，2013年应付账款的现金流变动为2013年应付账款减去2012年应付账款。我们不必像处理流动资产变动一样，在公式前加一个负号来"减去"这个减法运算。我们将其运用到下一个科目"应付账款、应计费用及其他应计负债的变动"中。我们可以在营运资本计划的第230行看到，余额从2012—2013年是减少的，这会引起现金流出。

2013年应付账款、应计费用及其他应计负债的变动（单元格G84）

Excel按键	描述
输入"="	进入"公式"模式
选择单元格G230	2013年应付账款
输入"-"	减
选择单元格F230	2012年应付账款
按<Enter>键	结束
公式结果	=G230 - F230

我们可以将公式向右复制直到2017年（见表11-7）。

应交税费变动

我们可以对应交税费重复这一过程。

2013年应交税费（现金流量表G85单元格）

Excel按键	描述
输入"="	进入"公式"模式
选择单元格G232	2013年应交税费
输入"-"	减
选择单元格F232	2012年应交税费
按<Enter>键	结束
公式结果	=G232 - F232

我们可以将公式向右复制直到2017年（见表11-7）。

其他流动负债变动

我们可以对其他流动负债重复这一过程。

2013年其他流动负债变动（现金流量表G86单元格）

Excel按键	描述
输入"="	进入"公式"模式
选择单元格G234	2013年其他流动负债

（续）

Excel 按键	描述
输入 " - "	减
选择单元格 F234	2012 年其他流动负债
按 <Enter> 键	结束
公式结果	= G234 - F234

我们可以将公式向右复制直到 2017 年（见表 11-7）。

营运资本计划表的第 239 行匹配行现在应该显示"Y"。这是一个检查项，用于确保我们将每年的营运资本科目的变动关联到现金流量表中。我们将营运资本项关联到现金流量表中时，很容易混淆的一点是，应该直接引入每年的变动值还是引入每年变动值的"负值"。进行这项检查可以帮助我们避免这个潜在的问题，并确保现金流方向的正确性。

现在我们已经完成了营运资本计划表，可以继续进行对资产负债表的预测。请参考附录 1 以确保遵循了正确的建模过程。

第十二章
资产负债表预测

现在我们的现金流量表已经完成了，我们可以进入从第 152 行开始的资产负债表部分。在预测 2013 年的资产负债表之前，我们需要导入我们在资产负债表调整分析中的备考资产负债表数据。我们可以直接关联这些数据到表格 2012PF 的 F 列当中。

我们可以从把"资产负债表调整"部分中的现金一行关联到现金余额开始。所以，单元格 F158 应当是" = H111"。下一行"应收账款"将从"资产负债表调整"部分当中的单元格 H112 关联进来。我们可以直接从单元格 F158 向下复制公式到单元格 F159。我们可以继续向下复制，但是"合计"行应当像任何其他时候一样，等于这列从上到下之和。这个过程将持续下去，直到我们获得了可以用来做预测表的备考资产负债列示。

资产负债表项目	公式
现金及现金等价物（单元格 F158）	= H111
应收账款（单元格 F159）	= H112
存货（单元格 F160）	= H113
预付费用及其他流动资产（单元格 F161）	= H114
递延所得税及应收账款（单元格 F162）	= H115
流动资产合计（单元格 F163）	= SUM（F158：F162）
物业、厂房和设备净值（单元格 F164）	= H117
商誉（单元格 F165）	= H118
其他无形资产净值（单元格 F166）	= H119
长期股权投资——Boise Cascade Holdings，L.L.C.（单元格 F167）	= H120
应收票据（单元格 F168）	= H121
递延所得税（单元格 F169）	= H122
其他固定资产（单元格 F170）	= H123
资产合计（单元格 F171）	= SUM（F163：F170）

做完了"资产"部分，你的资产合计应当与备考"资产负债表调整"部分当中的资产合计一致（见表 12-1）。我们继续看负债部分：

资产负债表项目	公式
应付账款、应计费用及其他应计负债（单元格 F174）	= H127
短期借款和一年内到期的长期借款（单元格 F175）	= H128
应付所得税（单元格 F176）	= H129
其他流动负债（单元格 F177）	= H130
流动负债合计（单元格 F178）	= SUM（F174：F177）
递延所得税及其他长期负债（单元格 F179）	= H132
长期借款净值（单元格 F180）	= H133
无追索权债务（单元格 F181）	= H134
薪酬及福利义务（单元格 F182）	= H135
资产处置递延收益（单元格 F183）	= H136

资产负债表项目	公式
合资企业非控制性权益（单元格 F184）	= H137
负债合计（单元格 F185）	= SUM（F178：F184）

然后我们可以继续到权益部分。

资产负债表项目	公式
普通股股本及资本公积（单元格 F188）	= H141
累计其他全面收益（赤字）（单元格 F189）	= H142
库存股（单元格 F190）	= H143
优先股（单元格 F191）	= H144
股东权益合计（单元格 F192）	= SUM（F188：F191）
可赎回优先股（单元格 F193）	= H146
非控制性权益（单元格 F194）	= H147
所有者权益合计（单元格 F195）	= SUM（F192：F194）
负债和所有者权益合计（单元格 F196）	= F185 + F195

表 12-1　2012 年备考资产负债表

合并资产负债表	实际值	预测值				
（单位：百万美元，除每股价格外）	2012 年	2013 年	2014 年	2015 年	2016 年	2017 年
资产						
流动资产：						
现金及现金等价物	1 161.2					
应收账款	1 332.2					
存货	1 863.1					
预付费用及其他流动资产	250.3					
递延所得税及应收账款	68.6					
流动资产合计	4 675.4					
物业、厂房和设备净值	1 208.6					
商誉	（29.5）					
其他无形资产净值	97.6					
长期股权投资——Boise Cascade Holdings L.L.C.	175					
应收票据	817.5					
递延所得税	142.2					
其他固定资产	609.9					
资产合计	7 696.6					
负债						
流动负债：						
应付账款、应计费用及其他应计负债	2 694.1					
短期借款和一年内到期的长期借款	184.4					
应付所得税	4.2					
其他流动负债	219.9					

（续）

合并资产负债表 （单位：百万美元，除每股价格外） 12月29日	实际值	预测值				
	2012年	2013年	2014年	2015年	2016年	2017年
流动负债合计	3 102.6					
递延所得税及其他长期负债	573.9					
长期借款净值	711.3					
无追索权的债务	735					
薪酬及福利义务	365.6					
资产处置递延收益	179.8					
合资企业非控制性权益	44.6					
负债合计	5 712.8					
所有者权益						
股东权益						
普通股股本及其他实收资本	2 063.3					
累计其他全面收益（亏损）	（408.2）					
库存股	（57.7）					
优先股	0					
股东权益合计	1 597.3					
可赎回优先股	386.4					
非控制性权益	0.1					
所有者权益合计	1 983.8					
负债和所有者权益合计	7 696.6					
补充数据：						
是否平衡？（是/否）	是	是	是	是	是	是

如果输入正确，资产负债表的检查单元格 F198 应该显示"是"（见表 12-1）。尽管在工作表中把每一行都列出会有一些烦琐，但是这样做对于阐释把该列复制到我们接下来要用来做预测的实际资产负债表的简便性会有帮助。

现金流量表驱动资产负债表与资产负债表驱动现金流量表

建立财务预测模型有两种常用的方法。

（1）*资产负债表—现金流量表法*。现金流量表是由资产负债表环比相减得到的。

（2）*现金流量表—资产负债表法*。资产负债表是通过现金是如何筹集和使用来得到的。

虽然这两种方法都很常用，但我们强烈建议使用第二种，用现金流量表来得到资产负债表。这种方法更加符合逻辑，也证明更不容易产生误差。而且，通过第一种回溯法得到的现金流量表可能导致无法完整地展现每一笔独立现金流的情况。让我们以固定资产为例。当产生资本性支出时，物业、厂房和设备净值增加；当产生折旧时，物业、厂房和设备净值减少。所以，如果资产负债表上的物业、厂房和设备净值增加1 000美元，我们如何才能知道这其中有多少变化是由于折旧导致的，又有多少变化是由于资本性支出导致的？

现金流量表	2013年
累计折旧	?
资本性支出	?

资产负债表	2012年	2013年
物业、厂房和设备	0	1 000

我们可以很容易地归因于1 000美元的资本性支出。

现金流量表	2013年
累计折旧	0
资本性支出	(1 000)

资产负债表	2012年	2013年
物业、厂房和设备	0	1 000

或者，也可能是资本性支出1 500美元，折旧500美元，同样可以得到物业、厂房和设备净变化量1 000美元。

现金流量表	2013年
累计折旧	500
资本性支出	(1 500)

资产负债表	2012年	2013年
物业、厂房和设备	0	1 000

进一步来说，也可能是企业购置了2 000美元的资产，并且做了500美元物业、厂房和设备减值。许多种可能性都可以解释这样的物业、厂房和设备变化。但是现金流量表可以清晰地展示折旧和资本性支出，因此我们可以关注现金流量表。基于这样的原因，如果我们用现金流量表来得到预估资产负债表，我们可以对经营有一个更加完整的认识。

需要注意：我们知道在这个例子当中，对资本性支出和折旧进一步的研究可以揭示公司财务数据当中固定资产数据在每一年间是如何变化的，然而，这也表明了会有可能出现由于使用从资产负债表到现金流量表的倒推法而导致重要现金流数据遗漏的其他复杂情况。

我们强烈建议按照并遵从我们下一段介绍的方法。华尔街分析员的重要挑战就是配平资产负债表。需要记住，公式"资产+负债=所有者权益"必须要恒成立才能使得一张资产负债表配平。配平一张资产负债表的难点在于，需要单独预测资产、负债和所有者权益部分里面的每一个科目，并且保证上述公式仍然成立。当资产负债表不平衡的时候，寻找遗漏科目的查错过程可能是一项让人望而生畏的任务。这项工作以让分析员彻夜不眠而著称。然而，通过清晰、系统的方法来预测资产负债表，这项工作就不会再艰苦了。如果能对资产负债表背后的现金流有更好的概念上的理解，这些"夜猫子"就会被淘汰。使用我们的方法，对一张不平衡的资产负债表查错的时间最多为一小时，所以我们建议你继续阅读下去。

考虑资产负债表预测过程中的关键就是现金流量表。现金流量会影响资产、负债及所有者权益项目。如果公司支付了一笔现金，它有可能购置了一项资产，也可能偿还了一项债务。相反，如果公司收到了一笔现金，它可能卖出了一项资产，或者募集了一笔资金。我们通过现金流量表来帮助我们判定这些资产、负债和所有者权益是如何被影响的。如果有现金支出，那一定意味着有一项资产在增加（除了现金），或者一项负债或所有者权益在减少；如果收到现金，那就一定表示有一项资产在减少（除了现金），或者一项负债或所有者权益在增加。所以，为了预测资产负债表的科目，我们要观察资产负债表每一行的科目，并问自己以下两个问题：

（1）哪一项或几项现金流量表科目正在影响这个（对应的）资产负债表科目？

（2）这项现金流量表科目会从哪个方向影响资产负债表科目？它是应该增加还是减少？

资产

让我们以"现金"这一资产负债表科目为例。如果 2012 年的现金余额为 1 000 美元，我们想预测 2013 年的货币资金，来依次考虑上述两个问题。

现金流量表	2013 年
?	?

资产负债表	2012 年	2013 年
货币资金	1 000	?

现金流量表科目"现金及现金等价物净增加额"会影响资产负债表中的现金。并且，现金流量表中的正值自然会使资产负债表中的现金余额总额上升。如果现金及现金等价物的总变化量为 500 美元，那么 2013 年的资产负债表现金余额应该为 1 500 美元。

现金流量表	2013 年
现金及现金等价物净增加额	500

资产负债表	2012 年	2013 年
货币资金	1 000	1 500

对于 2013 年资产负债表上的现金余额，我们应该用 2012 年的资产负债表现金余额加上 2013 年现金及现金等价物净增加额：

2013 年资产负债表现金

=2012 年资产负债表现金

+2013 年现金及现金等价物净增加额

用同样的方法，我们可以用模型来预测 2013 年的现金。

2013 年现金（资产负债表单元格 G158）

Excel 按键	描述
输入 "="	进入 "公式" 模式
选择单元格 F158	货币资金
输入 "+"	加
选择单元格 G102	2013 年现金及现金等价物增加净值
按 <Enter> 键	结束
公式结果	= F158 + G102

我们应该会得到 15.589 亿美元。我们可以向右复制这个公式直到 2017 年的数据（见表 12-2）。

表 12-2 预估资产负债表货币资金

合并资产负债表 （单位：百万美元，除每股价格外） 12 月 29 日	实际值		预测值			
	2012 年	2013 年	2014 年	2015 年	2016 年	2017 年
资产						
流动资产：						
货币资金	1 161.2	1 558.9	2 035.9	2 714.2	3 451.8	4 224.8
应收账款	1 332.2					
存货	1 863.1					
预付费用及其他流动资产	250.3					
递延所得税及应收账款	68.6					
流动资产合计	4 675.4					

应收账款 现在我们来看一个典型的应收账款的例子，假设 2012 年应收账款余额为 1 000 美元。

现金流量表	2013 年
?	?

资产负债表	2012 年	2013 年
应收账款	1 000	?

回答第一个问题，是 2013 年现金流量表"营运资本"部分的"应收账款变化量"影响资产负债表的应收账款。现在，正如我们在第十一章中讨论的，请记住现金流量

表和资产负债表中应收账款的关系。如果现金变动为正值，则表示我们收回了应收账款，或者说应收账款应当减少。所以，举例来说，如果 2013 年"应收账款变化"是 250 美元，那么就说明我们收回了 250 美元的应收账款，所以应收账款余额应当减少 250 美元，变为 750 美元。

现金流量表	2013 年		资产负债表	2012 年	2013 年
应收账款变化量	250	→	应收账款	1 000	750

2013 年资产负债表应收账款

= 2012 年资产负债表应收账款

− 2013 年应收账款变化

注意这里的公式结构和现金的公式相似，但是我们在这两个项目之间使用减号而不是加号。

所以用同样的方法，我们可以在模型中预测 2013 年的应收账款。

2013 年应收账款（资产负债表 G159 单元格）

Excel 按键	描述
输入" = "	进入"公式"模式
选择单元格 F159	应收账款
输入" – "	减
选择单元格 G80	2013 年应收账款变化量
按 <Enter> 键	结束
公式结果	= F159-G80

我们应该会得到 13.239 亿美元。我们可以向右复制这个公式直到 2017 年（见表 12-4）。

存货采用同样的方法。我们来看存货。假设 2012 年的存货是 1 500 美元。

现金流量表	2013 年		资产负债表	2012 年	2013 年
?	?	→	存货	1 500	?

先回答两个问题中的第一个问题，与存货相关的现金流量表科目是现金流量表"营运资本"部分中的"存货变动"。假设"存货变动"在 2013 年的数值是 –250 美元。营运资本中的负变动意味着我们采购了更多的存货，所以存货余额应当从 1 500 美元增加到 1 750 美元。

现金流量表	2013 年
存货变动	（250）

资产负债表	2012 年	2013 年
存货	1 500	1 750

2013 年资产负债表存货 = 2012 年资产负债表存货
− 2013 年现金流量表存货变动

注意，这里的公式结构和应收账款的相似，同样，注意这里使用的是减号。

2013 年存货（单元格 G160）

Excel 按键	描述
输入 "="	进入 "公式" 模式
选择单元格 F160	存货
输入 "−"	减
选择单元格 G81	2013 年存货变动
按 <Enter> 键	结束
公式结果	= F160−G81

我们会得到 18.269 亿美元。我们可以向右复制这个公式直到 2017 年（见表 12-4）。

有一点非常重要，基于前述的情况，预估一项资产负债表资产的公式结构永远遵循如下结构（货币资金除外）：

2013 年资产负债表科目
= 2012 年资产负债表科目
− 2013 年现金流量表相关科目

唯一的例外——现金，则遵循如下结构：

2013 年资产负债表科目
= 2012 年资产负债表科目
+ 2013 年现金流量表相关科目

这在逻辑上也是合理的，因为下一年的资产负债表科目应当会受到上一年资产负债表相关科目现金的增加或者减少的影响。对资产来说，现金流量表现金流的变化是反方向的，现金流为负值表示资产增加，现金流为正值表示资产减少，所以要用减号。例外的情况是资产负债表中的现金资产，现金流正向变动导致现金余额增加，现金流负向变动导致现金余额减少，所以用加号。公式结构中的这种模式是良好模型的要点之一。虽然也有其他方法可以预测其中的一些科目，但我们建议在整个模型中保持这个结构的一致性。你的模型越是简单直接、前后一致，其可读性就越高，零错误的可能性就越大，即使有错误，模型的查错也会越简单。这些公式在概念上也是合理的，它们是更好地理解这些概念的方式，能够帮助分析员梳理模型中可能产生差错的部分在哪里。

我们可以在利润表的资产部分继续进行这个过程，如表12-3所示，把下列资产负债表科目与相关现金流量表科目相匹配。

然后我们可以向右复制这些科目直到2017年。我们也可以向右复制单元格F163"流动资产合计"和单元格F171"资产合计"（由关联备考数值时计算得到）。至此我们完成了资产负债表当中的"资产"部分（见表12-4）。

表12-3 资产负债表资产预测

资产负债表科目	现金流量表科目	公式
预付费用及其他流动资产（G161）	预付费用及其他流动资产变动（单元格G82）	=F161−G82
递延所得税及应收账款（G162）	递延所得税及应收账款变动（单元格G83）	=F162−G83
物业、厂房和设备（G164）	累计折旧（单元格G66）、资本性支出（单元格G90）、资产减值（单元格G70）、资产处置损益（单元格G73）、非现金减支出（单元格G75）、资产处置收益及其他（单元格G91） 注：如这里所示，可能有不止一个现金流量科目与一个资产负债表科目相关联，并且减值与损益可能对其他资产负债表科目有影响，比如商誉和无形资产。但是我们现在保持简单假设，认为大部分的对资产负债表的影响是对固定资产而言的。只要它们以某种方式在资产负债表中体现出来了，就不会非常影响我们的总体分析。	=F164−G66−G90−G70−G73−G75−G91
商誉（G165）	0 我们假设如果没有明显改变这个会计科目的现金流，这个科目就保持不变。	=F165
其他无形资产净值（G166）	可识别无形资产摊销（单元格G67）	=F166−G67
长期股权投资——Boise Cascade Holdings L.L.C.（G167）	0 我们假设如果没有明显改变这个会计科目的现金流，这个科目就保持不变。	=F167
应收票据（G168）	0 我们假设如果没有明显改变这个会计科目的现金流，这个科目就保持不变。	=F168

（续）

资产负债表科目	现金流量表科目	公式
递延所得税（G169）	0	=F169
	虽然我们有递延所得税的现金流量科目，我们假设这会带来递延所得税负债而不是递延所得税资产。这通常是一个很难的抉择，并且的确是取决于研究此项递延所得税科目具体是什么来决定这是一项资产还是一项负债。在这样的情况下，它是两个的混合科目，所以我们别无选择只能选这其中的一边。不管怎样这不会影响我们的分析，因为递延所得税资产和负债的净值不论用哪种方法都是一样的。	
其他固定资产（单元格G170）	存货和应收账款损失费用（G68），其他经营活动（G74），其他（G78）	=F170-G68-G74-G78
	注：对于"其他固定资产"当中包含的内容的指示十分有限，我们用它作为一个合名词。其他任何在"资产"部分找不到对应科目的资产我们将会关联到这里。我们发现有两项名称都包含"其他"的资产可以放在这里。你可能会认为"存货和应收账款损失费用"应当进入营运资本，但是我们不想影响应收账款的非流动部分，并且存货是被注销为减值损失的，不属于流动部分。所以我们认为这应当被放在"其他固定资产"部分处置。	

表 12-4　资产合计预测

合并资产负债表 （单位：百万美元，除每股价格外） 12 月 29 日	实际值			预测值		
	2012 年	2013 年	2014 年	2015 年	2016 年	2017 年
资产						
流动资产：						
货币资金	1 161.2	1 558.9	2 035.9	2 714.2	3 451.8	4 224.8
应收账款	1 332.2	1 323.9	1341.2	1 361.5	1 382.1	1 401.7
存货	1 863.1	1 826.9	1 834	1 845.6	1 861.3	1 875.2
预付费用及其他流动资产	250.3	240.3	235	230.2	234	237.5
递延所得税及应收账款	68.6	130.3	181.4	232	248.9	266.1
流动资产合计	4 675.4	5 080.2	5 627.5	6 383.5	7 178.2	8 005.3
物业、厂房和设备净值	1 208.6	1 130.9	1 042.2	942.4	831.6	709.3
商誉	（29.5）	（29.5）	（29.5）	（29.5）	（29.5）	（29.5）
其他无形资产净值	97.6	97.6	97.6	97.6	97.6	97.6
长期股权投资——Boise Cascade Holdings L.L.C.	175	175	175	175	175	175
应收票据	817.5	817.5	817.5	817.5	817.5	817.5
递延所得税	142.2	142.2	142.2	142.2	142.2	142.2
其他固定资产	609.9	545.8	481.7	417.6	353.5	289.4
资产合计	7 696.6	7 959.7	8 354.1	8 946.3	9 566	10 206.8

负债

在对负债建模之前,让我们先以一个简单的流动负债"短期借款"为例来解释合理的现金流。如果一个公司要借款,比如 500 美元,现金将会增加,同时负债也会增加 500 美元。

现金流量表	2013 年		资产负债表	2012 年	2013 年
短期贷款发行/偿还	(500)	→	短期借款	0	500

或者,例如,如果公司有 1 000 美元短期借款,并且希望偿还这项债务其中的 500 美元,则会有一笔现金流出并且负债会减少。

现金流量表	2013 年		资产负债表	2012 年	2013 年
短期贷款发行/偿还	(500)	→	短期借款	1 000	500

所以,我们会把所有由于短期借款导致的现金流量变化都增加到资产负债表上的短期借款余额上。

2013 年资产负债表短期借款
= 2012 年资产负债表短期借款
+ 2013 年短期借款现金净变动

注意,这里的公式结构与资产的公式相似,但是我们用一个加号来代替减号。这是由于负债和现金之间的直接关系(也就是说,现金增加会导致负债增加,现金减少会导致负债减少)。这对于资产负债表负债部分的每一个科目都恒成立。

应付账款、应计费用及其他应计负债

所以,让我们把这一点应用到第一个流动负债科目"应付账款、应计费用及其他应计负债"中。我们假设 2012 年资产负债表应付账款余额为 1 000 美元。

现金流量表	2013 年		资产负债表	2012 年	2013 年
?	?	→	应付账款	1 000	?

先回答之前讨论的两个问题中的第一个问题,这个科目是由 2013 年现金流量表"营运资金"部分中的"应付账款变动"得到的。现在,请记住现金流量表和资产负债表中应付账款的关系。如果现金变动是正向的,应付账款则会增加。所以,例如,如果 2013 年的应付账款科目是 500 美元,那么我们就是增加了 500 美元应付账款。

现金流量表	2013年
应付账款变动	500

资产负债表	2012年	2013年
应付账款	1 000	1 500

2013年资产负债表应付账款

= 2012年资产负债表应付账款

+ 2013年应付账款现金净变动

所以，用同样的方法，我们可以用模型来预测2013年的应付账款。

2013年应付账款、应计费用及其他应计负债（单元格G174）

Excel按键	描述
输入"="	进入"公式"模式
选择单元格F174	应付账款
输入"+"	加
选择单元格G84	2013年应付账款现金净变动额
按 <Enter> 键	结束
公式结果	=F174+G84

我们会得到26.26亿美元，然后可以向右复制公式。

我们可以在资产负债表的"负债"部分继续这个过程，如表12-5和表12-6所示，将以下资产负债表科目和现金流量表相关科目匹配。

然后我们可以把单元格G174~G184一起向右复制直到2017年。我们还可以把关联备考资产负债表时得到的单元格F178的流动资产合计和单元格F185的负债合计向右复制。现在我们就完成了资产负债表中流动负债的部分（见表12-6）。

所有者权益科目和负债科目的处理方式相同。如果收到现金，那就意味着所有者权益增加。或者，如果支出现金，那么公司可能在一次股份回购中回购了一些股份。所以对于资产负债表所有者权益科目的一般公式如下：

2013年所有者权益科目

= 2012年所有者权益科目

+ 2013年现金流量表相关科目

也就是说，我们这两项之间一直使用加号，所以我们可以和之前一样延用同样的方法（见表12-7）。

表 12-5 资产负债表负债预测

资产负债表科目	现金流量表科目	公式
短期借款和一年内到期的非流动借款（单元格G175）	借款收到（偿还）短期债务的现金净额（单元格G94）	=F175+G94
应付所得税（单元格G176）	应付所得税的变动（单元格G85）	=F176+G85
其他流动负债（单元格G177）	其他流动负债变动（单元格G86）	=F177+G86
递延所得税及其他长期负债（单元格G179）	递延所得税和递延所得税资产计价备抵（单元格G72），递延所得税费用（单元格G77）	=F179+G72+G77
长期借款净值（单元格G180）	偿还长期借款额（单元格G95）	=F180+G95
无追索权的债务（单元格G181）	偿还无追索权债务（单元格G96）	=F181+G96
薪酬及福利义务（单元格G182）	股票薪酬（单元格G71）、养老及其他退休后福利费用（单元格G76）	=F182+G71+G76
资产处置递延收益（单元格G183）	0 现金流量表中没有科目与此项目直接对应	=F183
合资企业非控制性权益（单元格G184）	支付非控制性权益（单元格G98）	=F184+G98

表 12-6 负债预测

合并资产负债表 （单位：百万美元，除每股价格外） 12月29日	实际值		预测值			
	2012年	2013年	2014年	2015年	2016年	2017年
负债						
流动负债：						
应付账款、应计费用及其他应计负债	2 694.1	2 626	2 616.8	2 614.1	2 641.8	2 667.1
短期借款和一年内到期的非流动借款	184.4	184.4	184.4	184.4	184.4	184.4
应付所得税	4.2	196	308.3	419.2	452.3	486
其他流动负债	219.9	211.3	206.6	202.4	205.7	208.8
**　流动负债合计**	3 102.6	3 217.7	3 316	3 420.1	3 484.2	3 546.3
递延所得税及其他长期负债	573.9	596.9	589.3	597.4	620.4	612.8
长期借款净值	711.3	711.3	711.3	711.3	711.3	711.3
无追索权的债务	735	735	735	735	735	735
薪酬及福利义务	365.6	384.1	402.7	421.2	439.7	458.3
资产处置递延收益	179.8	179.8	179.8	179.8	179.8	179.8
合资企业非控制性权益	44.6	44.1	43.5	43	42.4	41.9
负债合计	5 712.8	5 868.8	5 977.5	6 107.7	6 212.8	6 285.3

第十二章 资产负债表预测

表 12-7 资产负债表所有者权益预测

资产负债表科目	现金流量表科目	公式
普通股股本及资本公积（单元格 G188）	0 注：没有对应的现金流量科目可以导致该科目的变化	=F188
累计其他综合收益（亏损）（单元格 G189）	净利润（单元格 G65），权益法长期股权投资净收益（单元格 G69），雇员股票交易净收入（单元格 G97），债务相关费用（单元格 G99），汇率变动对现金及现金等价物影响数（单元格 G101） 记住，其他全面收益包括了其他未实现的收入和损失，例如"汇率变动对现金及现金等价物影响数"。这里并没有百分之百地明确哪一个项目属于其他全面收益，我们只能给出最好的猜测。仔细研究年报里的其他全面收益表对我们更好的猜测是有帮助的	=F189+G65+G69+G97+G99+G101
库存股（单元格 G190）	0	=F190
优先股（单元格 G191）	0	=F191
可赎回优先股（单元格 G193）	0	=F193
非控制性权益（单元格 G194）	0 我们没有观察到现金流量科目存在对应的项目可以导致该以上这些科目的变化	=F194

这样就完成了！把单元格从 G188~G194 向右复制直到 2017 年的数据。我们还可以把已经计算得到的单元格 F192 的所有者权益合计，单元格 F195 的权益合计，单元格 F196 的负债和权益合计向右复制（见表 12-8）。

完成了这步之后，我们将会得到资产负债表。你可能会注意到我们可以再次核对资产负债表最下方第 198 行是否配平，通过以下公式：

$$资产 + 负债 = 所有者权益$$

如果这个模型没有配平，那么我们需要相当多的步骤去检查问题的所在。我们之前就提到过这一艰巨的任务。但是，使用我们介绍的方法，只需要几步就可以找出报表的错误，并不需要花费一整夜的时间。

表 12-8　预测资产负债表合计

合并资产负债表 （单位：百万美元，除每股价格外） 12月29日	实际值		预测值			
	2012年	2013年	2014年	2015年	2016年	2017年
资产						
流动资产：						
货币资金	1 161.2	1 558.9	2 035.9	2 714.2	3 451.8	4 224.8
应收账款	1 332.2	1 323.9	1 341.2	1 361.5	1 382.1	1 401.7
存货	1 863.1	1 826.9	1 834	1 845.6	1 861.3	1 875.2
预付费用及其他流动资产	250.3	240.3	235	230.2	234	237.5
递延所得税及应收账款	68.6	130.3	181.4	232	248.9	266.1
流动资产合计	4 675.4	5 080.2	5 627.5	6 383.5	7 178.2	8 005.3
物业、厂房和设备	1 208.6	1 130.9	1042.2	942.4	831.6	709.3
商誉	（29.5）	（29.5）	（29.5）	（29.5）	（29.5）	（29.5）
其他无形资产净值	97.6	97.6	97.6	97.6	97.6	97.6
长期股权投资——Boise Cascade Holdings L.L.C.	175	175	175	175	175	175
应收票据	817.5	817.5	817.5	817.5	817.5	817.5
递延所得税	142.2	142.2	142.2	142.2	142.2	142.2
其他固定资产	609.9	545.8	481.7	417.6	353.5	289.4
资产合计	7 696.6	7 959.7	8 354.1	8 946.3	9 566	10 206.8
负债						
流动负债						
应付账款、应计费用及其他应计负债	2 694.1	2 626	2 616.8	2 614.1	2 641.8	2 667.1
短期借款和一年内到期的长期借款	184.4	184.4	184.4	184.4	184.4	184.4
应付所得税	4.2	196	308.3	419.2	452.3	486
其他流动负债	219.9	211.3	206.6	202.4	205.7	208.8
流动负债合计	3 102.6	3 217.7	3 316	3 420.1	3 484.2	3 546.3
递延所得税及其他长期负债	573.9	596.9	589.3	597.4	620.4	612.8
长期借款净值	711.3	711.3	711.3	711.3	711.3	711.3
无追索权的债务	735	735	735	735	735	735
薪酬及福利义务	365.6	384.1	402.7	421.2	439.7	458.3
资产处置递延收益	179.8	179.8	179.8	179.8	179.8	179.8
合资企业非控制性权益	44.6	44.1	43.5	43	42.4	41.9
负债合计	5 712.8	5 868.8	5 977.5	6 107.7	6 212.8	6 285.3
所有者权益合计						
股东权益						
普通股股本及资本公积	2 063.3	2 063.3	2 063.3	2 063.3	2 063.3	2 063.3
累计其他综合收益（亏损）	（408.2）	（301.1）	（15.5）	466.6	961.2	1 529.5
库存股	（57.7）	（57.7）	（57.7）	（57.7）	（57.7）	（57.7）
优先股	0	0	0	0	0	0
股东权益合计	1 597.3	1 704.4	1 990.1	2 452.1	2 966.8	3 535
可赎回优先股	386.4	386.4	386.4	386.4	386.4	386.4
非控制性权益	0.1	0.1	0.1	0.1	0.1	0.1
所有者权益合计	1 983.8	2 090.9	2 376.6	2 838.6	3 353.3	3 921.5
负债和所有者权益合计	7 696.6	7 959.7	8 354.1	8 946.3	9 566	10 206.8
补充数据：						
平衡检验？（是/否）			是	是	是	是	是	是

配平一张不平的资产负债表

当我们正确了解了为什么资产负债表的科目会随着现金的流入和支出有相应的增减变动时，我们就可以很容易地理解为什么资产负债表没有配平。这是因为现金流量表和资产负债表存在不匹配的情况。更详细地说，可能存在以下四种原因：

（1）现金流量表中某一项没有关联到资产负债表上。这种情况经常会发生，特别是当现金流量表存在很多非标准的会计科目时。这些非标准的会计科目很容易不小心被遗漏掉。

（2）现金流量表中某一项被重复关联到资产负债表上。同样，这种情况也是因为现金流量表存在太多非标准的会计科目。需要记住：若资产负债表能够配平，则现金流量表中的每个科目有且仅能被关联到资产、负债或者所有者权益三项中的一项。如果一个科目同时关联了其中两项，那么资产负债表就无法配平。

（3）现金流量表的科目被正确地关联到资产负债表上，但是增减的方向弄错了，或者填到了错误的年份报表里。我们之前提到的普遍的公式模型可以帮助解决这个问题。我们可以注意到在预估的资产负债表上，每一个公式都有统一结构：

= 2012 年资产负债表科目 "+／–" 2013 年现金流量表科目

这样我们就知道每个公式的第一个单元格是以 "F" 开头的，代表 2012 年的备考资产负债表，第二个单元格（或者之后的单元格）以 "G" 开头，代表 2013 年现金流量。同时，我们了解到每一个除了现金外的资产项目之后都会接 "–" 号，而每一个负债和所有者权益项目之后都会接 "+" 号。当了解到以上的规则时，我们能很容易地检测出资产负债表的公式是否存在问题。如果第一个单元格不是以 "F" 开头或者第二个单元格不是以 "G" 开头，那么说明科目的数据来自于错误的年份。如果是正负号出现错误，那么说明科目的增减方向弄错了。

（4）现金流量表或者资产负债表的最后合计计算出现错误。有可能资产负债表没有配平是因为总资产加错了或者计算总资产时没有加上现金及现金等价物科目。

下面是一个简单的资产负债表的例子。每一个现金流量表项目都正确地对应了 2013 年资产负债表，并且资产负债表是配平的。

现金流量表	2013 年
净利润	1 000
应收账款变动	（100）
存货变动	250
现金及现金等价物增加净值	1 150

资产负债表	2012 年	2013 年
货币资金	1 000	2 150
应收账款	500	600
存货	250	0
负债	0	0
留存收益（净利润）	1 750	2 750
是否平衡？（是/否）	是	是

如果现金流量表中存在某一项没有关联到资产负债表上，那么就出现上面定义的问题1。我们需要重新关联没有关联的科目。在下面的例子中，我们忘记关联现金流量表存货变动科目到资产负债表上。这导致了3 000美元（2 150美元 + 600美元 + 250美元）的资产，减去0负债，与2 750美元的所有者权益不匹配。如果我们正确地关联存货，那么资产负债表就配平了。

现金流量表	2013 年
净利润	1 000
应收账款变动	（100）
存货变动	250
现金及现金等价物增加净值	1 150

资产负债表	2012 年	2013 年
货币资金	1 000	2 150
应收账款	500	600
存货	250	250
负债	0	0
留存收益（净利润）	1 750	2 750
是否平衡？（是/否）	是	否

如果现金流量表中某一项被重复关联到资产负债表上，那么就出现上面定义的问题2。我们在资产负债表上多次使用了同一个现金流量表项目。在下面的例子中，我们不小心关联现金流量表存货变动项目到两个不同的资产负债表项目上。这样我们的总资产比正确数额减少了250美元（存货的现金流流入导致资产的减少），因为我们两次计入了存货的变动。这样总资产为2 500美元（2 150美元 + 350美元），减去0负债，与2 750美元的所有者权益不匹配。

现金流量表	2013 年
净利润	1 000
应收账款变动	（100）
存货变动	250
现金及现金等价物增加净值	1 150

资产负债表	2012 年	2013 年
货币资金	1 000	2 150
应收账款	500	350
存货	250	0
负债	0	0
留存收益（净利润）	1 750	2 750
是否平衡？（是/否）	是	否

如果现金流量表的科目被正确地关联到资产负债表上，但是增减的方向弄错了，那么就出现上面定义的问题3。在下面的例子中，现金流量表存货变动科目被关联到

资产负债表中，但是将资产从 250 美元增加到 500 美元，而事实上，我们应该将资产从 250 美元减少到 0。问题 3 也包括科目的关联错误或者科目的年份关联错误。

现金流量表	2013 年
净利润	1 000
应收账款变动	（100）
存货变动	250
现金及现金等价物增加净值	1 150

资产负债表	2012 年	2013 年
货币资金	1 000	2 150
应收账款	500	6 000
存货	250	500
负债	0	0
留存收益（净利润）	1 750	2 750
是否平衡？（是/否）	是	否

如果现金流量表或者资产负债表的最后合计计算出现错误，那么就出现上面定义的问题 4。在下面的例子中，每一个现金流量表项目都被正确地关联到资产负债表上。但是，"总现金变动"科目计算错误，结果应该是 1 150 美元，而不是 900 美元。这样就导致了资产负债表没有配平，因为我们将共计 1 150 美元的现金变动关联到资产负债表科目上，但是在现金科目上我们只变动了 900 美元。

现金流量表	2013 年
净利润	1 000
应收账款变动	（100）
存货变动	250
现金及现金等价物增加净值	900

资产负债表	2012 年	2013 年
货币资金	1 000	1 900
应收账款	500	600
存货	250	0
负债	0	0
留存收益（净利润）	1 750	2 750
是否平衡？（是/否）	是	否

以上的傻瓜式方法可以去检测为什么资产负债表没有配平，是哪里出现问题。甚至当你的模型没有像我的模型那样结构化，你还是可以用上述的方法检测问题所在。上述方法已经在华尔街的众多复杂模型进行过多次检验。我们保证，只要你能够正确使用上述的方法，配平一张不平的资产负债表就不再是艰巨的任务。

纽约金融学校资产负债表平衡法

我们强烈建议把现金流量表和资产负债表打印出来在纸上演算这种方法。在纸上用铅笔和计算器来演算是最能够在第一时间发现资产负债表错误的方法。但是在 Excel 中检验资产负债表也是行得通的。不管是用纸还是用 Excel，第一步是在资产负债表上添加一个差异栏。这个差异栏会把第一个使资产负债表不平衡的年度（的数字）从上一个平衡的年度（的数字）中减去。所以，如果 2012 年配平但是 2013 年没配平，差异栏就会把每一个科目用 2013 年（的数字）减去 2012 年（的数字）。用谁减去谁其实并不重要，因为我们在这里只是匹配金额。在表 12-9 的例子当中，我们有一列展示了所有资产负债表科目的差异（此例中的金额不代表 Office Depot 和 OfficeMax 并购模型）。

这些差异基本上都是现金流。所以，我们现在需要把每一个差异匹配到现金流量表中去。所以，对于每一个资产负债表科目，我们自问两个资产负债表平衡问题：

（1）此项差异金额与对应的现金流量相吻合吗？
（2）此项资产负债表科目的移动方向正确吗？

表 12-9 资产负债表差异举例

合并资产负债表 （单位：百万美元，除每股价格外） 1 月 31 日	实际值			预测值	
	2010 年	2011 年	2012 年	2013 年	差异
资产					
流动资产：					
货币资金		7 395	6 550	8 691.8	2 141.8
应收账款		5 089	5 937	5 790.5	(146.5)
存货		36 437	40 714	40 862.4	148.4
预付费用及其他流动资产		2 960	1 685	2 458.9	773.9
递延所得税 及应收账款		131	89	89	0
流动资产合计		52 012	54 975	57 892.6	
物业、厂房和设备		107 878	112 324	117 945.3	5 621.3
商誉		16 763	20 651	20 651	0
其他资产和递延项		4 129	5 456	5 576	120
资产合计		180 782	193 406	202 064.9	

让我们以应收账款为例。应收账款的差异是 1.465 亿美元（见表 12-9），所以对第一个问题来说，这项差异应该与现金流量表中的 "应收账款变动" 科目相匹配（见表 12-10）。

表 12-10 经营活动的现金流量举例

合并现金流量表 （单位：百万美元，除每股价格外） 会计期间截至 1 月 31 日	实际值			预测值
	2010 年	2011 年	2012 年	2013 年
经营活动产生的现金流				
本期净利润	14 883	16 993	16 387	18 685.2
来自非持续经营的损失（收益）	79	(1 034)	67	0
折旧和摊销	7 157	7 641	8 130	8 591.7

(续)

合并现金流量表 （单位：百万美元，除每股价格外） 会计期间截至 1 月 31 日	实际值			预测值
	2010 年	2011 年	2012 年	2013 年
递延所得税	（504）	651	1 050	715.9
其他经营活动	318	1 087	398	318
营运资本变动				
应收账款变动	（297）	（733）	（796）	146.5
存货变动	2 213	（3 205）	（3 727）	（148.4）
预付费用及其他变动	0	0	0	（773.9）
应付账款变动	1 052	2 676	2 687	701.2
预计负债变动	1 348	（433）	59	1 425.7
预提所得税变动	0	0	0	（399.6）
营运资本净变动	4 316	（1 695）	（1 777）	951.5
经营活动产生的现金流总额	26 249	23 643	24 255	29 262.3

事实也的确如此。2013 年的"应收账款变动"的金额是 1.465 亿美元。对第二个问题来说，我们注意到现金流量表中的"应收账款变动"的金额是正的，所以这应该会使资产负债表上的资产减少。回到资产负债表，我们注意到应收账款事实上在减少，从 2013 年的 59.37 亿美元到 2013 年的 57.905 亿美元，所以应收账款对账成功。很重要的一点是，我们要在现金流量表上划去"应收账款变动"这一科目来表示我们已经检查过这个科目了。需要记住，一项更常见的错误就是，不小心把一个现金流量表科目在资产负债表中重复使用或者把它完全置之不理。当我们在进行这个过程的时候，标记每一个（使用过的）科目可以帮助我们确保我们每个科目用且仅使用了一次。

如果整个过程非常复杂，而且有现金流量表科目没有被划去，那你就会知道这个问题是第一种情况，你需要把这个现金流量表科目关联到资产负债表当中。如果你发现有一项现金流量表科目被划去了但却使用了两次，那你就知道这个问题是第二种情况，你只能选择一个资产负债表科目与之关联。如果差异一列当中的金额与现金流量表不符，那这就是第三种情况，第三种情况也可能发生在资产负债表科目项向错误的方向移动——也就是说，当现金流量表指示它应当减少时它却在增加，或者反之同理。也有可能当你用这个方法完成了（这个过程），每一个科目也都对账成功，资产负债表却依然不平衡。如果发生这种情况，那这就是第四种情况：一定在现金流量表或者资产负债表中存在一个合计误差。

我们建议你花时间去仔细思考现金流量表和资产负债表之间的关系。上述方法在概念上是成立的，我们在完全理解了现金流量表和资产负债表之间的关系后，应该非常明确，除了以上四种出错的情况，没有其他可能使资产负债表不平衡的情况。

完成了资产负债表，我们现在可以进行到最后一个主要部分：偿债计划表。请参考附录1以确保遵循了正确的建模过程。

第十三章
偿债计划和循环引用

偿债计划是为了跟踪公司每一种重要的负债类型及与之相关的利息和偿还计划而设计的。它也可以帮助跟踪可以用来偿还债务的可支配现金以及可以带来利息收入的可支配现金及现金等价物。简单来说，偿债计划可以更好地帮助我们跟踪债务和利息。当偿债计划完成并与模型的其他部分关联好之后，就同时产生了一个重要的部分叫作"循环引用"。这个循环引用部分对我们判断多种债务情况非常重要，比如在有足够现金支付利息的情况下一个公司所能承担的债务的绝对最大值是多少。

非常重要的一点需要注意，由于循环引用的存在，偿债计划是在最后一步才能建立的。请确保你在开始建立偿债计划前已经有了一个平衡的资产负债表。如果你还没得到一个平衡的资产负债表，继续做偿债计划只会使这项工作更加复杂。

偿债计划结构

在这个模型中，第244～第248行可以帮助我们跟踪可供偿还债务的可支配现金。如果我们想一有可支配现金就用来自动地偿还债务，就可以使用这个功能。

> **注意**
>
> 当循环引用完成的时候，你可能会收到一条Excel的错误信息。参考本章"循环引用"部分了解如何解决循环引用报错。

以下部分均以债务类型分组。这里我们将逐年计算每一种债务的余额，跟踪可能的债务偿还和发行，并计算利息。

在偿债计划的最后，我们会合计所有发行的债务和偿还的本金记为"发行（偿还）负债合计"以及所有的利息记为"利息费用合计"。然后我们将计算年末现金余额以及如果有的话，计算和这些现金相关的利息收入。

注意，最后有一行匹配检查，以确保我们这里计算的期末现金与资产负债表中的现金相匹配。

偿债计划建模

偿债计划建模的第一步是导入最近一期报告的现金和负债余额。由于这是一项兼并交易，我们也希望导入为了此次交易融资而产生的新的负债信息。简单来说，我们会查看预估资产负债表，导入所有的现金和负债余额。我们可以从导入资产负债表 2012 年一列中的现金到偿债计划中 2012 年的"年末现金余额"当中着手。所以偿债计划中单元格 F272 将等于"= F158"。不要将这个单元格中的值向后复制，我们会在后面重新计算 2013 年的值。现在我们可以开始来看负债余额。基于 2012 年的预测资产负债表，我们有以下义务：

- 短期借款和本期到期的长期借款；
- 长期借款，减去本期到期的长期借款的净值；
- 无追索权的债务。

我们会对每一项负债建立一个单独的负债部分。总共有三个部分，每一个部分都与所列出的负债相匹配。对于每一项负债而言，我们需要导入负债期末余额。所以单元格 F253 "（年末数）短期借款和本年度到期的长期借款"等于"= F175"。我们可以按照表 13-1 所示继续计算其他部分。

表 13-1　最新偿债计划余额

偿债计划项目	资产负债表项目	公式
短期借款和本期到期的长期借款（单元格 F253）	短期借款和一年内到期的长期借款（单元格 F175）	= F175
长期借款，减去本期到期的长期借款的净值（单元格 F260）	长期借款净值（单元格 F180）	= F180
无追索权的债务（单元格 F267）	无追索权的债务（单元格 F181）	= F181

短期借款和本期到期的长期借款

一旦我们把期末余额关联进来，从"短期借款和本期到期的长期借款"开始我们就可以计算出每一项债务余额。2013 年"短期借款和本期到期的长期借款"是这一年的年初负债余额。我们假设这和上一年的年末负债余额是相等的。换句话说，举个例子，我们假设 2013 年 1 月 1 日的负债余额和 2012 年 12 月 31 日的负债余额是完全相同的。因此我们可以得到以下结果：

2013 年短期借款（年初数）

=2012 短期借款（年末数）

或者在单元格 G250 中，我们可以得到"= F253"，并且我们可以把这个单元格向右复制直到 2017 年的数据。

强制与非强制债务发行/（债务偿还）

一项债务发行代表融资到一项负债，一项偿还代表一项债务的本金得到部分偿还。在建模当中，我们把发行和本金偿还划分到两个类别当中。强制发行或偿还是预先规划或者计划好的。例如，一项按年支付的本金偿还被视为一种强制偿还，因为本金必须要按照债务合同的要求偿还。一项非强制发行或偿还是指一项在债务的合同性要求之外的发行或偿还。换句话说，假设我们碰巧在某一年年末有一笔现金盈余。那么，在允许的情况下，尽管这不是必需的，我们决定在要求之外多偿还一些债务，以减少利息的支付。非强制债务偿还常常用于循环信贷额度，一个公司会在有现金盈余的情况下偿还债务。在建模当中，由于强制偿还是提前规划好的，我们通常从债务合同条款中直接把它们摘抄过来。并且，非强制偿还通常是通过建立一个比较可支配现金和负债余额的公式计算得到的。如果我们有多余的可支配现金，我们就自动偿还债务。在建模中，把强制债务的发行和偿还与非强制的部分分开是非常重要的，这样我们就可以留有一个部分给计划性偿还，同时能够建立这样一个灵活公式且互不影响。

暂时，我们可以把这两项都记为"0"，让我们把G251和G252都填入为"0"，然后我们可以向右复制直到2017年的数据。

为了计算年末的负债余额，我们只要从年初负债余额开始，加上我们新发行的债务和偿还的债务。如果我们想要实现负债融资100万美元，举这个例子来说，我们会在强制发行中输入"$1MM"，这样我们的年末负债余额就是年初负债余额加上这100万美元。相反地，如果我们想要偿还负债，我们会在强制发行中输入"-$1MM"，这样我们的年末负债余额就是年初负债余额减去这100万美元（或者其实是加上负的100万美元）。

2013年短期负债（年末数）

= 2013年短期负债（年初数）

+ 强制发行/（偿还）

+ 非强制发行/（偿还）

或者，单元格G253将"=SUM（G250：G252）"

我们可以把这个公式向右复制然后进入利息费用计算部分（见表13-2）。

对于利息费用，最好先对年初负债余额和年末负债余额取平均数。如果我们不能准确地知道是在一年当中的什么时候可能发行或者偿还了债务，那这一步就非常重要。例如，假设我们有 100 万美元待偿还短期负债并且我们计划 2013 年完成 100 万美元强制偿还，那么期末负债余额就会是 0。由于我们在 2013 年中的某个时点偿还了这项负债，理论上说这项负债的利息就只计算到负债尚未偿还期间。所以我们如果在这一年的第一天就偿还了这 100 万美元，理论上我们这一年就不会产生任何利息费用（或者极少的利息）。相反地，如果我们知道这一年的最后一天才偿还这项负债，我们这一年的时间都会计算利息。当然，如果我们准确地知道负债偿还时间，我们就可以相对应地调整，但是假设我们不能直接得到这些信息，我们就取平均数作为一个简单化的假设。

因此，2013 年短期负债的利息费用可记作如下：

取平均数 [2013 年短期负债（年初数），2013 年短期负债（年末数）]

× 2013 年短期负债利率

表 13-2　短期借款和本年度到期的长期借款

偿债计划		实际值	预测值			
（单位：百万美元，除每股价格外）						
12 月 29 日		2012 年	2013 年	2014 年	2015 年	2016 年	2017 年
短期借款和本期到期的长期借款						
短期借款和本期到期的长期借款（年初数）			184.4	184.4	184.4	184.4	184.4
强制发行 /（偿还）			0	0	0	0	0
非强制发行 /（偿还）			0	0	0	0	0
短期借款和本期到期的长期借款（年末数）		184.4	184.4	184.4	184.4	184.4	184.4
短期借款和本期到期的长期借款利息费用							
短期借款和本期到期的长期借款利率							

2013 年短期负债利息费用（单元格 G254）

Excel 输入	描述
输入 " = "	进入 "公式" 模式
输入 "average（"	创建 "平均数" 公式
选择单元格 G250	2013 年短期负债（年初数）
输入 "，"	将我们要取平均数的两个数据分开
选择单元格 G253	2013 年短期负债（年末数）
输入 "*"	乘以
选择单元格 G255	2013 年短期负债利率
按 <Enter> 键	结束
公式结果	= AVERAGE（G250，G253）*G255

我们现在需要给负债选择正确的利率。根据资产负债表调整第 128 行，我们发现短期负债是收购方与目标方的合并数。所以，根据这一点，我们是应该用收购方的利率、目标公司的利率还是某个合并利率呢？如果我们观察 Office Depot 的偿债计划（见表 13-3），我们可以发现短期负债的利率是 8.44%。观察 OfficeMax 的偿债计划（表 13-4），我们可以看到 6.44% 的短期借款利率。所以我们可以取一个收购方和目标公司短期借款的加权平均数来得到一个大致的交易后负债余额。然而，我们真的不知道持有的负债性质。通常来说在一起并购中，交易后会通过再融资来替换原来的负债。如果是这样的话，这个利率会是收购方的利率水平还是目标公司的利率水平，还是基于这个新实体的一个完全不同的利率呢？这些问题在交易早期还没有人回答或者可以从公开资料中获取。所以我建议采取一个保守的方法，采用收购方的利率——这种方法较为保守，因为通常而言收购方的利率会保持不变，而且 8.44% 是两者中较高的利率。

所以我们在单元格 G255 暂时输入"8.44%"。我们可以向右复制单元格 G254 和 G255 直到 2017 年的数据（见表 13-5）。

长期负债净值

我们可以继续进行到下一项负债，"长期负债净值"。为了完成这个部分建模，我们需要重复和我们在短期负债一样的操作过程。

2013 年长期负债（年初数）与上一年负债年末余额数值相等：

$$2013 \text{ 年长期负债（年初数）} = 2012 \text{ 年长期负债（年末数）}$$

或者在单元格 G257，我们输入"= F260"，并且我们可以把这个公式向右复制。

我们可以把强制和非强制发行暂时设为"0"，然后我们可以计算长期负债（年末数），即如下所示：

$$2013 \text{ 年长期负债（年末数）}$$
$$= 2013 \text{ 年长期负债（年初数）}$$
$$+ \text{强制发行／（偿还）}$$
$$+ \text{非强制发行（偿还）}$$

或者，单元格 G260 可以输入"= SUM（G257：G259）"。

然后我们可以参照我们之前做的那样计算利息费用：

取平均数 [2013 年长期负债（年初数），2013 年长期负债（年末数）]

× 2013 年利率

表 13-3　Office Depot 偿债计划

偿债计划			预测值			
（单位：百万美元，除每股价格外）						
1月27日	实际值	2013 年	2014 年	2015 年	2016 年	2017 年
可供偿债的现金						
年初现金余额		670.8	718	788.9	930.6	1 128.1
偿债前现金流		47.2	70.8	141.8	197.5	207.8
最低现金缓冲		（100）	（100）	（100）	（100）	（100）
可供偿债现金合计		618	688.9	830.6	1 028.1	1 235.9
短期借款和本期到期的长期借款						
短期借款和本期到期的长期借款（年初数）		174.1	174.1	174.1	174.1	174.1
强制发行/（偿还）		0	0	0	0	0
非强制发行/（偿还）		0	0	0	0	0
短期借款和本期到期的长期借款（年末数）	174.1	174.1	174.1	174.1	174.1	174.1
短期借款和本期到期的长期借款利息费用		14.7	14.7	14.7	14.7	14.7
短期借款和本期到期的长期借款利率		*8.44%*	*8.44%*	*8.44%*	*8.44%*	*8.44%*
长期借款净值						
长期借款净值（年初数）		485.3	485.3	485.3	485.3	485.3
强制发行/（偿还）		0	0	0	0	0
非强制发行/（偿还）		0	0	0	0	0
长期借款净值（年末数）	485.3	485.3	485.3	485.3	485.3	485.3
长期借款利息费用		40.9	40.9	40.9	40.9	40.9
长期借款利率		*8.44%*	*8.44%*	*8.44%*	*8.44%*	*8.44%*
发行/（偿还）合计		0	0	0	0	0
利息费用合计		55.6	55.6	55.6	55.6	55.6
年末现金余额	670.8	718	788.9	930.6	1 128.1	1 335.9
利息收入		3.5	3.8	4.3	5.1	6.2
利率		*0.5%*	*0.5%*	*0.5%*	*0.5%*	*0.5%*
是否相匹配？（是/否）		是	是	是	是	是

表 13-4　OfficeMax 偿债计划

偿债计划						
（单位：百万美元，除每股价格外）				预测值		
1月27日	实际值	2013 年	2014 年	2015 年	2016 年	2017 年
可供偿债的现金						
年初现金余额		495.1	540.2	642.7	783.8	952.4
偿债前现金流		45.2	102.5	141.1	168.6	200.1
最低现金缓冲		（50）	（50）	（50）	（50）	（50）
可供偿债现金合计		490.2	592.7	733.8	902.4	1 102.5
短期借款和本期到期的长期借款						
短期借款和本期到期的长期借款（年初数）		10.2	10.2	10.2	10.2	10.2
强制发行／（偿还）		0	0	0	0	0
非强制发行／（偿还）		0	0	0	0	0
短期借款和本期到期的长期借款（年末数）	10.2	10.2	10.2	10.2	10.2	10.2
短期借款和本期到期的长期借款利息费用		0.7	0.7	0.7	0.7	0.7
短期借款和本期到期的长期借款利率		*6.44%*	*6.44%*	*6.44%*	*6.44%*	*6.44%*
长期借款净值						
长期借款净值（年初数）		226	226	226	226	226
强制发行／（偿还）		0	0	0	0	0
非强制发行／（偿还）		0	0	0	0	0
长期借款净值（年末数）	226	226	226	226	226	226
长期借款利息费用		14.5	14.5	14.5	14.5	14.5
长期借款利率		*6.44%*	*6.44%*	*6.44%*	*6.44%*	*6.44%*
无追索权的债务						
无追索权的债务（年初数）		735	735	735	735	735
强制发行／（偿还）		0	0	0	0	0
非强制发行／（偿还）		0	0	0	0	0
无追索权的债务（年末数）	735	735	735	735	735	735
无追索权的债务利息费用		39.7	39.7	39.7	39.7	39.7
无追索权的债务利率		*5.4%*	*5.4%*	*5.4%*	*5.4%*	*5.4%*
发行／（偿还）合计		0	0	0	0	0
利息费用合计		54.9	54.9	54.9	54.9	54.9
年末现金余额	495.1	540.2	642.7	783.8	952.4	1 152.5
利息收入		41.4	47.3	57.1	69.4	84.2
利率		*8%*	*8%*	*8%*	*8%*	*8%*
是否相匹配？（是／否）		是	是	是	是	是

第十三章 偿债计划和循环引用

表 13-5 偿债计划预测

偿债计划						
（单位：百万美元，除每股价格外）	实际值	预测值				
12月29日	2012年	2013年	2014年	2015年	2016年	2017年
可供偿债的现金						
年初现金余额						
偿债前现金流						
最低现金缓冲						
可供偿债现金合计						
短期借款和本期到期的长期借款						
短期借款和本期到期的长期借款（年初数）		184.4	184.4	184.4	184.4	184.4
强制发行／（偿还）		0	0	0	0	0
非强制发行／（偿还）		0	0	0	0	0
短期借款和本期到期的长期借款（年末数）	184.4	184.4	184.4	184.4	184.4	184.4
短期借款和本期到期的长期借款利息费用		15.6	15.6	15.6	15.6	15.6
短期借款和本期到期的长期借款利率		*8.44%*	*8.44%*	*8.44%*	*8.44%*	*8.44%*
长期借款，净值						
长期借款净值（年初数）		711.3	711.3	711.3	711.3	711.3
强制发行／（偿还）		0	0	0	0	0
非强制发行／（偿还）		0	0	0	0	0
长期借款净值（年末数）	711.3	711.3	711.3	711.3	711.3	711.3
长期借款利息费用		60	60	60	60	60
长期借款利率		*8.44%*	*8.44%*	*8.44%*	*8.44%*	*8.44%*
无追索权的债务						
无追索权的债务（年初数）		735	735	735	735	735
强制发行／（偿还）		0	0	0	0	0
非强制发行／（偿还）		0	0	0	0	0
无追索权的债务（年末数）	735	735	735	735	735	735
无追索权的债务利息费用		39.7	39.7	39.7	39.7	39.7
无追索权的债务利率		*5.4%*	*5.4%*	*5.4%*	*5.4%*	*5.4%*
发行／（偿还）合计						
利息费用合计						
年末现金余额	1 161.2					
利息收入						
利率						
是否相匹配？（是／否）		是	是	是	是	是

2013 年长期负债利息费用（单元格 G261）

Excel 输入	描述
输入 " = "	进入"公式"模式
输入 "average（"	创建"平均数"公式
选择单元格 G257	2013 年长期负债（年初数）
输入 "，"	将我们要取平均数的两个数据分开
选择单元格 G260	2013 年长期负债（年末数）
输入 "*"	乘以
选择单元格 G262	2013 年利率
按 <Enter> 键	结束
公式结果	= AVERAGE（G257，G260）*G262

我们可以再一次观察 Office Depot 和 OfficeMax 在表 13-3 和 13-4 中的利率。我们可以看到 Office Depot 有一个 8.44% 的利率而 OfficeMax 有一个 6.44% 的利率。让我们再一次保守地处理，用较高的 8.44% 作为利率。所以我们可以在单元格 G262 输入 "8.44%"。我们可以把单元格 G261 和 G262 都向右复制（见表 13-5）。

无追索权的债务

我们现在可以进行到下一项负债，无追索权的债务。为了对这个部分建模，我们需要重复和对其他负债进行的完全一样的操作。

2013 年无追索权的债务（年初数）与上一年期末负债的数值相同：

$$2013 \text{ 年无追索权的债务（年初数）}$$
$$= 2012 \text{ 年无追索权的债务（年末数）}$$

或者在单元格 G264，我们输入 " = F267"，并且我们可以把这个公式向右复制。

我们可以把强制和非强制发行暂时设为 "0"，然后我们可以计算无追索权的债务（年末数），即如下所示：

$$2013 \text{ 年无追索权的债务（年末数）}$$
$$= 2013 \text{ 年无追索权的债务（年初数）}$$
$$+ \text{强制发行／（偿还）}$$
$$+ \text{非强制发行（偿还）}$$

或者，单元格 G267 可以输入 " = SUM（G264：G266）"。

然后我们可以参照我们之前做的那样计算利息费用：

取平均数 [2013 年无追索权的债务（年初数），2013 年无追索权的债务（年末数）]
× 2013 年利率

2013 年无追索权的债务利息费用（单元格 G268）

Excel 输入	描述
输入 " = "	进入 "公式" 模式
输入 "average（"	创建 "平均数" 公式
选择单元格 G264	2013 年无追索权的债务（年初数）
输入 ","	将我们要取平均数的两个数据分开
选择单元格 G267	2013 年无追索权的债务（年末数）
输入 "*"	乘以
选择单元格 G269	2013 年利率
按 <Enter> 键	结束
公式结果	=AVERAGE（G264，G267）*G269

再一次观察 Office Depot 和 OfficeMax 的偿债计划表（表 13-3 和 13-4），我们发现只有 OfficeMax 继续保留了无追索权的债务。在资产负债表调整中我们认为这项负债会继续保留到新的实体当中。我们不知道这项负债的性质以及利率是否会变动，所以暂时我们保持利率不变，把 5.4% 输入单元格 G269 中。一旦模型完成我们就可以轻松地调整这一项数据。现在我们可以向右复制单元格 G268 和 G269（见表 13-5）。

发行 /（偿还）合计

现在我们可以进行到 270 行的 "发行 /（偿还）合计"。如标题所示，这一项是前面所讨论的负债类型所有强制和非强制发行和偿还的总和。所以，单元格 G270 是 "=G251+G252+G258+G259+G265+G266"。这一项的值暂时为零。我们可以向右复制这个公式。

利息费用合计

第 271 行，"利息费用合计"，是上述利息的总和。所以，单元格 G271 是 "=G254+G261+G268"。我们可以向右复制这个公式。

可偿还负债现金

我们现在可以考虑现金部分。注意我们引入单元格 F272 的现金期末余额。因为我们已经做完了负债的部分，这个单元格值将和单元格 G245 的年初现金余额相关联，所以单元格 G245 会写为"= F272"。我们可以把这个公式向右复制。

可供偿债的现金流是用来衡量所有现金流入和支出之后还剩余多少可以用来偿还债务的。对我们来说，获得一个除负债外现金的适当的衡量方法非常重要，因为在偿债计划中我们想要确定我们有多少现金可以用来偿还负债。在现金流量表的底部第 104 行有一项"可供偿债的现金流"。为了计算这一点，我们需要总结现金流量表中与债务无关的一切。我们排除以下内容：

- 新增（偿还）短期债务，净额；
- 偿还长期负债；
- 偿还无追索权的债务。

现在尽管"债务相关费用"项目与债务有关，但与债务发行和偿还不直接相关，所以我们不把它从公式当中排除。您稍后会看到我们有充分的理由排除与债务发行和支付相关的项目。所以在现金流量表的单元格 G104 中公式将为"=G88+G92+G97+G98+G99+G101"。

我们只关注预计的年份，所以我们从 2013 年开始计算并且可以向右复制我们的公式，直到 2017 年。注意包括"汇率对现金的影响"这一项，这一点非常容易忽略。需要注意，有些人认为我们可以简单地将现金及现金等价物总变动减去上述债务。虽然这在数学上是正确的，但在模型中这样做会导致第二个循环引用。最好是对我们前面的计算结果求和，然后将它们一起从公式中减去。现在的总额与"现金及现金等价物变动"相匹配。一旦我们开始偿还债务，这将开始发生变化（见表 13-6）。

我们现在可以把这一项关联到偿债计划的第 246 行。偿债计划中单元格 G246 中为"=G104"，然后我们可以把这一项向右复制到 2017 年。

"最低现金缓冲"是一家公司年末维持的最低现金余额。公司维持一个最低现金余额的原因有很多：第一，它像是一个缓冲垫用来避免或有的现金短缺；第二，借款人通常要求一个公司维持一个最低现金余额来确保本金和利息的偿还。每一个公司的最低现金余额的预测各有不同。最低现金余额的计算可能是根据销售额的一个百分比，营运资本，或者是现金总额，或者是公司债务合同中要求的必须维持的担保金额。这不是预测当中最重要的部分，但我们建议对新设立的企业做一个这样的最低现金余额估计。观察单独企业的偿债计划（表 13-3 和 13-4），我们可以看到 Office Depot 预测了 1 亿美元的缓冲额，OfficeMax 有 5 000 万美元的缓冲额。保守起见我们采用一个较大的缓冲额，所以我们可以假设合并后公司将会保持同样 1 亿美元的余额，或者我们可以把收购方和目标公司的余额加总，或者甚至可以估计一个更高的缓冲额。现在我们假设收购方和目标公司的余额的合计数 1.5 亿美元作为最低缓冲。我们可以在综合财务报表标签中的单元格 G247 中输入"–150"。我们输入的价值为负数，因为我们想从可供偿还债务的现金中减去最低现金余额。可供偿还债务的现金总额是年初的现金余额加上债务偿还前的现金流量之和，减去最低现金缓冲。在单元格 G248 中，我们将输入"=SUM（G245：G247）"。我们可以复制单元格 G245~G248 的内容向右复制直到 2017 年。

表 13-6　偿债前现金流量预测

合并现金流量表					
（单位：百万美元，除每股价格外）	预测值				
截止 12 月的会计期间	2013 年	2014 年	2015 年	2016 年	2017 年
筹资活动产生的现金流					
短期借款（偿还），净值					
长期借款偿还					
无追索权债务偿还					
员工股份交易所得款项净额	0.3	0.3	0.3	0.3	0.3
非控制性权益支付	（0.6）	（0.6）	（0.6）	（0.6）	（0.6）
负债相关费用	（9.9）	（9.9）	（9.9）	（9.9）	（9.9）
筹资活动产生（使用）的现金流合计	（10.2）	（10.2）	（10.2）	（10.2）	（10.2）
汇率变化对现金及现金等价物的影响	（14.7）	（14.7）	（14.7）	（14.7）	（14.7）
现金及现金等价物总变动	397.7	477	678.3	737.7	773
补充数据：					
偿债前现金流量	397.7	477	678.3	737.7	773

表 13-7　可供偿还债务的现金总额预测

偿债计划					
（单位：百万美元，除每股价格外）	预测值				
12 月 29 日	2013 年	2014 年	2015 年	2016 年	2017 年
可供偿还债务的现金					
年初现金余额	1 161.2	0	0	0	0
偿债前现金流	397.7	477	678.3	737.7	773
最低现金缓冲	（150）	（150）	（150）	（150）	（150）
可供偿还债务现金总额	1 408.9	327	528.3	587.7	623

可供偿还债务的现金总额是可以自由支配利用的现金数额。如果一个公司决定以这种方式管理业务，可想而知它会利用所有这些资金来偿还债务，以节省利息支付。然而，值得注意的重点是，不是所有的债务都可以随意偿还而不用受到处罚（见表13-7）。

现在我们可以在偿债计划底部第272行计算"年末现金余额"。为了计算今年年底的现金，我们以"年初现金余额"开始，然后再加上"偿债前现金流"和"债务发行/（偿还）总额"。这一点很容易让很多人混淆，但是考虑到我们要从期初到期末都能够获得完整的数据，其中包括从债务偿还中扣除现金支付或发行，我们想从"年初现金余额"开始，就像我们之前处理的所有持续平衡一样，比如负债。我们要对一年中获得的所有现金流加总。"偿债前现金流"是这张财务报表上最为接近的计量项目。这样我们就得到了除了为偿债而筹集的现金或者为偿债而支付的现金外的全部现金。这一项被放在"债务发行/（偿还）总额"中。通常人们会以为我们需要在这里减去利息费用，但只要勾稽关系正确，利息就已经计算在内了。我们下一步将会讲到这一点。"年末现金余额"的公式如下：

年末现金余额 = 年初现金余额 + 偿债前现金流 + 债务发行/（偿还）总额

或者说，单元格G272写为"=G245+G246+G270"，然后我们可以把这个公式向右复制。

现在我们得到了一个现金的年末余额值，我们就可以计算利息收入。利息收入通常是由于储蓄账户、存款单或者其他投资账户存有现金而获得的收入。基于现金及现金等价物而获得的利息收入的计算结果位于第273行。就和利息费用的计算一样，我们可以对年初现金余额和年末现金余额取平均数，然后乘以某一个利率。因此，利息收入的公式表达如下：

利息收入 = 平均数（年初现金余额和年末现金余额）× 利率

2013年利息收入（单元格G273）

Excel输入	描述
输入"="	进入"公式"模式
输入"average（"	创建"平均数"公式
选择单元格G245	2013年年初现金余额
输入","	将我们要取平均数的两个数据分开

第十三章 偿债计划和循环引用

（续）

Excel 输入	描述
选择单元格 G272	2013 年年末现金余额
输入 "*"	乘以
选择单元格 G274	2013 年利率
按 <Enter> 键	结束
公式结果	=AVERAGE（G245，G272）*G274

没有可靠的现金投资详细说明，无法轻易确定一个适当的利率来计算利息收入，而且我们无法确定在新的实体下现金会怎样运营，但我们可以像计算利息费用一样，观察收购方和目标公司的利率。再一次观察表 13-3 和表 13-4，我们会发现 Office Depot 预计 0.5% 的现金利率。OfficeMax 的数据显示了 8% 的现金利率。这个 8% 的现金利率看起来异常高并且也不够保守（在这种情况下高利率是激进的）。尽管我们无法确定，但我们采用一个更加保守的 0.5% 的利率。让我们在单元格 G274 输入 0.5%。我们可以把 G273 和 G274 的数据向右复制直到 2017 年的一列。

可以做补充性的调研来确定公司是否有除了现金及现金等价物之外的其他投资为利息收入账户带来利息。

我们现在可以把利息费用和利息收入关联到利润表当中去。利润表第 30 行和第 31 行尚未关联。因此利润表单元格 G30 中的利息费用将为 "=G271"，我们可以将其向右复制。同样地，我们可以将利息收入与偿债计划挂钩。利润表中的单元格 G31 将为 "=-G273"，我们可以将其向右复制。在链接到利息收入之前要注意其中的负号。我们在第七章中讨论过，我们将把利息收入作为一个负值显示，从而使其与利息费用项目相抵销。

我们最后得到了一个利润表的完整表述（见表 13-8）。

在模型完成前我们还有最后的一组关联待完成。我们还需要把偿债计划中债务发行和偿还与现金流量表中筹资活动相关联。偿债计划中的每一项债务都包含了相应的数值反映其所有已发生的发行和偿还。这些都应该在现金流量表中的筹资活动中体现出来。例如，现金流量表的第 94 行包括了短期负债的发行和偿还。这个部分应该用偿债计划中"短期借款和本年度到期的长期借款"部分的强制与非强制发行和偿还项目引用过来。所以现金流量表中单元格 G94 应为 "=G251+G252"。我们可以把公式向右复制直到 2017 年。

类似的情况，在现金流量表的下一行，"长期借款的偿还"应该引用自偿债计划中长期借款部分强制与非强制发行和偿还项目。因此，单元格 G95 应为" = G265 + G266"。我们可以把公式向右复制。

现在偿债计划已经完全关联起来，我们可以核实数据是否最终匹配。偿债计划中第 275 行检查确保了年末现金余额与资产负债表顶部现金数额一致。这项匹配非常重要，因为我们在模型中有效地利用了两种方法计算现金。资产负债表的现金计算自上年资产负债表现金余额加上现金流量表中的现金流量变动。但是，偿债计划中年末现金余额计算自偿债计划顶部年初现金余额，然后加上债务发行和偿还前的现金流。这样做的目的是确保债务发行／（偿还），利息费用和利息收入已正确地相关联（见表 13-9）。

表 13-8 利润表和利息预测

合并利润表					
（单位：百万美元，除每股价格外）			预测值		
截止 12 月会计期间	2013 年	2014 年	2015 年	2016 年	2017 年
收入	17 521.7	17 751.1	18 019.5	18 292.7	18 551.6
收入同比增长率		*1.3%*	*1.5%*	*1.5%*	*1.4%*
销售成本	12 067.5	12 114.5	12 191.2	12 295	12 386.4
销售成本占销售额百分比	*68.9%*	*68.2%*	*67.7%*	*67.2%*	*66.8%*
毛利润	5 454.2	5 636.6	5 828.3	5 997.7	6 165.2
毛利率	*31.1%*	*31.8%*	*32.3%*	*32.8%*	*33.2%*
营业费用					
店面与仓库营业和销售费用	4 158.4	4 212.9	4 276.6	4 341.5	4 403
占收入百分比	*23.7%*	*23.7%*	*23.7%*	*23.7%*	*23.7%*
管理及行政费用	762.2	768.1	777.1	786.3	795.4
占收入百分比	*4.3%*	*4.3%*	*4.3%*	*4.3%*	*4.3%*
合并后成本节约	（166.7）	（333.3）	（500）	（500）	（500）
占营业费用合计百分比	*3.39%*	*6.69%*	*9.89%*	*9.75%*	*9.62%*
营业费用合计	4 753.9	4 647.6	4 553.7	4 627.8	4 698.3
占收入百分比	*27.1%*	*26.2%*	*25.3%*	*25.3%*	*25.3%*
其他业务收益					
杂项收益 净值	（34.7）	（34.7）	（34.7）	（34.7）	（34.7）
息税折旧摊销前利润	735	1 023.7	1 309.3	1 404.6	1 501.7
息税折旧摊销前利润率	*4.2%*	*5.8%*	*7.3%*	*7.7%*	*8.1%*
折旧和摊销	255.5	269.4	283.6	298	312.6

第十三章 偿债计划和循环引用

（续）

合并利润表			预测值		
（单位：百万美元，除每股价格外）					
截止 12 月会计期间	2013 年	2014 年	2015 年	2016 年	2017 年
可识别无形资产摊销	0	0	0	0	0
息税前利润	479.5	754.2	1 025.7	1 106.6	1 189
息税前利润率	2.7%	4.2%	5.7%	6%	6.4%
利息					
利息费用	115.3	115.3	115.3	115.3	115.3
利息收入	（6.5）	（8.2）	（10.8）	（14）	（17.5）
净利息费用	108.8	107	104.5	101.3	97.8
税前利润	370.8	647.2	921.2	1 005.3	1 091.2
税前利润率	2.1%	3.6%	5.1%	5.5%	5.9%
所得税费用	129.8	226.5	322.4	351.9	381.9
所得税有效税率	35%	35%	35%	35%	35%
净利润（调整后）	241	420.7	598.8	653.4	709.3
非经常性事项					
资产减值	148.8	148.8	148.8	148.8	148.8
非经常性事项合计	148.8	148.8	148.8	148.8	148.8
净利润（非经常性事件调整后）	92.2	271.9	450	504.6	560.5
非控制性权益	4	4	4	4	4
优先股	32.9	32.9	32.9	32.9	32.9
净利润（利润分配后）	55.2	234.9	413	467.7	523.5
并购方独立每股收益（调整后每股收益）					
基本	0.27	0.44	0.62	0.74	0.86
稀释	0.21	0.34	0.48	0.57	0.66
备考每股收益（调整后每股收益）					
基本	0.46	0.79	1.13	1.23	1.34
稀释	0.39	0.69	0.98	17	1.16
增厚／（稀释）(%)					
基本	66.5%	79.8%	82.9%	67.5%	56.1%
稀释	86.6%	101.5%	105%	87.7%	74.9%
平均在外流通普通股股数					
基本	279.73	279.73	279.73	279.73	279.73
稀释	362.56	362.56	362.56	362.56	362.56
新发行的股数	249.49	249.49	249.49	249.49	249.49
在外流通的基本股合计	529.22	529.22	529.22	529.22	529.22
在外流通的稀释股合计	612.05	612.05	612.05	612.05	612.05

表 13-9 偿债计划预测

偿债计划						
(单位:百万美元,每股价格除外)		预测值				
12月29日	2012年	2013年	2014年	2015年	2016年	2017年
可供偿债的现金						
年初现金余额		1 161.2	1 443.7	1 851.8	2 463.2	3 136.4
偿债前现金流		282.5	408.1	611.4	673.2	710.8
最低现金缓冲		(150)	(150)	(150)	(150)	(150)
可供偿债现金合计		1 293.7	1 701.8	2 313.2	2 986.4	3 697.2
短期借款和本期到期的长期借款						
短期借款和本期到期的长期借款(年初数)		184.4	184.4	184.4	184.4	184.4
强制发行/(偿还)		0	0	0	0	0
非强制发行/(偿还)		0	0	0	0	0
短期借款和本期到期的长期借款(年末数)	184.4	184.4	184.4	184.4	184.4	184.4
短期借款和本期到期的长期借款利息费用		15.6	15.6	15.6	15.6	15.6
短期借款和本期到期的长期借款利率		*8.44%*	*8.44%*	*8.44%*	*8.44%*	*8.44%*
长期借款减去本期到期的长期借款						
长期借款减去本期到期的长期借款(年初数)		711.3	711.3	711.3	711.3	711.3
强制发行/(偿还)		0	0	0	0	0
非强制发行/(偿还)		0	0	0	0	0
长期借款减去本期到期的长期借款(年末数)	711.3	711.3	711.3	711.3	711.3	711.3
长期借款减去本期到期的长期借款利息费用		60	60	60	60	60
长期借款减去本期到期的长期借款利率		*8.44%*	*8.44%*	*8.44%*	*8.44%*	*8.44%*
无追索权债务						
无追索权债务(年初数)		735	735	735	735	735
强制发行/(偿还)		0	0	0	0	0
非强制发行/(偿还)		0	0	0	0	0
无追索权债务(年末数)	735	735	735	735	735	735
无追索权债务利息费用		39.7	39.7	39.7	39.7	39.7
无追索权债务利率		*5.4%*	*5.4%*	*5.4%*	*5.4%*	*5.4%*
发行/(偿还)合计		0	0	0	0	0
利息费用合计		115.3	115.3	115.3	115.3	115.3
年末现金余额	1 161.2	1 443.7	1 851.8	2 463.2	3 136.4	3 847.2
利息收入		6.5	8.2	10.8	14	17.5
利率		*0.5%*	*0.5%*	*0.5%*	*0.5%*	*0.5%*
是否相匹配?(是/否)		是	是	是	是	是

循环引用

在一个完全关联的财务模型中,有一个重要的循环引用贯穿于所有的财务报表。这项循环引用与负债和利息都相关。具体来说,如果偿债计划中举债数额增加,年末现金余额就会增加从而导致利息收入将会增加。由于利息收入是关联到利润表当中的,净利润就会增加。这项净利润的增加会被引入现金流量表的顶部使得现金数额,以及更重要的,现金流量表底部的"偿债前现金流"均增加。这项"偿债前现金流"又关联到了偿债计划中,使得可供偿还负债的现金流增加,从而使年末现金余额增加,而这又会导致利息收入的进一步增加,如此循环。

参考下面借债 1 000 美元的例子。为了解释循环引用,以下我们仅关注利息收入的变化。

> **注意**
>
> 当此循环引用创建时,Excel 中可能会跳出一个报错信息。Excel 自动默认模型中的循环引用是由错误产生的。我们需要调整 Excel 中的一些设置来说明我们希望在模型中使用某个循环引用。当我们这样做的时候,我们需要告诉 Excel 在停止运算前我们希望它完成多少次迭代,因为理论上这个循环可以无限地继续下去。
> - Excel 2010。如果你正在使用 Excel 2010,你可以通过选择菜单栏中的"文件",然后选择底部的"选项"来找到 Excel 的设置。
> - Excel 2007。在 Excel 2007 中,你可以通过选择 Excel 程序左上方的圆形微软办公图标菜单栏中的"文件",随后找到底部的"Excel 设置"按钮来找到 Excel 的设置。
>
> 当设置对话框弹开时,选择"公式",会显示一个"计算选项"部分。在这个部分中有一个"启用迭代计算"的选择框。勾选这个选择框允许 Excel 循环引用。一旦勾选了这个选择框,我们就可以告诉 Excel 我们希望 Excel 运行多少次迭代,100 次迭代就足够了。

偿债计划	
年初现金余额	0
偿债前现金流	0
最低现金缓冲	0
长期负债	
年初数	0
发行数	1 000
利息(乘以 10% 的利率)*	100
年末数	1 000
年末现金余额	1 000
利息收入(乘以 1% 的利率)*	10

* 注意,我们只是在试图解释利息收入流动,所以让我们暂时先不考虑利息费用。为了简单起见,我们没有对年初数和年末数取平均数。

利润表	
利息收入	10
税费（乘以40%的税率）	(4)
净利润	6

现金流	
净利润	6
长期负债	1 000
现金总变动	1 006
偿债前现金流	6

利息收入引入利润表并且使税后净利润增加了6美元。净利润又引入现金流量表。发行了1 000美元负债后，现金增加了1 006美元。但是，可供偿债的现金流从现金中扣除了新发行的负债，所以现金只增加了6美元。回到偿债计划：

偿债计划	
年初现金余额	0
偿债前现金流	6
最低现金缓冲	0
长期负债	
年初数	0
发行数	1 000
利息（乘以10%的利率）*	100
年末数	1 000
年末现金余额	1 006
利息收入（乘以1%的利率）*	10.1

由于偿债前现金流额外增加了6美元，利息收入增加了0.1美元（事实上是0.06美元，四舍五入到0.1美元），通过引到利润表并继续循环。

让我们再用另一个例子来阐释循环引用，但这次要考虑负债所产生的利息费用。

如果按照偿债计划偿还负债，利息费用就会减少。由于利息费用关联进了利润表，利息费用的减少会增加净利润。这项净利润的增加会引入现金流量表的顶部使得现金数额增加，以及更重要的，现金流量表底部的"偿债前现金流"同步增加。这项偿债前现金流又关联到了偿债计划中，使得可供偿债的现金流增加。所以，由于偿还债务而节省下了利息费用，我们现在有了更多一点的现金去更多地偿还负债。如果我们这样做的话，利息费用还会进一步减少，而这也会进一步增加净利润，之后将会循环往复。

参考下面这个偿还1 000美元负债的例子。以解释循环引用为目的，我们只关注利息费用的变化。我们再次假设在年初有1 000美元现金，以偿还1 000美元的负债：

第十三章 偿债计划和循环引用

偿债计划	
年初现金余额	1 000
偿债前现金流	0
最低现金缓冲	0
长期负债	
年初数	1 000
发行数	（1 000）
利息（乘以 10% 的利率）*	（100）
年末数	0
年末现金余额	0
利息收入（乘以 1% 的利率）*	0

* 注意，我们在阐述利息费用减少了 100 美元这样一个概念。为了简单起见，我们没有对年初数和年末数取平均数。为了阐述仅利息费用的变动，我们还假设没有利息收入。

利润表	
利息费用 *	（100）
税费（乘以 40% 的税率）	40
净利润	60

现金流	
净利润	60
长期负债发行	（1 000）
现金净变化量	（940）
偿债前现金流	6

所以，利息费用的减少会引入利润表中使税后净利润增加 60 美元。净利润又引入现金流量表。偿还了 1 000 美元负债后，现金减少了 940 美元。但是，可供偿债的现金流从现金中扣除了新偿还的负债，所以现金增加了 60 美元。现在回到偿债计划。

偿债计划	
年初现金余额	1 000
偿债前现金流	60
最低现金缓冲	0
长期负债	
年初数	1 000
发行数	（1 000）
利息（乘以 10% 的利率）*	（100）
年末数	0
年末现金余额	60
利息收入（乘以 1% 的利率）*	0.6

* 注意，我们在阐述利息费用减少了 100 美元这样一个概念。为了简单起见，我们没有对年初数和年末数取平均数。为了阐述仅利息费用的变动，我们还假设没有利息收入。

我们现在有了额外的 60 美元可以用来偿还负债。如果我们有更多的负债，我们可以选择更多地偿还负债，从而进一步减少利息费用，通过利润表流回并循环往复。

理论上说，由于发行和偿还的债务都是直接输入财务模型的，这个循环并不是一个无穷循环。换句话说，我们需要在每次迭代后手动地调整负债偿还。但是之后我们将会讨论会导致无穷循环的自动负债偿还公式。使 Excel 的迭代设置设定在 100 这个数字将会限制迭代。

循环引用报错（#Value! Errors）

这个时候财务模型经常发生整个模型都充斥着"#Value!"或者其他的报错字样。这是由于循环引用导致的，当公式在错误地输入循环中的某个单元格时就会发生这种情况。如果某个公式这样错误地输入，Excel 会认为这是一个字符串而不是一个数值，由于 Excel 无法完成计算就会产生一个错误信息。如果在循环引用循环中产生了这样一个错误信息，错误信息无法离开这个循环就会使得这条路径中的每一个单元格都受到影响。

表 13-10 偿债计划错误值（#Value!Error）

偿债计划 （单位：百万美元，除每股价格外） 12 月 29 日		预测值				
	2012 年	2013 年	2014 年	2015 年	2016 年	2017 年
可供偿债的现金						
年初现金余额		1 161.2	#VALUE!	#VALUE!	#VALUE!	#VALUE!
偿债前现金流		#VALUE!	#VALUE!	#VALUE!	#VALUE!	#VALUE!
最低现金缓冲		（150）	（150）	（150）	（150）	（150）
可供偿债现金合计		#VALUE!	#VALUE!	#VALUE!	#VALUE!	#VALUE!
短期借款和本期到期的长期借款						
短期借款和本期到期的长期借款（年初数）		184.4	#VALUE!	#VALUE!	#VALUE!	#VALUE!
强制发行／（偿还）		test	0	0	0	0
非强制发行／（偿还）		#VALUE!	0	0	0	0
短期借款和本期到期的长期借款（年末数）	184.4	#VALUE!	#VALUE!	#VALUE!	#VALUE!	#VALUE!
短期借款和本期到期的长期借款利息费用		#VALUE!	#VALUE!	#VALUE!	#VALUE!	#VALUE!
短期借款和本期到期的长期借款利率		*8.44%*	*8.44%*	*8.44%*	*8.44%*	*8.44%*

表 13-11　利润表错误值（#Value!Error）

合并利润表 （单位：百万美元，除每股价格外） 截止 12 月的会计期间	2013 年	预测值 2014 年	2015 年	2016 年	2017 年
息税前利润	479.5	754.2	1 025.7	1 106.6	1 189
息税前利润率	*2.7%*	*4.2%*	*5.7%*	*6%*	*6.4%*
利息					
利息费用	#VALUE!	#VALUE!	#VALUE!	#VALUE!	#VALUE!
利息收入	#VALUE!	#VALUE!	#VALUE!	#VALUE!	#VALUE!
净利息费用	#VALUE!	#VALUE!	#VALUE!	#VALUE!	#VALUE!
税前利润	#VALUE!	#VALUE!	#VALUE!	#VALUE!	#VALUE!
税前利润率	*#VALUE!*	*#VALUE!*	*#VALUE!*	*#VALUE!*	*#VALUE!*
所得税费用	#VALUE!	#VALUE!	#VALUE!	#VALUE!	#VALUE!
所得税有效税率	*35%*	*35%*	*35%*	*35%*	*35%*
净利润（调整后）	#VALUE!	#VALUE!	#VALUE!	#VALUE!	#VALUE!

您可以通过强制在循环中的单元格输入一个字符串来尝试此操作（别担心——我们有快速修复的办法）。例如，我们可以在其中一个债务发行单元格——以单元格 G251 为例——中输入"测试（test）"字样。现在模型应该是被"#Value!Error"错误信息填满了。如果你没有立即看到错误信息，试试按一下 <F9> 键，这是一个重新计算 Excel 模型单元格的快捷键（见表 13-10）。

为了修复这一点，我们首先需要找到错误发生在哪，然后把它改回数值。所以让我们把"测试（test）"字样改回"0"。虽然这可以修复原始错误，但是错误仍然存在，因为"#Value!"信息无法离开循环。为了修复这一点，我们需要断开循环，让 Excel 重新正常计算，然后再把循环重新连接起来。一个简便做法是观察利润表第 30 行和 31 行的利息费用和利息收入（见表 13-11）。

我们很容易就可以选中并删除这两行，从单元格 G30 开始，按下 <Shift> 键同时按一下空格键选中第一行，然后保持 <Shift> 键按下的同时按向下键以选中另一行。我现在可以轻击删除按钮来清除公式链接。Excel 应该会正常地重新计算，并且你会看到那些"#Value!Error"不见了。如果那些"#Value!Error"仍然存在，那你的模型除了循环引用问题外还有另外一个问题。这时，我们可以直接通过撤销删除或者按 <Ctrl+Z> 来把那些链接加回去。现在所有的单元格都应该恢复正常了（见表 13-12）。

表 13-12 修正后的利润表

合并利润表					
（单位：百万美元，除每股价格外）			预测值		
截止 12 月的会计期间	2013 年	2014 年	2015 年	2016 年	2017 年
息税前利润	479.5	754.2	1 025.7	1 106.6	1 189
息税前利润率	*2.7%*	*4.2%*	*5.7%*	*6%*	*6.4%*
利息					
利息费用	115.3	115.3	115.3	115.3	115.3
利息收入	（6.5）	（8.2）	（10.8）	（14）	（17.5）
净利息费用	108.8	107	104.5	101.3	97.8
税前利润	370.8	647.2	921.2	1 005.3	1 091.2
税前利润率	*2.1%*	*3.6%*	*5.1%*	*5.5%*	*5.9%*
所得税费用	129.8	226.5	322.4	351.9	381.9
所得税有效税率	*35%*	*35%*	*35%*	*35%*	*35%*
净利润（调整后）	241	420.7	598.8	653.4	709.3

自动债务偿还

之前我们讨论过，设置"非强制发行/（偿还）"一项的意义在于当有额外的现金时可以自动偿还债务，或者当有现金需求时追加借款。并不是所有的企业都选择或允许随意偿还债务，但是让我们先了解一下如何在模型中输入这种公式。首先，解释清楚我们想要这种公式来处理的具体情况非常重要。我们想要建立一系列的逻辑条件，将债务余额与可供偿还债务的现金进行比较。如果持有的现金大于负债，那我们就可以偿还全部的债务；如果持有的现金小于负债，那我们只能有多少现金就偿还多少债务；如果我们的现金余额为负，那我们就需要追加更多借款来满足现金需求。让我们把这些用一套更加规整的逻辑条件列出：

（1）若可支配现金为负，则追加借款。

（2）若可支配现金为正，则：

1）若可支配现金大于负债，则偿还负债。

2）若可支配现金小于负债，则偿还与可支配现金同等数额的负债。

我们可以将这些条件改写为"如果……就……"的语句。以条件一为例，若可支配现金为负，显然存在一个现金需求并且我们需要追加借款来满足这一现金需求。因此，条件表达如下：

（1）如果现金小于零，则返回现金的相反数。

所以这里公式结尾的"－现金"意思就是计算结果等于现金值的相反数。换句话说，如果我们有 500 美元现金需求，那我们就需要发行 500 美元负债来满足这个现金需求。因此公式应为"--500"（是的，两个负号）或者 500 美元。

2a. 如果现金大于零，那么，如果可支配现金大于负债，则返回负债的相反数。

或者如果现金是正的并且我们的现金大于负债，那我们就可以偿还全部债务。债务偿还用负债余额的相反数"－负债"来表示。

2b. 如果现金大于零，那么，如果可支配现金小于负债，则返回现金的相反数。

或者如果现金是正的但是我们的现金小于负债，那我们只能偿还与可支配现金同等数额的负债。用现金余额的相反数来表示。

注意条件 2a 和 2b 还有另一种方式可以满足：取现金和负债余额的最小值。让我们举一个 2a 的例子，假设现金为 1 000 美元，负债为 500 美元。在这个例子当中，现金为正且大于负债，因此我们肯定可以偿还所有的负债。所以计算结果就是"500 美元"或者"－负债"。让我们再看一个 2b 的例子，假设现金为 1 000 美元，负债为 2 500 美元。在这个例子当中，现金为正但是小于负债。所以我们只能偿还与可支配现金同等数额的负债，1 000 美元或者"－现金"。无论哪种情况，我们都是取了现金和负债两个之中的最小值。还要注意计算结果都是原值的相反数。因此公式"-Min（现金，负债）"对两种情况都可以满足。但是对于条件（1），现金为负值的情况呢？在这种情况下，公式"-Min（现金，负债）"同样适用。我们知道负债是不可能为负的，因此当出现现金为负的情况时，现金总是小于负债。如果现金为负，则公式"Min（现金，负债）"会让我们得到"－现金"，也即预期结果。

理解公式的细节以及它是如何使用的非常重要，这样当处理不同的任务时就可以相应地调整公式。比如，对公式添加一个额外的"min"（取最小值）功能，可以计算需要追加多少借款。

我们可以把公式输入短期借款的模型中。重申一次，公司可能不能根据自己的意愿自动偿还短期借款。事实上，如果公司在债务到期前提前偿还负债，则需要向银行支付提前还款的罚金。但理解如何对这种情况建模非常重要。我们将添加一个开关来启用和关闭此功能。所以，在偿债计划的单元格 G252 中，我们可以输入"= – MIN（G248，G250）"。

我们可以将这个公式向右复制。我们可以发现公式生效了，因为有足够的现金可用于支持债务偿还，该公式在第一年就能自动偿还债务余额。现在我们可以讨论如何启用和关闭这些公式。

基本开关

开关对启用和关闭这个"min"（最小值）公式的使用也很有用。我们可以直接把这个公式乘以"1"或"0"。因为任何公式乘以"0"将总会得到"0"，所以公式就关闭了；因为任何公式乘以"1"都不会改变原公式的计算结果，所以公式就启用了。因此，举例来说，我们可以在单元格 F252 输入"1"。我们还可以在单元格 G252 的公式后面增加一个"*$F$225"，确保你对 F252 的引用加上了"$"符号，这样我们在把公式向右复制的时候就不会影响对 F252 的引用。G252 中的公式应为"+–MIN（G248，G250）*$F$252"。现在，如果我们在单元格 F252 输入"0"，则公式就会显示"0"且关闭。如果我们在单元格 F252 输入"1"，则公式就会显示"1"且启用。让我们暂时把公式关闭。模型到现在就完成了，下一章我们将对模型的计算结果进行分析。

第十四章

增厚/稀释

就目前的分析来看，合并后每股收益似乎是高比例增厚的，增幅远在 50% 以上。这看起来或许反常，但实则有几个重要变量参与。在这一章节，我们将讨论影响此次合并的重要变量并评估每个变量的影响，以便深入研究分析中的上下限。

公允意见

在寻求额外指导时，咨询公允意见总是有益的。公允意见是由投资银行或其他第三方出具的就合并、收购、回购或分拆的条款是否"公平"的专业评估。这类商业分析会出现在股东初步代理报告/代理委托书中。在报告 S-4 中搜索"意见（opinions）"，你会在 88 页找到名为"财务咨询意见"的小节。下面是公允意见中的第一个，来自彼 J. 所罗门公司（PJSC），受雇于 Office Depot。向下滚动，你会看到该分析师给出的一些乘数和折现现金流分析。我们侧重寻找增厚和稀释方面的指导——查看我们是否刚好符合。需要记住，这些分析师们可能会使用不同的驱动因素和变量，所以这只是一份代理委托书。再翻至 95 页的小节"备考分析"（Pro-Forma Analysis），该小节内容如下：

PJSC 就该交易对 Office Depot 估算 2014—2016 财政年度每股收益的潜在财务影响出具了一份说明性备考交易分析。在分析中，PJSC 使用了管理层提供的基准方案和敏感性分析中的估计利润。出于此次分析目的，在计算 OfficeMax 的企业价值时 PJSC 包含了上述 OfficeMax 净负债。

PJSC 还回顾（reviewed）了两种资本结构情景下的潜在影响：

- Office Depot 的可转换优先股在交易完成当天或之前以总计 4.07 亿美元，对应优先股账面价值 106% 的赎回价格赎回；
- Office Depot 的可转换优先股在交易完场当天或之前转换为 8 140 万股 Office Depot 普通股，以总计 4.07 亿美元为基础计算。

此外，PJSC 还回顾了多种协同效应情形，情形设置范围为基于 Office Depot 管理层估算此交易将带来的潜在协同效应范围中数的 50%~100%，协同效应的数据由 Office Depot 管理层提供。PJSC 使用的 2014 年的协同效应中值是 2.2 亿美元，2015 年是 4.82 亿美元。PJSC 还包括了一次性费用支出和额外资本性支出，分别为 2014 年 3.03 亿美元，2015 年 1.61 亿美元和 2016 年 7 600 万美元。

下面的表格展示了每个情形中交易会带来的潜在财务影响：

Office Depot 可转换优先股赎回

增厚百分比（%）	管理层方案			敏感性分析		
	2014 年	2015 年	2016 年	2014 年	2015 年	2016 年
100% 协同效益	154%	137%	146%	198%	259%	270%
50% 协同效益	102%	77%	81%	129%	146%	151%

Office Depot 可转换优先股转换

增厚百分比（%）	管理层方案			敏感性分析		
	2014 年	2015 年	2016 年	2014 年	2015 年	2016 年
100% 协同效益	124%	107%	115%	163%	215%	224%
50% 协同效益	79%	55%	58%	104%	118%	121%

这一小节十分有趣而且综合性很强。首先，表格总结出 Office Depot 的每股收益增厚应该是非常高的。其次，这一小节提到 Office Depot 优先股的转换是一个重要变量。请回忆第七章，我们初步讨论了优先股并看到 Office Depot 在 S-4 报告中提到，它可能在合并当时或稍后马上赎回所有的优先股股票。我们来更深入地讨论优先股。

优先股

在 S-4 报告中有关于 Office Depot 优先股的讨论。这些优先股被 BC Partners 公司持有。这些讨论的总结在 S-4 的第 19 页。

Office Depot 可转换优先股的处理；与 BC Partners 间的协议

上述的 "Office Depot 特殊会议" 中的选举协议中，Office Depot、OfficeMax 和 BC Partners 一致同意，一旦获得①必要的 Office Depot 股东对交易的批准和② 2011 年 5 月 25 日 Office Depot 修订重列版信贷协议中贷款人的同意（在此份联合代理委托书中记作 "修订版信贷协议"），BC Partners 持有的 17.5 万股 Office Depot 可转换优先股将被 Office Depot 以 Office Depot 可转换优先股的价格现金赎回，立即生效。此外，如果满意或免除合并协议中的完成条件且 Office Depot 随后获得修订版信贷协议中贷款人的同意，届时 Office Depot 的所有被 BC Partners 持有的剩余可转换优先股会被 Office Depot 以 Office Depot 可转换优先股的价格现金赎回。至 2012 年 12 月 29 日，Office Depot 所有可转换优先股的赎回价格约为 4.35 亿美元。

此外，BC Partners 获得交易相关的必要的 Office Depot 股东批准之后，赎回 Office Depot 可转换优先股之前，如果转换会造成 BC Partners 持有 5% 或以上本该于交易完成后立即流通的 Office Depot 稀释后普通股（在此份委托代理书中记作"所有权上限"），BC Partners 不能将 Office Depot 可转换优先股转换为 Office Depot 普通股。除非 BC Partners 持有售出 Office Depot 普通股的良好意愿，使得交易完成后对 Office Depot 普通股的总持有权少于所有权上限（Office Depot 普通股等同，或超出所有权上限的这部分，在此份代理人委托书中记作"超出额"）并入出售协议或针对该出售另作安排。如果 BC Partners 在交易完成前未能售出超出额，Office Depot 在获得修订版信贷协议中所需的贷款人同意后，将向 BC Partners 发起回购。BC Partners 则需向 Office Depot 售出与超出额等同的 Office Depot 普通股。以交易完成日期之前最近的一个交易日当天纽约证券交易所闭市结算时给出的 Office Depot 普通股的每股报价为购买价格。

所以换句话说，这些证券后事如何尚未可知。它们可以继续记在 Office Depot 财务报表上以现金赎回，也可以被转换为普通股。回想第七章，当我们遇到 Office Depot 优先股相关的分红时，我们假设它们暂且不会被转换或赎回。现在我们做出同样的假设。回顾早前公允意见中的批注，PJSC 考虑了两种备选情况：赎回财务报表中的优先股或者转换为普通股。然而两种情境中都和我们得出了同样的每股收益增厚效果。我们的数值变动的原因来自于，如上文提到过的，PSCJ 使用的是管理层的预测和指南，所以我们的假设可能会略有不同。由于任何一个情景都拥有很高的每股收益增厚幅度，我们偏向于关注那些能大幅影响我们分析的变量，所以现在让我们转向更重要的变量。

回忆第三章，当处理增厚/稀释分析时，我们深入研究了影响分析的重要变量。大多数这些变量依旧适用于全面合并分析。我们依次来看 Office Depot/OfficeMax 的相关变量：

- 收购价格

虽然收购价格是重要变量，新闻稿和 S-4 都给了我们具体的假设，但如果收购方或是目标股价变动，就可能会影响到交换股份的价值。比如，我们假设收购者的股价从 3.77 美元/股涨到了 5 美元/股，收购价格则会上涨——收购方的交换股份价值上升了很多。你可以通过将单元格 C6 中的 3.77 改成 5 来检测。收购价格从 9.406 亿美元变为 12.4759 亿美元。但如果收购方的收购价格真的上涨，它也许会选择再次协商兑换率（2.69）以保持其预期收购价，9.406亿美元。

- 资金来源

基于新闻稿和S-4，基本可以明确这次交易会由收购方出资（我们已知这是一次换股），结构基本不会发生变化。

- 合并后成本节约

回忆第七章，我们看到公司预计每年有4~6亿美元的成本节省。目前我们以中值5亿美元作为预计，并假设截至2015年才能完全实现。我们有趣地发现，模型显示在假设2015年会有5亿美元的协同效益时，2013年的每股收益增厚为66.5%。如果我们把这个假设降低到范围的下限4亿美元，增厚便跌至51.5%。你还可以试着将单元格I7从"-500"改为"-400"。如今现实中的协同效益很难预测，而且常常实现起来更难。如果合并后的实体完全无法实现协同效益呢？如果单元格I7被调至"0"会怎么样？如果你这样做，请注意，交易实际上变得有轻微的稀释性了。所以协同效益在这个交易中是一个重要的假设，也是预期每股收益增厚的一个重要驱动因素。注意，5亿美元的协同效益占了经营费用的10%以上，所以是一个重要的假设。

- 新增无形资产摊销

由于收购价格低于目标方账面价值，商誉其实是负的。所以不存在无形资产的分配，故此处也没有额外摊销。

- 新增利息费用

我们没有假设需要发债来完成此次交易（资金来源中无新增债务），所以这次交易不会产生额外的利息费用。但是要注意到，公司的资产负债表上是有足够的现金来偿还相当一部分的债务的。虽然我们的分析暗示公司会将债务继续留在资产负债表上，但是偿还债务带来的利息费用的节省可以带来明显更高的每股收益增厚。

所以总的来说，在上述变量中，协同效益似乎是影响增厚和可能的稀释的主要驱动因素。

贡献分析

贡献分析是另一个常见的并购分析。它用于测算公司的核心财务指标有多少来自于收购方或者目标公司。如果你看看模型中的"贡献分析"标签页你就会发现我们计算了合计销售收入、息税前利润、EBITDA 中有多大一部分来自于每个实体。这只是个简单的划分，但这个分析仍是重要的，计算的结果也很重要。有趣的是，尽管 OfficeMax 是目标公司，但其向兼并实体贡献了超过 40% 的销售收入。这也佐证了这是一次同体量兼并（Merger of Equals）。接下来注意 EBITDA 贡献显示 47.5% 来自 Office Depot，29.9% 来自 OfficeMax，两者相加并不等于 100 个百分点。数据出入的原因是兼并中的协同效益。如果令协同效益为零，你会发现 Office Depot/OfficeMax 的百分比趋近于 60/40。任何一种算法，无论有无协同效益，Office Depot 都向兼并后的实体做出了更多一点的贡献，但 OfficeMax 也贡献了相当一部分。假如比例更显著地集中于某一个实体（例如 90/10），我们就更容易把交易作为一次收购，而不是同等合并。

总结

总的来说，Office Depot 和 OfficeMax 的合并看起来能提供高比例的每股收益增厚。在所有可能变量中，我们将范围缩小至协同效益，认为是决定交易是否增厚的重要假设。这也不是说模型中其他变量不重要，在整本书中我们看到了大量的所有可能性。但协同效益在每股收益增厚中起到了巨大的作用。需要记住，我们在令协同效益为零时证明了这一点，并注意到交易这时不再有每股收益增厚。所以总体上，分析中的对每股收益增厚来说最重要的是实现种种协同效益——的确是个很重要的变量。

不论我们这个具体案例的模型中的计算结果如何，这本书想要带给你的是一套工具来理解这种分析以及该分析背后的一些概念。并购是一个复杂且宏大的话题，需要多年的实践来磨炼和优化，我希望这至少是个好的开始。无论 Office Depot 和 OfficeMax 的合并是否成功，我都希望你能用这本书中学到的工具来进行更有效、更强大的分析⊖。如果有更多的人从书中学到的这些工具，我相信我们会有更聪明的分析师、更聪明的投资者以及更聪明的市场——一个更平衡、更有效的市场。

⊖ 北京金多多教育同时为本书所有操作提供视频讲解课程，请有兴趣的读者咨询金多多教育公众号或浏览网站 www.jinduoduo.net。特别是有兴趣将本书作为教材的高校教师，北京金多多教育将为高校教师提供特别的辅助服务，协助高校讲师进行教学。——译者注

附 录

附录 1
建模快速指南

对于全面合并模型，在完成核心假设（收购价格、来源和使用）后，下一步应作为模型其余部分的建模指导：

I. 利润表

1. 合并收入。

2. 合并所有费用。

   a. *交易调整：预计协同效应。*

   b. 把"折旧"部分留空（出自折旧计划表，IV.1.a）。

   c. *交易调整：可辨认无形资产的摊销——留空，待稍后估算。*

   d. 把"利息费用"和"利息收入"部分留空（出自偿债计划，VII.7和VII.8）。

3. 计算净利润。

4. 计算预估股数。

   a. 输入收购方股数。

   b. *交易调整：估计新发行的股数。*

5. 计算每股收益增厚／稀释。

II. 现金流量表

1. 经营活动产生的现金流。

   a. 输入利润表得出的"利润分配前净利润"。

   b. 关联利润表中的"折旧"（I.2.b）。

   c. 关联利润表中的"可识别无形资产摊销"（I.2.c）。

   d. 合并经营活动产生的现金流中的"其他"科目。

   e. 把"经营活动产生的现金流变动"留空（出自营运资本明细表，V.1.a和V.2.a）。

2. 投资活动产生的现金流。

   a. 合并资本性支出。

   b. 合并"其他"科目（通常仅来自于收购方）。

3. 筹资活动产生的现金流。

   a. 把"借款（偿还）"留空（出自偿债计划 VII.9）。

b. 合并"其他"科目（通常仅来自于并购方）。

4. 合计总现金流量。

III. 资产负债表调整

1. 输入收购方和目标企业的资产负债表数据。

2. 计算商誉和无形资产。

a. 把可识别无形资产摊销关联到利润表当中（I.2.c）。

3. 进行资产负债表调整。

IV. 折旧计划表

1. 项目折旧。

a. 把折旧关联到利润表中（I.2.b）。

V. 营运资本

1. 估计每一个流动资产科目。

a. 把每一项流动资产科目中的变化都关联到现金流量表中（II.1.e）。

2. 估计每一个流动负债科目。

a. 把每一项流动负债科目中的变化都关联到现金流量表中（II.1.e）。

3. 计算营运资本的变动。

VI. 资产负债表预估

1. 以现金流量表变动为基础编制未来资产负债表余额。

VII. 偿债计划

1. 输入资产负债表中的年末负债和现金余额。

2. 计算可供偿债的现金。

3. 计算负债余额。

a. 计算利息费用。

b. 编制强制且自动的债务发行（偿还）表。

c. 对每一项存续债务重复此步骤。

4. 计算利息费用总额。

5. 计算强制且自动偿还债务总额。

6. 计算年末现金余额。

a. 计算利息收入。

7. 把利息费用关联到利润表中（I.2.d）。

8. 把利息收入关联到利润表中（I.2.b）。

9. 把强制且自动偿还债务发行关联到现金流量表中（II.3.a）。

模型完成。

附录 2
财务报表流程图

从利润表到现金流量表

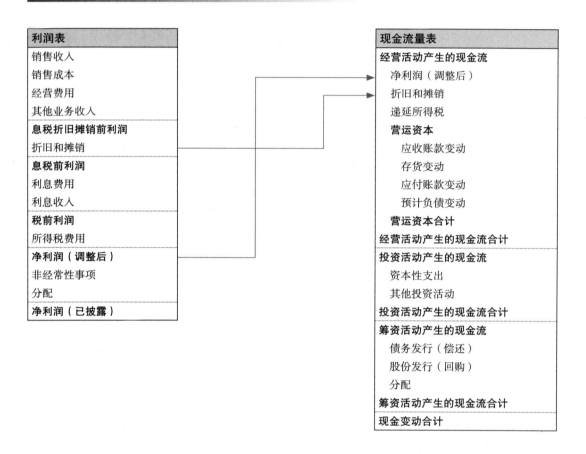

附录 2 财务报表流程图

从现金流量表到资产负债表

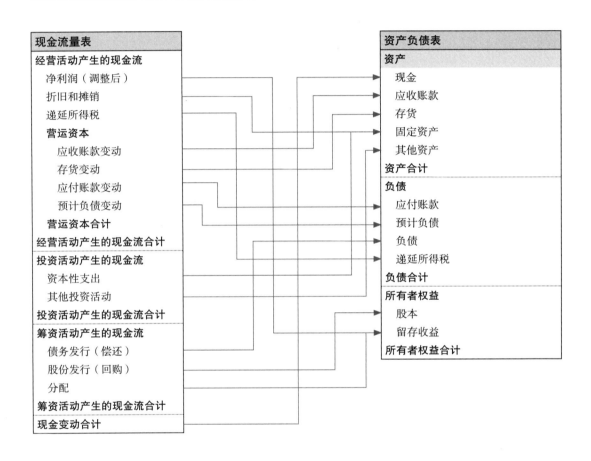

附录 3
Excel 快捷键

描述		描述	
文件操作	快捷键	单元格格式	快捷键
新建文档	Ctrl+N	设置单元格格式	Ctrl+1
打开文档	Ctrl+O	设为货币格式	Ctrl+Shift+4
保存文档	Ctrl+S	设为日期格式	Ctrl+Shift+3
关闭文档	Ctrl+F4	设为百分数格式	Ctrl+Shift+5
保存为	F12	设为数字格式	Ctrl+Shift+1
退出 Excel	Alt+F4	粗体	Ctrl+B
打印	Ctrl+P	斜体	Ctrl+I
单元格操作		下划线	Ctrl+U
编辑活跃单元格	F2	删除线	Ctrl+5
取消单元格编辑	Escape Key	添加单元格边框	Ctrl+Shift+7
剪切	Ctrl+X	移除所有边框	Ctrl+Shift+-（减号）
复制	Ctrl+C	选择单元格	
粘贴	Ctrl+V	选择整个工作表	Ctrl+A
向右填充	Ctrl+R	选择区域范围	Ctrl+Shift+8
向下填充	Ctrl+D	选择列	Ctrl+Space
添加单元格批注	Shift+F2	选择行	Shift+Spacebar
		手动选择	按住 <Shift+ 左/右/上/下键>

在工作表中进行导航		其他操作	
向上移动一屏	Page Up	查找下一个	Ctrl+F
向下移动一屏	Page Down	替换文本	Ctrl+H
移动至下一个工作表	Ctrl+Page Down	撤销上一个步骤	Ctrl+Z
移动至上一个工作表	Ctrl+Page Up	重复上一个步骤	Ctrl+Y
前往工作表上第一个单元格	Ctrl+Home	创建图表	F11
前往工作表上最后一个单元格	Ctrl+End	拼写检查	F7
前往公式源	Ctrl+{	显示所有公式	Ctrl+~
显示"定位"对话框	F5	插入列/行	Ctrl+Shift++（加号）
		插入新的工作表	Shift+F11
		切换到下一个工作簿	Ctrl+F6
		自动加总	Alt+ 等号

关于公司网页

本书有一个配套网站，网址如下：

www.wiley.com/go/pignataromergers。配套网站上有包括 Office Depot 和 OfficeMax 的财务模型，配合模型样本，在阅读本书过程中，你可以一步步搭建自己的合并模型。模型的目的是让你获得更多实践并进一步应用书中所学到的技能。请随意下载和使用这些模型，或者试着搭建你自己的模型并加以比较。

网站上还包含章节中的问题和答案以及另一个合并模型，以帮助你了解书中所展示的材料。

浏览网站，前往：

www.wiley.com/go/pignataromergers⊖

（密码：acquisitions123）

⊖ 关于模型的中文版本，请访问 www.jinduoduo.net 或关注金多多教育微信公众号，回复并购重组，获得有关模型。——译者注

关于作者

保罗·皮格纳塔罗（Paul Pignataro）是一位专注金融教育的企业家。他在教育和技术领域创立并成功运作了一些创业公司。在14年的从业经历中他涉猎过投行和企业并购（M&A）中的私募基金，具体业务包括重组、资产剥离、资产并购以及石油、天然气、能源和公共设施方面的债权和股权交易，覆盖行业包括网络技术、房地产、国防、旅游、银行和服务业。

皮格纳塔罗先生最近成立了纽约金融学院，该校的前身是 AnEx 培训学校，一个规模达百万美元的金融教育机构，向世界各地的银行、公司和大学提供金融教育。

纽约金融学校是一个学期制项目，地点在纽约，旨在帮助一流和二流的商校学生为进入华尔街上的顶尖公司做准备。

在 AnEx，皮格纳塔罗一直参与到培训队伍中，积极为顶级投行和并购（M&A）团队提供培训。他也对针对高净值个人客户的基金管理人员提供个人培训（Personally Trained）。AnEx 持续在全球各地 50 多处进行培训，皮格纳塔罗先生每月大量出差，为海外的主权基金和投资银行提供培训。

在开始创业之前，皮格纳塔罗先生在 YH Lee Putnam 投资公司就职。这是收购巨头 Thomas H. LeePartners 旗下一个规模 10 亿美元的私募基金公司。在那之前，皮格纳塔罗先生就职于摩根士丹利，从事技术、能源、交通和商务服务行业的多种并购交易。这些交易中包括 BP Amoco 和 ARCO 333 亿美元的合并案例，American Water Works 以 76 亿美元被 RWE（一家德国自来水公司）收购，Citizens Communications（规模 30 亿美元的通信公司）的两个子公司的收购和一家规模 30 亿美元的电力公共设施旗下的子公司以 1 亿美元被收购。

皮格纳塔罗先生是《财务模型与估值：投资银行和私募股权实践指南》（机械工业出版社）《杠杆收购：投资银行和私募股权实践指南》（机械工业出版社）《投资银行面试指南》（机械工业出版社）的作者。他本科和研究生分别毕业于纽约大学的数学系和计算机科学系。

北京金多多教育咨询有限公司

北京金多多教育咨询有限公司（www.jinduoduo.net）是国内首家以金融精英职业技能提升为目标的培训机构。自 2010 年成立以来，先后开设了特许金融分析师（CFA）和注册估值分析师（CVA）等高端金融考试培训，及面向金融投资行业职业技能及投资专业人才系统培养的 Excel for CFA、项目投资决策、上市公司估值建模、杠杆收购、并购估值、研报图表、PPT 金融行业应用等实务操作课程，为多家金融投资机构及企业集团提供内训及网络课程服务。目前金多多教育为国内唯一授权注册估值分析师（CVA）认证培训机构。

优秀的人才，特别是投资并购人才，对企业发展起着至关重要的作用，不论是央企或大型机构动辄百亿元的并购，还是中小企业几千万的并购，任何一单出现失误，都会给企业带来无法弥补的损失。投资并购人才的培养不仅需要针对性的短训，更需要长期系统的学习和训练。金多多教育为企业并购估值人员提供最前沿的专业实务教材和长期系统的培训方案。

作为投资并购及估值专业培训机构，金多多教育也为众多的中小企业主及创业者提供估值建议及融资服务。在大并购时代，经历过艰苦创业的企业家，面对并购整合的浪潮，务必做好准备，在日常经营中按照价值最大化的模式来改善经营管理，为自己的企业出售或融资争取最大的价值！

联系方式：

电话：86 10 6848 2894 / 159 1115 5934

邮件：info@jinduoduo.net

微信公众号（第一时间提供新出版图书信息）：

金多多金融投资译丛

序号	中文书名	英文书名	作者	定价	出版时间
1	如何吸引天使投资：投资人与创业者双向解密	Attracting Capital From Angels: How Their Money - and Their Experience - Can Help You Build a Successful Company	Brian E. Hill Dee Power	58.00	2013.6
2	并购之王：投行老狐狸深度披露企业并购内幕	Mergers & Acquisitions: An Insider's Guide to the Purchase and Sale of Middle Market Business Interests	Dennis J. Roberts	78.00	2014.5
3	投资银行：估值、杠杆收购、兼并与收购（原书第2版）	Investment Banking, Valuation, Leveraged Buyouts, and Mergers & Acquisitions(2nd Edition)	Joshua Rosenbaum Joshua Pearl	99.00	2014.10
4	投资银行练习手册	Investment Banking: Workbook	Joshua Rosenbaum Joshua Pearl	49.00	2014.10
5	投资银行精华讲义	Investment Banking: Focus Notes	Joshua Rosenbaum Joshua Pearl	49.00	2014.10
6	财务模型与估值：投行与私募股权实践指南	Financial Modeling and Valuation: A Practical Guide to Investment Banking and Private Equity	Paul Pignataro	68.00	2014.10
7	风险投资估值方法与案例	Venture Capital Valuation, + Website: Case Studies and Methodology	Lorenzo Carver	59.00	2015.1
8	亚洲财务黑洞	Asian Financial Statement Analysis: Detecting Financial Irregularities	Chinhwee Tan, Thomas R. Robinson	68.00	2015.4
9	大并购时代	Mergers and Acquisitions Strategy for Consolidations: Roll Up, Roll Out and Innovate for Superior Growth and Returns	Norman W. Hoffmann	69.00	2016.3
10	做空：最危险的交易	The Most Dangerous Trade	Richard Teitelbaum	59.00	2016.6
11	绿色国王	Le roi vert	Paul-Loup Sulitzer	49.90	2016.8
12	市场法估值	The Market Approach to Valuing Businesses	Shannon P. Pratt	79.00	2017.3
13	投行人生：摩根士丹利副主席的40年职业洞见	Unequaled: Tips for Building a Successful Career through Emotional Intelligence	James A. Runde	49.90	2017.5

序号	中文书名	英文书名	作者	定价	出版时间
14	公司估值（原书第2版）	The Financial Times Guide to Corporate Valuation (2nd Edition)	David Frykman, Jakob Tolleryd	49.00	2017.10
15	投资银行面试指南	The Technical Interview Guide to Investment Banking, +Website	Paul Pignataro	59.00	2017.11
16	并购、剥离与资产重组：投资银行和私募股权实践指南	Mergers, Acquisitions, Divestitures, and Other Restructurings	Paul Pignataro	69.00	2018.1
17	公司金融：金融工具、财务政策和估值方法的案例实践	Lessons in Corporate Finance: A Case Studies Approach to Financial Tools, Financial Policies, and Valuation	Paul Asquith, Lawrence A. Weiss	99.00	2018.1
18	财务模型：公司估值、兼并与收购、项目融资	Corporate and Project Finance Modeling: Theory and Practice	Edward Bodmer	109.00	2018.3
19	杠杆收购：投资银行和私募股权实践指南	Leveraged Buyouts, + Website: A Practical Guide to Investment Banking and Private Equity	Paul Pignataro	79.00	2018.4
20	证券分析师实践指南（经典版）	Best Practices for Equity Research Analysts: Essentials for Buy-Side and Sell-Side Analysts	James J. Valentine CFA	79.00	2018.6
21	私募帝国：全球PE巨头统治世界的真相（经典版）	The New Tycoons: Inside the Trillion Dollar Private Equity Industry that Owns Everything	Jason Kelly	69.90	2018.6
22	证券分析师进阶指南	Pitch the Perfect Investment: The Essential Guide to Winning on Wall Street	Paul D. Sonkin，Paul Johnson	139.00	2018.9
23	财务建模：设计、构建及应用的完整指南（原书第3版）	Building Financial Models	John S.Tjia	89.00	2020.1
24	7个财务模型：写给分析师、投资者和金融专业人士	7 Financial Models for Analysts, Investors and Finance Professionals	Paul Lower	69.00	2020.5
25	财务模型实践指南（原书第3版）	Using Excel for Business and Financial Modeling	Danielle Stein Fairhurst	99.00	2020.5
26	资本的秩序	The Dao of Capital: Austrian Investing in a Distorted World	Mark Spitznagel	99.00	2020.11